CLASSIQUES JAUNES

Essais

14

Le Végétarisme des Lumières

Renan Larue

Le Végétarisme des Lumières

L'abstinence de viande
dans la France du XVIIIe siècle

PARIS
CLASSIQUES GARNIER
2021

Renan Larue est notamment l'auteur de *Le Végétarisme et ses ennemis*, pour lequel il a reçu le prix La Bruyère de l'Académie française, et a coécrit avec Valéry Giroux *Le Véganisme*.

Couverture :
Jean-Baptiste Huet, « Une bergère et un garçon avec bovins et moutons », 1787, Collection privée, inconnu

ISBN 978-2-406-09958-1
ISSN 2417-6400

À mes parents,
Édith et Jean-Claude Larue.

Primum non nocere.

INTRODUCTION

Au début de l'année 2002, je suivais un séminaire dans lequel les étudiants de l'École des Hautes Études devaient proposer un aperçu de leurs travaux de recherche. J'exposai en bredouillant quelques-unes des idées qui allaient se retrouver quinze ans plus tard dans ce livre. Notre professeur me fit plusieurs remarques. Je n'ai gardé en mémoire que l'une d'entre elles, la plus féroce. En parlant du végétarisme du siècle des Lumières, de la sensibilité des hommes et des femmes d'alors pour les animaux, j'avais commis en quelque sorte le péché mortel de l'historien, m'assénait-elle un peu gênée tout de même de tant de franchise. Je m'étais rendu coupable d'anachronisme. J'avais attribué à Voltaire, Rousseau, Condorcet, Maupertuis et quelques autres des sentiments qui n'auraient été le fait que de mes contemporains. J'avais lu et interprété avec ma sensibilité de jeune homme du XXIe siècle des textes qui disaient tout autre chose que ce que je croyais, ou voulais, y trouver. Je n'avais pas conscience que les sensibilités évoluent, qu'une expression peut recouvrir deux significations bien différentes selon les époques. J'avais imprudemment rangé ces écrivains dans la catégorie des végétariens célèbres parce qu'ils avaient eu, au détour d'un chapitre, quelques mots charitables pour les vaches, les cochons ou les agneaux qui finissaient sur les étals des bouchers. J'étais victime, ou plutôt coupable, d'illusions rétrospectives.

La mise en garde était utile. Elle m'invitait, un peu rudement, à la prudence. Les témoignages d'amitié ou de compassion à l'égard des animaux, qu'ils soient antiques ou modernes, peuvent poser en effet de délicats problèmes d'interprétations. Que signifiaient les larmes d'Ulysse lorsqu'il retrouva son chien Argos après vingt ans loin d'Ithaque ? L'attachement de Montaigne à sa chatte est-il le même que le nôtre à nos animaux de compagnie ? Ces Cathares qui refusaient de tuer les poulets, que ressentaient-ils vraiment ? Leur angoisse, au XIIIe siècle, devant la mort des bêtes est-elle comparable à la nôtre ? Et ces antiques apôtres du végétarisme, ces Plutarque et ces Porphyre, auraient-ils été bouleversés au même degré que nous par l'existence des fermes industrielles ou des centres d'expérimentation ?

Il se trouve que, jusqu'à une période très récente, bon nombre d'historiographes n'ont pas jugé que les écrivains qui défendaient jadis les animaux fussent tout à fait sérieux. Dans le commentaire qu'il propose par exemple du plaidoyer d'Ovide en faveur des bêtes dans *Les Métamorphoses* (« Abstenez-vous, mortels, de profanez vos corps avec des nourritures abominables, etc. »), Jean-Paul Brisson affirme qu'il faut absolument éviter « le piège de ce premier degré puérilement écologique ». « Non, assure-t-il, Ovide ne se faisait pas le propagandiste illuminé d'un végétarisme intégral et il consommait certainement de la viande comme les autres Romains de son temps. » Les lecteurs trop naïfs n'échappent pas à l'ironie du chercheur : « que faut-il comprendre [du livre XV des *Métamorphoses*] ? quelque chose comme une campagne contre la chasse à la tourterelle ? ». D'autres, comme Marcel Détienne, refusent de réduire le végétarisme des pythagoriciens à un simple respect de la vie animale, motivation « banale et sémantiquement pauvre[1] ». Enfin, jusqu'à une date très récente, le monumental *Traité de l'abstinence des viandes* de Porphyre n'a fait à peu près l'objet d'aucun commentaire approfondi, mis à part la belle présentation de ses traducteurs et quelques pages lumineuses d'Élisabeth de Fontenay ou, tout récemment, de Florence Burgat[2].

Les plaidoyers végétariens modernes n'ont guère été mieux reçus. Dans *Le Nouvel Ordre écologique*, Luc Ferry expliquait par exemple que les appels à la compassion pour les bêtes ne sont, au XVIIIe siècle, que le fait de « quelques francs-tireurs ». Le végétarisme et la notion de droits des animaux seraient d'après lui non seulement étrangers au siècle des Lumières, mais encore radicalement contraires à la tradition intellectuelle

---

1   Marcel Détienne, *La Cuisine du sacrifice en pays grec*, Paris, Gallimard, 1979, p. 13-14.

2   Porphyre, *De l'abstinence*, Paris, Les Belles Lettres, 1977-1995 (sauf mention contraire, les traductions et références des œuvres antiques sont celles de la Collection des Universités de France publiée par Les Belles Lettres) ; Élisabeth de Fontenay, *Le Silence des bêtes*, Paris, Fayard, 1998, p. 137-143 ; Florence Burgat, *L'Humanité carnivore*, Paris, Seuil, 2017, p. 253-256, notamment. Jean-Louis Labarrière se désespère que l'œuvre de Porphyre et des autres philosophes végétariens de l'Antiquité ne retiennent pas davantage l'attention des philosophes. « Ces textes d'une extraordinaire richesse, écrit-il, mériteraient une étude approfondie. » (« De la nature phantastique des animaux chez les Stoïciens », J. Brunschwig et M. C. Nussbaum (dir.), *Passions and Perceptions. Studies in Hellenistic Philosophy of Mind*, Cambridge, Cambridge University Press, 1993, p. 225).

qui lui est associée. Rousseau et ses illustres contemporains se seraient attachés à creuser, arguments philosophiques à l'appui, l'écart tenant l'espèce humaine loin de toutes les autres espèces animales. Dans le sillage de Ferry, de nombreux intellectuels français ont martelé que l'extension du cercle de considération morale aux animaux, qui va le plus souvent de pair avec l'adoption d'une diète végétale, est incompatible avec notre pensée rationaliste, qu'elle constitue une forme d'antihumanisme et même un outrage aux droits de l'Homme. En somme, le siècle de Voltaire serait le moins propice à accueillir l'idéologie végétarienne.

Cette interprétation-là, fort répandue, résiste pourtant mal à l'examen des faits. Aussi étrange sans doute que cela puisse paraître aujourd'hui, le siècle des Lumières est un moment important de la longue histoire du végétarisme occidental. Il a vu fleurir une foultitude de discours favorables aux animaux, hostiles au carnisme et à l'anthropocentrisme[3]. Les hommes et les femmes des Lumières ont même jeté les bases de l'antispécisme contemporain ; certains ont imaginé donner des droits aux bêtes et ont haï presque autant que nous les haïssons aujourd'hui tous ceux qui les tuent et les maltraitent. Les chasseurs ont essuyé le même mépris et le même dégoût qu'ils essuient généralement de nos jours. La vivisection a fait pousser des cris d'horreur comparables à ceux que nous poussons toutes les fois que sont révélées les plus inutiles et les plus abjectes expériences menées sur le cerveau des singes ou les yeux des lapins. Aujourd'hui comme il y a 250 ans, l'appel à la nature ou le sophisme de la « tradition » avancés par les carnistes font hausser les épaules des philosophes.

Le végétarisme n'est pas une idée neuve en Europe. Voltaire et ses contemporains avaient bien en mémoire les prêches de Pythagore en faveur des animaux et les débats passionnés auxquels son régime avait donné lieu durant toute l'Antiquité.

---

3   On doit le terme de « carnisme » à la psychologue américaine Melanie Joy. Le carnisme est selon elle le système de croyance invisible et omniprésent qui conditionne les populations à consommer certains animaux. Nous donnons à ce terme une signification plus large et y voyons l'ensemble des discours visant à justifier, et même encourager, l'exploitation et la mise à mort d'animaux pour des fins humaines, en particulier alimentaires.

QU'EST-CE QUE LE VÉGÉTARISME ?

Le végétarisme est une diète qui consiste dans l'exclusion de la chair des animaux ; on parle de végétalisme lorsque cette exclusion concerne également les produits d'origine animale comme les œufs et les produits laitiers. Nous n'incluons pas dans cette définition du végétarisme une abstinence conjoncturelle, liée à une impossibilité de se procurer une nourriture carnée. Les paysans pauvres, à la veille de la Révolution, mangeaient rarement de la viande, mais n'avaient pas pour autant de tendances végétariennes. Les végétariens, en effet, *refusent* de manger de la viande et du poisson. Les choses se complexifient lorsque l'on aborde les raisons de ce refus, car deux personnes peuvent adopter le végétarisme pour des raisons différentes, voire opposées. On peut en outre adopter un régime végétarien pour plusieurs raisons à la fois. Pour ce qui est de la période qui nous intéresse ici, nous distinguerons quatre grands types de motivation (qui d'ailleurs ne sont pas le seul fait des gens du XVIIIe siècle) :

— *La diététique.* Certains végétariens jugent les nourritures végétales meilleures pour la santé que les produits carnés. La chair des poissons, des mammifères ou des oiseaux serait d'après eux plus difficile à digérer ; elle occasionnerait même divers déséquilibres, diverses pathologies. Aujourd'hui comme au XVIIIe siècle, beaucoup de tenants de la diète végétale soutiennent également que la physiologie humaine n'est pas adaptée à la consommation de viande, à la différence de celle des animaux carnassiers.

— *L'ascétisme.* À l'inverse des végétariens « diététiques », les végétariens ascétiques renoncent à la viande parce qu'ils voient en elle un aliment délicieux, luxueux, sain et surtout très nourrissant. Adopter un régime non carné permettrait de dompter les appétits du corps, et même de l'affaiblir afin d'élever l'âme. L'Église prescrivait jusqu'au XIXe siècle cette mortification lors des jours « maigres » (le carême, l'avent, les mercredis, les vendredis, les veilles des grandes fêtes religieuses) en l'associant à une continence sexuelle. Encore aujourd'hui, les membres de plusieurs ordres monacaux pratiquent tout au long de l'année l'abstinence de viande et de poisson.

- *La religion.* Certaines traditions religieuses que découvrent les missionnaires et les explorateurs adoptent un régime non carné. C'est le cas en Inde, notamment. Les membres de certaines castes hindoues et de nombreux jaïns ne consomment pas de viande et verraient comme une abomination de tuer des animaux.
- *L'éthique.* Le refus de consommer viande et poisson peut résulter, on l'a dit, de l'engagement à ne pas cautionner les violences de l'élevage et de l'abattage des animaux. Ces violences, non nécessaires, seraient en effet injustifiables moralement. Dans ce cas, les végétariens mettent en avant les performances cognitives des bêtes ou, plus encore, leur capacité à sentir et donc à souffrir.

Il n'est sans doute pas utile de préciser que, exception faite de la forme ascétique qu'il prend lors des périodes maigres du calendrier, le végétarisme est une pratique largement minoritaire dans la France des Lumières. L'immense majorité des Français aiment la viande et ne songent nullement à s'en passer. Ils l'associent en outre bien davantage qu'aujourd'hui aux réjouissances et aux banquets. Mais parce qu'on se sent de moins en moins à l'aise devant le spectacle qu'offrent les bouchers, par exemple, l'idée qu'il ne serait peut-être pas si anodin de tuer les bêtes se répand peu à peu dans les œuvres littéraires et philosophiques en France, ainsi que dans plusieurs pays européens. On perçoit ou on se rappelle que le végétarisme peut mener à une contestation radicale des modes de pensées dominants dans le monde occidental depuis l'Antiquité.

LE VÉGÉTARISME ANTIQUE

Pour Platon, la vie philosophique, cette « voie merveilleuse », permet de reconnaître ceux qui « philosophent vraiment[4]. » Il y aurait en effet une claire différence entre les *philosophoi*, hommes cultivés qui utilisent à leur profit les *logoi philosophoi*, et les membres à part entière de telle

---

4   *Lettre*, VII, 340c-d. Épictète distinguait également les « grammairiens de la pensée » des véritables philosophes. (*Manuel d'Épictète*, XLIX.)

ou telle école philosophique[5]. Pour ces derniers, nous apprend Pierre Hadot, « le discours philosophique doit être compris dans la perspective du mode de vie dont il est à la fois le moyen et l'expression ; [...] la philosophie est bien avant tout une manière de vivre[6] ». Dans *Qu'est-ce que la philosophie antique ?*, Hadot attire tout particulièrement l'attention sur les liens étroits unissant discours théoriques et exercices intellectuels ou physiques. Les restrictions alimentaires jouent à cet égard un rôle très important. Se référant à Homère, Socrate recommandait par exemple les nourritures simples et sans apprêt, alors que la Grèce était en pleine révolution culinaire[7]. Diogène et les cyniques se nourrissaient parfois volontiers de chairs crues ou de choses réputées immondes par souci de cohérence doctrinale. En quête d'ataraxie, les disciples d'Épicure se contentaient de satisfaire les besoins fondamentaux en recherchant les nourritures les moins élaborées. Les stoïciens eux aussi, à l'image de Chrysippe, retranchaient de leurs tables tout le superflu[8]. Les disciples de Pythagore, au moins une certaine partie d'entre eux, proscrivent les nourritures carnées. Ce régime leur est reproché, non pas tant en lui-même (beaucoup de philosophes professionnels adoptent des régimes presque semblables) qu'en raison des principes éthiques qui le sous-tendent. Les stoïciens, qui sont probablement les plus féroces adversaires des pythagoriciens, défendent en effet la religion officielle et soutiennent que le droit ne peut concerner que les êtres pourvus de *logos*. Pour eux, les bêtes n'ont été créées par les dieux que pour servir ou agréer les êtres humains[9].

Les débats portant sur la pertinence morale du régime végétarien naissent ou se ravivent dès qu'un convive refuse le plat de viande ou de

---

5   Voir, à propos des « philosophes antiques », l'ouvrage de Pierre Vespérini, *Droiture et mélancolie. Sur les écrits de Marc Aurèle*, Paris, Verdier, 2016.

6   *Qu'est-ce que la philosophie antique ?*, Paris, Gallimard, 1995, p. 19.

7   *République*, III, 404c : « Des assaisonnements, Homère, je crois, n'a jamais fait mention. [...] Quant à la table syracusaine et aux mets variés de Sicile, il ne semble pas, mon ami, que tu les approuves, si nos prescriptions te paraissent justes. » Sur les progrès de la cuisine attique, voir Guy Berthiaume, *Les Rôles du mageiros*, Montréal, Presses de l'Université de Montréal, 1982.

8   Voir Athénée de Naucrates, *Deipnosophistes*, VII, 38.

9   Voir par exemple Daniel Babut, *Plutarque et le Stoïcisme*, Paris, Puf, 1969, p. 367. Démocrite fut probablement l'un des premiers à proposer une défense philosophique du droit des hommes à tuer les animaux. Voir Richard Sorabji, *Animal Minds and Human Morals*, Ithaca-New York, Cornell University Press, 1993, p. 107.

poisson qui lui est proposé. Dans ses *Propos de table*, Plutarque rapporte
ainsi combien le silence du pythagoricien Lucius sur son végétarisme
excita la curiosité des commensaux[10]. Aux dires de Philostrate, une vive
dispute philosophique éclate à la table d'Apollonius de Tyane lorsque
ce dernier explique qu'il ne veut manger aucune chair animale[11]. La
vivacité de ces discussions s'explique par les enjeux moraux et théologiques que recouvre le végétarisme dans l'Antiquité. Être végétarien,
en Grèce ou à Rome, implique en effet de rejeter les sacrifices sanglants
de type alimentaire. Or, ces cérémonies ne sont pas seulement tenues
en privé dans le cadre familial, elles sont souvent indissociables des
grandes célébrations au cours desquelles la cité entière se retrouve pour
honorer ses dieux.

Il n'est donc pas surprenant que le végétarisme soit vu comme une
grave entorse aux dogmes de la religion officielle. Sénèque, qui adopte un
régime végétarien dans son adolescence, doit y renoncer après quelques
années, au moment où Tibère entreprend de rétablir l'autorité de la
religion d'État[12]. Les végétariens accusent en effet la cité de commettre
un impardonnable crime contre les *animalia*. Tel est notamment le cas
des orphiques qui refusent de transiger avec cette citoyenneté criminelle
et vont, de ville en ville, proposer aux hommes une autre conception
du divin. Théophraste rappelle plus tard que le sacrifice devrait être un
principe un acte saint, que ne devrait souiller aucune injustice. Or la
mise à mort d'une bête en temps d'abondance alimentaire en est une,
indéniablement. Au lieu de retrancher une part de ce que l'on possède
pour l'offrir aux dieux, l'immolation prive d'autres êtres de leur bien
le plus fondamental, leur existence. Le sacrifice est le pire des vols, une
injustice flagrante et donc un terrible outrage à la divinité[13]. Comment se
fait-il que les citoyens, et en premier lieu les sacrificateurs, se méprennent
à ce point ? « La jouissance est l'unique mobile de notre obstination à
pratiquer de tels sacrifices », répond froidement Théophraste[14]. « A-t-on
jamais sacrifié, poursuit-il, des serpents, des scorpions, des singes ou

10 *Propos de table*, VIII, 8.
11 Philostrate, *Vie d'Apollonius de Tyane*, Paris, Sand, 1995, II, 32.
12 *Lettres à Lucilius*, CVIII, 22.
13 *De l'abstinence, op. cit.*, t. 2, II, 12-24.
14 *Ibid.*, t. 2, II, 25. Empédocle soutient une position presque semblable ; voir à ce pro-
    pos Jean-François Balaudé, « Parenté du vivant et végétarisme radical », B. Cassin et
    J.-L. Labarrière (dir.), *L'Animal dans l'Antiquité*, Paris, Vrin, 1997, p. 31-53.

d'autres animaux semblables ? Mais quant à ceux qui nous fournissent ce dont nous avons besoin pour vivre, ou bien qui comportent en eux-mêmes quelque source de jouissance, il n'y en a pas un dont nous nous abstenions ; en vérité nous les mettons en pièces et les massacrons sous la caution du culte divin. »

L'audace de Porphyre est plus grande encore que celle de Théophraste. Selon lui, la religion de la Cité, chantée par les poètes et protégée par les philosophes, sanctifierait certaines pratiques immorales. Le végétarisme est en mesure de fragiliser la religion des Grecs et des Romains ; il n'est pas sans danger non plus pour la religion chrétienne.

LE VÉGÉTARISME EST UN ANTICHRISTIANISME

Depuis le premier commandement végétalien au début de la Genèse jusqu'à la codification des techniques d'abattage des animaux, les règles de la kashrout portant sur la nourriture sont nombreuses et complexes. Celles édictées dans le Nouveau Testament sont en revanche fort simples – si tant est qu'elles existent. Le Christ a en effet répété que « ce n'est pas ce qui entre dans la bouche qui souille l'homme ; mais ce qui sort de sa bouche [...] Ce qui sort de la bouche procède du cœur, et c'est cela qui souille l'homme[15] ». L'observation de règles alimentaires, qui est si importante pour les juifs, passe absolument au second plan. Aussi un disciple du Christ ne devrait-il jamais contrister son prochain s'il mange différemment de lui[16].

Cette abolition des tabous hébraïques sur la nourriture a provoqué bien des heurts au sein de la communauté chrétienne naissante. L'enjeu était considérable. Il s'agissait de décider si les viandes interdites étaient désormais permises et, plus largement, si les chrétiens étaient encore juifs ou s'ils ne l'étaient déjà plus. Dépasser le dégoût pour le porc ou la chair des crustacés, accepter de consommer des aliments jugés immondes

---

15   Matthieu, xv, 11-20. Sauf mention contraire, tous les passages de la Bible sont issus de la traduction de Louis Segond.

16   Romains, xiv, 2-3 : « Tel croit pouvoir manger de tout : tel autre, qui est faible, ne mange que des légumes. Que celui qui mange ne méprise point celui qui ne mange pas, et que celui qui ne mange pas ne juge point celui qui mange, car Dieu l'a accueilli. »

depuis des siècles demande des efforts considérables. Il ne faut rien de
moins qu'un miracle pour convaincre les apôtres de renoncer aux règles
alimentaires de la kashrout. Ce miracle a lieu opportunément sous les
yeux du premier chef de l'Église. Saint Pierre tombe un jour en effet
en extase et voit descendre du ciel une nappe immense sur laquelle
sont disposées toutes sortes d'animaux, y compris des animaux dont
la chair est réputée impropre à la consommation. Une voix venue du
ciel lui intime de les tuer tous et de les manger sans distinction. Saint
Pierre est interdit ; il ne veut pas, il refuse d'abord de consommer ces
nourritures abominables. Mais l'Esprit saint insiste : « Ce que Dieu a
déclaré pur, ne le regarde pas comme souillé[17]. »

Ce changement radical de paradigme alimentaire est en réalité la
condition nécessaire de la diffusion de la bonne parole à travers les nations.
Pour devenir catholique, c'est-à-dire universelle, pour s'adresser à tous,
il faut que l'Église devienne omnivore et ne rejette aucune tradition
culinaire. Aussi saint Paul tonne-t-il contre les sectes végétariennes qui
entravent de fait cette diffusion, ou du moins ne la favorisent pas. Leurs
membres sont des « esprits séducteurs », de « faux docteurs portant la
marque de la flétrissure dans leur propre conscience ». Ils prêchent des
« doctrines de démons » en proscrivant « l'usage d'aliments que Dieu
a créés[18]. » Respectant la nouvelle orthodoxie, saint Paul proclame au
contraire : « tout ce que Dieu a créé est bon, et rien ne doit être rejeté,
pourvu qu'on le prenne avec actions de grâces[19]. »

Alors qu'elle ne rejette absolument aucune nourriture (exception faite,
pendant plusieurs siècles, de mets à base de sang), l'Église impose, comme
on l'a dit, un végétarisme de type ascétique lors des périodes maigres du
calendrier. L'abstinence de viande est une mortification très à l'honneur
en effet, surtout parmi les cénobites. Saint Antoine qui inaugure la vie

---

17 Actes, x, 10-16.
18 *Première épître à Timothée*, IV, 1-3.
19 *Ibid.*, IV, 4. Dans les *Actes des apôtres*, Jacques réclame cependant le maintien de quelques
    interdits. Aux Gentils qui souhaitent se convertir, il écrit (XV, 28-29) : « Il a paru bon au
    Saint-Esprit et à nous de ne vous imposer d'autre charge que ce qui est nécessaire, savoir,
    de vous abstenir des viandes sacrifiées aux idoles, du sang, des animaux étouffés, et de
    l'impudicité, choses contre lesquelles vous vous trouverez bien de vous tenir en garde. »
    Lorsque Paul vient à Jérusalem, il confirme cette décision de Jacques, qui contredit la
    sienne propre (XV, 19-20) : « Je suis d'avis qu'on ne crée pas des difficultés à ceux des
    païens qui se convertissent à Dieu, mais qu'on leur écrive de s'abstenir des souillures des
    idoles, de l'impudicité, des animaux étouffés et du sang. »

érémitique adopte le végétarisme et s'impose de longues périodes de jeûne et de veille. Pakhôme, qui organise le cénobitisme égyptien, interdit également les nourritures carnées. Les ascètes qui accompagnent saint Basile ne se nourrissent que de pain et de légumes ; ils inspireront la règle de saint Benoît, qui impose en effet de suivre un régime maigre tout au long de l'année. Les grands principes de cette abstinence ont été consignés dans le 39ᵉ des chapitres : « Rien n'est plus contraire à la condition chrétienne que l'excès dans le manger, comme le dit Notre Seigneur : Prenez garde que vos cœurs ne s'appesantissent pas par les excès de table[20]. La chair des quadrupèdes est un aliment dont tous doivent complètement s'abstenir, mais il y a exception pour les malades très affaiblis. »

La plupart des ordres religieux s'inspirent de ce commandement. Beaucoup même le dépassent en y adjoignant diverses restrictions ; leur régime s'apparente alors au végétarisme, voire dans certains cas ou à certaines époques de l'année, au végétalisme. Le *Dictionnaire de spiritualité ascétique et mystique* dresse une liste des congrégations dont les membres pratiquent des abstinences de ce type : les Chartreux excluent ainsi totalement la viande puis tout aliment gras, même pour les visiteurs, mais tolèrent en certaines occasions le poisson ; les Clarisses ne mangent jamais de viande et s'interdisent lait et produits laitiers pendant la Semaine sainte ; les Carmélites s'interdisent toutes chairs animales, sauf en cas de maladie ; les Carmes déchaussées sont strictement végétariennes (et végétaliennes lors des périodes de jeûne) ; les Trinitaires ne mangent pas de viande sauf si, conviés à la table des laïcs, on leur en propose[21]. Mais ce sont surtout les moines trappistes, de l'ordre des Cisterciens, que l'on connaît pour leurs restrictions alimentaires. Ils doivent leur régime à leur illustre refondateur : l'abbé de Rancé[22]. Inspirée de la règle de saint Bernard, la règle de l'abbé de

---

20 Saint Benoît fait ici référence à Luc, XXI, 34.

21 Voir l'article « Abstinence » du *Dictionnaire de spiritualité ascétique et mystique*, Paris, Beauchesne, 1932, t. 1, col. 123-126.

22 Le noble et riche chanoine Armand de Rancé passe ses journées à la chasse ou dans le grand monde. Bouleversé par la mort d'une proche, il opère une célèbre conversion en se retirant en 1657 à l'abbaye de la Trappe, alors en ruine ; il en prend la direction et impose à ses moines un régime strictement végétarien. Il rejoint bientôt le mouvement des Cisterciens de Stricte Observance, qui étaient favorables à une réforme de l'ordre dans le sens d'une plus grande rigueur. Il se rend au Vatican en 1664 et demande au pape que l'ensemble de l'ordre de Cîteaux adopte un mode de vie plus austère. En vain. C'est en 1671-1672 qu'il élabore sa propre règle (plus sévère encore que celle qu'il avait soumise

Rancé exclut la viande, le poisson et les œufs ; le beurre et l'huile sont tolérés en de rares occasions ; le régime des Trappistes est assoupli pour les infirmes et les malades. L'esprit de ces mortifications est le même que celui du carême, instauré au IVe siècle en souvenir des quarante jours et des quarante nuits de jeûne du Christ dans le désert.

Cette attitude tranche radicalement avec le végétarisme, dogmatique certes, mais aussi moral de certaines sectes religieuses comme le manichéisme ou le priscillianisme. Les membres de ces mouvements considèrent que la viande est une nourriture souillée par la violence dont elle procède. Saint Augustin, s'appuyant sur saint Paul, explique en détail pourquoi le végétarisme moral est une hérésie et une absurdité[23]. Répondant à l'un de ses amis qui lui demandait l'attitude à adopter envers les chrétiens qui refusent alors la viande pour des raisons autres qu'ascétiques, il affirme que « cela est contre la foi et contre la saine doctrine[24] ». Dans *Des mœurs de l'Église catholique et des mœurs des manichéens*, l'évêque d'Hippone rappelle que le Christ lui-même a montré que l'adoption d'une diète végétarienne relève d'une « superstition formelle ». D'après les évangiles, en effet, les êtres humains n'auraient aucun devoir envers les animaux[25]. Le Christ n'a jamais maltraité d'hommes même si ceux-ci étaient coupables ; en revanche, il a tué des animaux, beaucoup d'animaux. Cela aurait été un crime de sa part s'il avait jugé que nous formassions avec les bêtes une même société.

Dans le sillage de saint Paul et des Pères de l'Église, les conciles des premiers siècles condamnent également les clercs qui refusent de consommer la viande parce qu'ils la regardent comme impure ou parce qu'elle procéderait d'une injustice[26]. Afin de s'assurer que le végétarisme de ces abstinents relève bien de l'ascétisme et non d'une morale hétérodoxe, on leur impose de consommer de la viande au moins une fois

---

au Saint-Siège) et l'impose à la Trappe puis aux monastères qui y sont rattachés : Orval, Sept-Fons et Tamié.

23   Saint Augustin, *Contre Adimante, disciple de Manès, Œuvres complètes*, Paris, Vivès, 1870, t. 25, p. 398-399.

24   *Réponses aux questions de Janvier*, LV, 20, *Ibid.*, 1873, t. 4, p. 481.

25   *Des mœurs de l'Église catholique et des mœurs des Manichéens*, XVII, *Ibid.*, 1873, t. 3, p. 580.

26   Le 51e canon apostolique s'intitule par exemple : « Que soit damné celui qui s'abstient du mariage, de la viande et du vin sous prétexte que ce sont des choses impures. »

par an[27]. Les membres de l'Église réunis en concile ou synode frappent également d'anathème les végétariens stricts, qui refusent de goûter à la chair des bêtes et la jugent immonde[28]. En son temps, Bernard de Clairvaux, dont s'inspire si scrupuleusement l'abbé de Rancé, distingue lui aussi le bon grain mortificatoire de l'ivraie de la superstition :

> Cette observation si particulière des viandes m'est suspecte. [...] Si c'est par l'ordonnance des personnes sobres, c'est-à-dire des médecins spirituels, nous approuvons la vertu par laquelle vous domptez la chair et réfrénez ses mouvements. Mais si c'est par une folie de manichéens que vous donnez des bornes à la libéralité de Dieu, en sorte que ce qu'il a créé et donné pour nourriture aux hommes, à condition qu'ils le prendront avec action de grâces, non seulement vous vous en montrez peu reconnaissant, mais que comme un censeur téméraire, vous le jugiez immonde, et vous en absteniez comme d'une chose mauvaise, bien loin de louer votre abstinence, j'aurai en exécration votre malice et votre blasphème [...] Malheur à vous, qui rejetez les nourritures que Dieu a créées, en les jugeant immondes et indignes de les faire passer dans votre corps[29].

Dans le siècle de Louis XV, il semble que la plupart des gens aient oublié que l'Église se montra si hostile au végétarisme. Il est vrai que le danger théologique et politique que représentent les sectes chrétiennes hérétiques, depuis les ébionites jusqu'aux cathares, ont disparu. Ce n'est pas que l'institution catholique ou que les membres du clergé aient été toujours et unanimement hostiles aux animaux, bien sûr[30]. Seulement, les clercs qui montrent de la compassion pour les bêtes ne peuvent pas aller jusqu'à adopter le végétarisme : ils s'écarteraient trop manifestement de l'Écriture et risqueraient, pire encore, de mettre en évidence les bornes de la charité chrétienne.

---

27 Cela est par exemple explicite dans le XIVe canon du concile d'Ancyre, en 314 : « Il est décrété que, parmi le clergé, les prêtres et les diacres qui s'abstiennent de viande doivent en manger et, s'ils la trouvent bonne, peuvent ensuite s'en abstenir. Mais s'ils la rejettent, et refusent même de manger les herbes servies avec la viande, et, désobéissent à la loi canonique, qu'ils soient exclus de leur ordre. » (Voir Mansi, t. 2, col. 527-534.)

28 Citons par exemple le XVIIe canon du deuxième concile de Tolède, contre le Priscillianisme : « Si quelqu'un dit ou croit qu'il faut s'abstenir de la chair des oiseaux et des animaux qui nous ont été donnés pour nourriture, non seulement par esprit de mortification corporelle, mais encore pas un sentiment d'horreur, qu'il soit anathème. »

29 Saint Bernard de Clairvaux, Sermon LXVI, *Œuvres*, Bar-le-Duc, Guérin, 1870, t. 3, p. 228.

30 Voir à ce propos le livre remarquable d'Éric Baratay, *L'Église et l'animal*, Paris, Cerf, 1996.

CONTEXTE ET ENJEUX
DU VÉGÉTARISME MODERNE

Une bonne partie des Français, au XVIIIe siècle, ne mangent que rarement de la viande. Dans les campagnes, la consommation de chairs animales est même très inférieure à ce qu'elle était à la fin du Moyen Âge, en France comme dans le reste de l'Europe. Alors que la population française passe de 21 à 28 millions d'habitants entre 1700 et 1790, le rendement à l'hectare n'augmente guère, ce qui conduit les paysans à consacrer leurs terres à la culture de céréales et au maraîchage plutôt qu'à l'élevage. À surface agricole équivalente, on produit effectivement bien davantage de nourritures végétales que de nourritures animales[31]. Le droit de chasse est en outre le monopole de la noblesse jusqu'à la Révolution. La plupart des paysans français sont donc contraints d'adopter un régime quasiment maigre le plus clair de l'année.

La situation est bien différente à Paris puisque les Parisiens consomment à la même période près de 60 kg de viande, en moyenne, par an et par habitant[32]. Ces chiffres ne sont pas éloignés de ceux du début du XXIe siècle, même si les écarts de consommation de viande entre les couches sociales sont alors très grands[33]. La demande de bœuf ou de mouton est en constante augmentation au cours du siècle et les étals de boucherie atteignent le nombre de 368 en 1782[34].

---

31 Jean-Louis Flandrin et Massimo Montanari, *Histoire de l'alimentation*, Paris, Fayard, 1996, p. 551 : « un hectare voué au blé rapportait dans les conditions techniques de l'époque 5 quintaux de blé qui fournissent 1500000 calories, tandis qu'un hectare voué à la prairie produisait au mieux 1,5 quintal de viande de bœuf, qui ne fournissait que 340000 calories. » Voir également *ibid.*, p. 615.

32 Ce chiffre est celui de la consommation dans les années qui précèdent la Révolution française. Voir Bernard Garnier, « Les marchés aux bestiaux. Paris et sa banlieue », *Cahiers d'Histoire*, 1997 (3), t. 42, p. 596.

33 À titre de comparaison, les Français consommaient, en 2014, environ 65kg de viande (86kg équivalent carcasse), d'après les études menées par le ministère français de l'agriculture. Voir *Synthèses de FranceAgriMer*, juin 2015 (21), p. 3.

34 Voir Sydney Watts, « Boucherie et hygiène à Paris au XVIIIe siècle », *Revue d'histoire moderne et contemporaine*, 51-3, 2004, p. 89. Il s'agit des boucheries enregistrées ; il existe également des étals illégaux, c'est-à-dire sans lettres patentes. Leur nombre est très difficile à estimer, il est cependant suffisamment important pour que plusieurs réglementations voient le jour pour freiner leur essor.

Ce sont ces élites, notamment parisiennes, qui retiendront notre attention ici. Susceptibles de souffrir d'indigestions, surtout quand elles succombent trop aux tentations gastronomiques, ces populations s'intéressent en outre aux régimes curatifs et à la diététique. Il arrive ainsi qu'un riche aristocrate s'abstienne de viande pendant plusieurs semaines pour guérir de la goutte ou se remettre d'une apoplexie. À la même période, la pratique du carême est en net recul à Paris, ainsi que l'a montré Reynald Abad, lequel y voit un bon indice de déchristianisation[35]. Lorsque les élites françaises renoncent pour un temps à la viande, c'est ainsi de moins en moins pour le salut de leur âme et de plus en plus pour la santé de leur corps[36].

Un autre élément explique l'intérêt pour le végétarisme. Il a trait cette fois à la perception des animaux. Keith Thomas montre à quel point les élites anglaises ont modifié dès le XVIIᵉ siècle leur manière de percevoir la nature et les bêtes. Son travail s'inspirait des résultats de la sociologie historique de Norbert Elias. Dans *La Dynamique de l'Occident* et *La Civilisation des mœurs*, Elias met en évidence l'existence d'un processus de « civilisation des mœurs » à l'œuvre dès la Renaissance et se traduisant par un « déplacement du seuil des sensibilités[37] ».

Elias voit dans ce processus la conséquence indirecte de l'avènement d'un état centralisé et suffisamment puissant pour mettre fin aux luttes politiques et militaires internes. Le pouvoir du monarque empêche en quelque sorte ses sujets de se faire la guerre. En monopolisant la violence légitime, l'État pacifie les rapports sociaux. Parallèlement, la diffusion du modèle que représente la société de cour engendre un contrôle sévère des émotions et des affects[38]. Peu à peu, sous l'effet de la pression monarchique, les comportements jugés les plus bestiaux sont refoulés de l'espace social, de nouvelles normes s'imposent et le paradigme de l'aristocrate guerrier s'efface au profit du modèle du courtisan aux mœurs policées. Les manières de table évoluent elles aussi et se raffinent, tout

---

35 Reynald Abad, « Un indice de déchristianisation ? L'évolution de la consommation de viande à Paris en carême sous l'Ancien Régime », *Revue historique*, Puf, 1999 (2), p. 237-275.

36 Robert Mauzi montre d'ailleurs que le souci du corps et des régimes jouait un grand rôle dans la recherche du bonheur des hommes et des femmes du siècle des Lumières (*L'Idée du bonheur dans la littérature et la pensée française au XVIIIᵉ siècle*, Genève, Slatkine, 1979, p. 300-308).

37 Voir notamment *La Civilisation des mœurs*, Paris, Pocket, 1989, p. 100-120.

38 Voir par exemple Roger Chartier dans sa préface à *La Société de Cour* de Norbert Élias, Paris, Flammarion, 1985, p. 19.

comme la façon de se moucher, de satisfaire ses besoins naturels, de parler aux femmes. Le cadavre des animaux que l'on sert comme nourriture commence à susciter un certain dégoût, surtout s'il est peu transformé et rappelle donc trop explicitement la bête naguère en vie. Norbert Elias s'est précisément penché sur ce dernier phénomène :

> Alors que la norme du départ considérait la vue d'une bête tuée et son dépeçage sur la table comme agréables ou du moins comme nullement déplaisantes, l'évolution s'oriente vers une autre norme qui postule qu'on oublie autant que possible qu'un plat de viande a quelque rapport avec un animal mort. [...] Les hommes s'appliquent pendant le « processus de civilisation » à refouler tout ce qu'ils ressentent en eux-mêmes comme relevant de la « nature animale » ; de la même manière, ils le refoulent dans leurs aliments[39].

Cette gêne à voir les bêtes mortes est sans doute en partie liée à l'engouement pour les animaux de compagnie au sein des grandes villes. L'affection que certains portent alors aux chiens, aux chats, aux oiseaux ou aux singes les incline parfois à émettre des critiques envers les mauvais traitements qu'on fait subir aux bêtes en général. Ce phénomène commence à apparaître dès les dernières décennies du XVIIᵉ siècle en Angleterre[40]. Il semble se produire en France 50 ou 60 ans plus tard. De chaque côté de la Manche, le contexte social crée des conditions psychologiques favorables à l'empathie au point que certaines âmes sensibles disent partager la souffrance des animaux. Cette sensibilité extrême est contemporaine du « goût des larmes » mis en évidence par Anne Coudreuse, mais aussi de la multiplication d'écrits théoriques sur la sympathie[41].

C'est seulement alors que l'animal, pour ainsi dire, peut entrer en littérature. Non pas l'animal théorique, objet de spéculations diverses, mais l'animal lui-même, « en personne », selon le mot de Jean-Luc

39 *La Civilisation des mœurs, op. cit.*, p. 171-172. Concernant plus précisément le végétarisme, Norbert Élias voit, dans ce qu'il nomme une « sensibilité rationalisée », « un déplacement du seuil de la sensibilité dépassant nettement les normes de la "société civilisée" du XXᵉ siècle, qu'on considère pour cette raison comme "anormal". On ne saurait oublier pourtant, poursuit-il, que ce sont des déplacements de ce genre qui ont abouti dans le passé, à la modification des normes en vigueur. » (*Ibid.*, p. 171.)

40 Keith Thomas, *Dans le jardin de la nature*, Paris, Gallimard, 1983, p. 189-236.

41 *Le Goût des larmes au XVIIIᵉ siècle*, Paris, Puf, 1999. Sur la notion de sympathie, voir surtout l'ouvrage dirigé par Thierry Belleguic, Éric Van der Schueren et Sabrina Vervacke : *Les Discours de la sympathie. Enquête sur une notion de l'âge classique à la modernité*, Québec, PUL, 2007.

Guichet[42]. Il est vrai aussi que le contexte intellectuel favorise les discours sur les animaux. Après que la querelle sur l'âme des bêtes s'est soldée par la déroute de la théorie cartésienne de l'animal-machine, la grande majorité des intellectuels du temps communient dans l'empirisme et le sensualisme. Beaucoup sont tentés de croire que la différence entre les êtres humains et les autres animaux n'est pas aussi fondamentale qu'on l'a longtemps cru.

À des degrés divers et selon des modalités différentes, les femmes et les hommes des Lumières se saisissent de la question végétarienne et prennent la mesure des nombreux enjeux qu'elle porte en elle. Quelle est la nature biologique de l'homme, demandent-ils ? Est-il fondamentalement carnivore ou bien destiné surtout à manger des fruits et des graines ? Appartient-il, en d'autres termes, à une espèce paisible comme celle des ruminants ou est-il au contraire de la race des animaux carnassiers et des bêtes féroces ? Ces questions en font naître d'autres, plus ardues, encore : comment comprendre par exemple que les brahmanes ne mangent jamais d'animaux ? Leur régime est à l'évidence possible en Inde, mais le serait-il chez nous, sous les froids climats de l'Europe ? Admettons que oui, admettons que l'on puisse vivre ici ou ailleurs sans tuer d'animaux, pourquoi donc Dieu nous aurait-il autorisés à le faire ? Serait-ce une concession à notre nature imparfaite ? Mais pourquoi Dieu nous aurait-il concédé quoi que ce soit ? et surtout comment cet être infiniment miséricordieux a-t-il pu permettre que des créatures – ses créatures – souffrent et meurent sans l'espoir du Salut ? Avons-nous enfin le droit de faire du mal à ces autres enfants du Créateur, ces autres habitants du monde ?

Les réponses apportées à ces difficiles questions feront l'objet de la présente enquête. Nous verrons que plusieurs naturalistes, écrivains et philosophes de tout premier plan n'ont pas craint de défendre les bienfaits, physiques et moraux, du régime végétarien. Nous verrons aussi comment leurs réflexions les plus abstraites, les plus métaphysiques, voisinent souvent avec des considérations d'ordre physiologique et anatomique, car il faut bien montrer que le végétarisme est possible et même sain pour soutenir qu'il est moralement requis. Les contempteurs du végétarisme, qui ne manquent pas bien sûr, leur objectent que les

---

42 *Rousseau, l'animal et l'homme. L'animalité dans l'horizon anthropologique des Lumières*, Paris, Cerf, 2006, p. 75.

paradoxes ne sont pas toujours brillants et que celui-ci est en l'espèce particulièrement ridicule.

Le végétarisme, parce qu'il est d'abord un régime alimentaire, suscite très tôt dans le siècle, de vifs débats parmi les médecins. Dans le premier chapitre de ce livre, nous montrerons que des désaccords profonds les opposent à propos du type d'aliments à privilégier et de l'intrigant phénomène de digestion. Les grandes découvertes médicales du XVIIᵉ siècle ébranlent alors les certitudes les plus ancrées, y compris l'ancestrale théorie des humeurs. Avant que cette dernière ne s'écroule tout à fait, les opinions diététiques les plus diverses (dont celles favorables au végétarisme), les plus étranges aussi parfois, se multiplient. Le régime végétal bénéficie en outre des réactions contre les excès de raffinement de la nouvelle cuisine. Le premier médecin français à prôner explicitement l'abstinence de viande à des fins diététiques est Philippe Hecquet. Ses thèses, qu'il fait connaître à partir de 1709, connaîtront un complet discrédit dix ans plus tard. Dans les années 1760, en revanche, *Le Régime de Pythagore* d'Antonio Cocchi est reçu très favorablement au point que certains mettent en pratique les prescriptions de ce médecin italien. Contrairement à Hecquet, Cocchi évoque le triste sort des animaux destiné à nos tables comme une autre raison de vouloir examiner les vertus de la diète végétale.

Dans un second chapitre, nous nous efforcerons de mettre à jour ces sensibilités nouvelles pour les animaux. Les hommes et les femmes des Lumières qui se disent volontiers plus sensibles que leurs prédécesseurs voient dans la propension à verser des larmes et à partager la souffrance d'autrui une marque d'humanité et d'excellence morale. À l'inverse, l'art de la chasse ou la pratique de la vivisection sont regardés avec méfiance et même dégoût. Si la consommation de viande apparaît encore comme une nécessité, la mise à mort des bêtes n'en est pas moins considérée comme une « barbarie ». On s'accorde pour tenir les enfants éloignés de ce spectacle affreux ; on redoute qu'ils ne s'accoutument à la cruauté et l'on se prend parfois à rêver à ces parties du monde où la boucherie serait invisible, sinon absente.

Deux « lieux » du végétarisme sont alors fréquemment cités : l'Inde et certaines îles utopiques. Ces pays du végétarisme, idéalisés ou tout bonnement imaginaires, forment un contraste saisissant avec la brutalité des sociétés européennes modernes, ainsi que nous verrons dans le troisième chapitre. Voyageurs et écrivains ne manquent jamais de souligner les liens entre le végétarisme des pythagoriciens et des prêtres hindous, entre la tempérance des brahmanes et la sobriété régnant dans les îles des romans utopiques.

La quatrième partie de cette étude sera consacrée à Voltaire. Le patriarche de Ferney lui aussi fait du végétarisme un trait caractéristique des peuples bienheureux qu'il décrit dans *La Princesse de Babylone* ou les *Fragments historiques sur l'Inde*. Le végétarisme voltairien n'a quasiment pas été abordé par la critique. Voltaire est pourtant, au XVIIIe siècle, l'auteur qui a le plus écrit sur le sujet et a le plus insisté sur sa dimension morale. Il est également très préoccupé, à titre personnel, par la question des régimes. Il en recommandait sans cesse à ses amis et souffrait d'atroces maux de ventre. Il affirmait avoir lu pour se soigner plus de livres de médecines que Don Quichotte n'en avait lu de chevalerie. Sa correspondance témoigne qu'il s'abstenait de viande, pendant des périodes plus ou moins longues. Le thème végétarien apparaît dans l'œuvre de Voltaire à partir de son installation à Ferney, et s'y retrouvera jusqu'à sa mort. Le philosophe comprend, entre autres choses, que la souffrance animale est un point aveugle de la doctrine chrétienne. Au moment où les populations s'émeuvent du sort des bêtes, il peint l'Église comme la principale cause de leurs maux et exalte la sagesse des pythagoriciens et la bonté des brahmanes. Si Voltaire fait du végétarisme un usage polémique, d'autres philosophes envisagent l'abstinence de viande comme un élément du système philosophique qu'ils bâtissent. C'est exemplairement le cas de Rousseau.

En reprenant à son compte un grand nombre d'idées de son temps sur le végétarisme, Rousseau est celui qui lui donne son plus grand rayonnement. On sait qu'il voit en lui, dans le *Discours sur l'origine et les fondements de l'inégalité*, le régime primordial de l'espèce humaine, qu'il le prône dans l'*Émile* et qu'il fait même de l'héroïne de *La Nouvelle Héloïse* une quasi « pythagoricienne ». Plusieurs études ont abordé le végétarisme de Rousseau. Il ne s'agira pas ici de répéter ce qui a été fort bien dit ; notre ambition sera d'articuler ces différentes analyses en tâchant de montrer que l'abstinence de viande constitue pour le philosophe de Genève le régime en tout point le plus naturel. En effet, il correspondrait à notre physiologie et à notre inclination spontanée à éprouver de la pitié pour les animaux. Nous montrerons que le frugivorisme de l'espèce humaine dans l'état de nature est le fondement sur lequel repose tout son édifice anthropologique et philosophique : Rousseau a *besoin* que nous soyons végétariens par nature. Si nous ne l'étions pas, nous serions nécessairement impitoyables, fondamentalement méchants. La défense du végétarisme conduit par ailleurs Rousseau à des réflexions scientifiques très poussées sur la nature des aliments. Le régime végétal ou lacté est enfin celui adopté lors des repas champêtres et des voluptueux tête-à-tête qu'il évoque dans ses œuvres autobiographiques. Le végétarisme de Rousseau n'est pas si transparent, pourtant : il pose de difficiles questions, notamment quand il faut le conjuguer avec la gourmandise. Ce sont ces ambivalences que nous examinerons enfin.

ANCIENNES ET NOUVELLES QUESTIONS
SUR LE RÉGIME

« La viande de boucherie est la nourriture la plus ordinaire après le pain, et par conséquent une de celles qui doit davantage et le plus souvent intéresser la santé », explique Diderot en reprenant les mots du commissaire Delamare[1]. C'est en effet sur la viande que se porte un grand nombre des réflexions médicales et diététiques du temps. Elle obsède aussi les paysans qui en sont le plus souvent privés et qui seraient pour cette raison sujets à divers types de maladies, ainsi que l'assurent plusieurs médecins du temps. La plupart de ceux qui plaignent ces malheureux blâment également tous ceux qui se livrent imprudemment à des excès gastronomiques. Les pauvres ne mangent pas assez de viande ; les riches en mangent trop[2]. Buffon est l'un de ceux qui rendent le mieux compte de cette inégalité des conditions :

> L'homme riche met toute sa gloire à consommer, toute sa grandeur à perdre en un jour à sa table plus de biens qu'il n'en faudrait pour faire subsister plusieurs familles ; il abuse également des animaux et des hommes, dont le reste demeure affamé, languit dans la misère, et ne travaille que pour satisfaire à l'appétit immodéré et à la vanité encore plus insatiable de cet homme, qui, détruisant les autres par la disette, se détruit lui-même par les excès[3].

---

1   En vérité, Diderot, dans cette première phrase de l'article « Boucher » de l'*Encyclopédie*, reprend presque mot pour mot l'incipit de l'article de Delamare concernant la viande. Voir *Traité de la police*, Paris, J. et P. Cot, 1705, Livre IV, titre v, chapitre premier : « des Bouchers », p. 571. La suite de l'article encyclopédique est très inspirée de cet article de Delamare, que Diderot mentionne à une reprise seulement.

2   Rousseau s'adresse de la sorte aux riches souffrant de maladies : « Jeûnez vous autres, quand vous avez de la fièvre ; mais quand vos paysans l'ont, donnez-leur de la viande […] leur seul apothicaire doit être votre boucher. » (Note du livre V de l'*Émile*, *Œuvres complètes*, Paris, Gallimard, 1969, t. 4, p. 805.)

3   Article « Bœuf » de l'*Histoire naturelle*, Paris, Imprimerie royale, 1753, t. 4, p. 440 « Il [L'homme] est donc le plus grand destructeur, et c'est plus par abus que par nécessité ; au lieu de jouir modérément des biens qui lui sont offerts, au lieu de les dispenser avec équité ; au lieu de réparer à mesure qu'il détruit, de renouveler lorsqu'il anéantit. »

Bien qu'elle soit généralement regardée comme une nourriture très substantielle, on reproche effectivement à la viande de causer certaines pathologies graves, comme la goutte, les indigestions ou la mélancolie. On déconseille en outre à ceux dont le tempérament est sanguin d'en consommer trop[4]. Cette méfiance semble gagner du terrain et se généraliser à une époque où, la pharmacopée étant réduite, la diététique constitue nécessairement une partie importante de la médecine. Certains, comme le célèbre médecin écossais William Buchan, recommandent de ne manger de la viande qu'une seule fois par jour[5]. D'autres envisagent même d'adopter temporairement un régime végétarien, comme cure, voire de façon plus soutenue afin de prévenir telle ou telle maladie. Ces recommandations médicales semblent, dans une certaine mesure, porter leurs fruits – du moins dans certains pays européens. Buchan constate en effet « avec plaisir que les végétaux deviennent de jour en jour d'un usage plus commun » et affirme qu'« il est à désirer que cet usage devienne universel[6] ». Robinet, dans l'article « Chair » de son *Dictionnaire universel*, fait la même observation au sujet de la France. Un nombre croissant d'enfants et de vieillards consomment essentiellement des nourritures végétales. Ils ne s'en porteraient que mieux, ajoute-t-il[7].

Comment comprendre une telle évolution ?

L'intérêt manifesté pour les propriétés des aliments en général, et de la viande en particulier, s'explique d'abord par la multiplication de

---

4   Voir par exemple l'article « Régime » de l'*Encyclopédie*, t. 14, p. 11 : « Le tempérament sanguin établissant la disposition à former une plus grande quantité de sang, tout étant égal, que dans les autres tempéraments ; ceux qui sont ainsi constitués doivent éviter soigneusement tout ce qui peut contribuer à faire surabonder cette partie des humeurs ; ils doivent s'abstenir de manger beaucoup de viande, et de tout aliment bien nourrissant. »

5   *Médecine domestique, ou traité complet des moyens de se conserver en santé*, Paris, Desprez, 1775, p. 405 : « La viande, prise en grande quantité, a souvent conduit au scorbut et à la suite nombreuse de cette maladie, telles que les indigestions, la mélancolie, l'hypocondriacie, etc. Ceux qui sont jaloux de leur santé ne doivent manger de la viande qu'une seule fois en vingt-quatre heures. » (La première édition anglaise date de 1769.)

6   *Ibid.*, p. 167. Buchan remarque également : « Il est donc évident que si les végétaux et le lait étaient plus souvent employés dans le régime, le scorbut serait moins commun, et l'on verrait moins de fièvres putrides et inflammatoires. »

7   L'auteur souligne la constance des médecins anciens et modernes à « vouloir rétablir le règne des végétaux, et à proscrire totalement la chair. [...] Ce préjugé s'est si bien répandu depuis quelque temps en France, que quantité de personnes âgées, et presque tous les enfants, ne vivent que de végétaux. Ce qu'il y a de singulier, c'est que l'expérience paraît tous les jours accréditer ce régime. » (Article « Chair » du *Dictionnaire universel des sciences morale, économique, politique et diplomatique*, Paris, 1777-1778, t. 30, p. 294.)

livres promouvant tel ou tel régime alimentaire en fonction des types de maladies[8]. Le végétarisme bénéficie également de manière indirecte des éloges de plus en plus nombreux de la tempérance en matière de nourriture : beaucoup de médecins du temps louent l'opinion de Luigi Cornaro (1464-1566) qui prônait le jeûne dans un ouvrage devenu fameux. En 1787, l'auteur anonyme de l'*Apologie du jeûne* démontre quant à lui – la chose est d'importance – que les végétariens ont une espérance de vie de sept ans supérieure aux omnivores, grâce à une étude comparative menée sur plus de trois cents sujets[9]. Certains patients se laissent donc convaincre... D'autres optent pour des régimes plus insolites. Ainsi de la « galactophagie » qui consiste à se nourrir exclusivement de lait et de fromages pendant un temps plus ou moins long[10]. Le marquis de Thibouville recommande ce régime à Voltaire, qui en vante à son tour les mérites à plusieurs de ses correspondants[11].

Le relatif succès de ces diètes singulières s'explique par le fait que la médecine traditionnelle, héritée de Galien, voit son prestige refluer et cède le pas à une profusion de nouveaux modèles physiologiques et diététiques – le plus souvent divergents. La digestion n'est plus guère considérée comme une « coction », c'est-à-dire une cuisson, ainsi que l'assurait

---

8   Parmi les ouvrages diététiques du temps, citons les plus importants : le *Traité des aliments* de Louis Lémery (Paris, Witte, 1705) et l'*Essai sur les aliments* d'Anne-Charles Lorry (Paris, Vincent, 1757).

9   *Apologie du jeûne*, Genève, 1787, p. 3 : « C'est par conséquent 76 ans et un peu plus de 3 mois de vie moyenne qu'on peut se promettre avec un régime qui paraît si dur à la nature, avec du pain, des fruits, des herbes, des racines pour toute nourriture, rarement du lait, des œufs, encore plus rarement du poisson, jamais de viande. » Cet auteur a comparé la moyenne des durées de vie de cent cinquante-deux solitaires qui pratiquaient le végétarisme et de « cent cinquante-deux Académiciens, moitié de l'Académie des Sciences, et moitié de celle des Belles-Lettres. » Ces derniers sont morts en moyenne à l'âge de 69 ans et deux mois.

10 Sur la diète lactée, voir par exemple l'ouvrage de Jean Georges Greisel, *Tractatus medicus de cura lactisin arthritide* (Vienne, Kürner, 1670) ou celui de Johann Dolaüs, *De furia podagrae lacte victa*, (Londres, Smith, 1732). Antonio Cocchi jette un éclairage intéressant sur le succès de la galactophagie, cette « diète blanche qui consiste à ne vivre que de lait, comme font tous les jeunes animaux, et comme on dit que vivaient anciennement et que vivent même aujourd'hui des Nations entières. L'usage s'en est introduit dans toute l'Europe, vers le milieu du dernier siècle, pour la cure de certaines infirmités, et principalement des douleurs articulaires, et de la goutte. » (*Le Régime de Pythagore*, La Haye, Gogué et Dessaint, 1762, p. 64-65.)

11 Voltaire évoque la « galactophagie » de Thibouville en D19752 (19 novembre 1775); il recommande le lait d'ânesse à Cramer en D18146 (19 janvier 1773). Voir également D14221 (10 juin 1767) et D15796 (4 août 1769).

Aristote. C'est là une évolution considérable. Paradoxalement, toutefois, les hypothèses qui se multiplient au XVIIIe siècle s'appuient encore beaucoup sur la littérature médicale antique. On rappelle qu'Hippocrate soutenait que la chair des animaux n'était pas une nourriture destinée originellement à l'être humain, qu'il opérait une distinction entre régime naturel et régime optimal, et enfin qu'il privilégiait la viande cuite[12]. Mais bien des penseurs de l'Antiquité étaient en désaccord avec lui sur ce dernier point. Ces débats antiques trouvent donc assez naturellement un écho au siècle des Lumières. Les savants envisagent à leur tour la question du régime primordial et tentent de percer le mystère de la digestion. Il s'agit de répondre à cette question difficile, qui réclame la prise en compte de tant de paramètres différents : que devrions-nous manger ?

LA DIÈTE LA PLUS NATURELLE ?

Quelle diète est la plus susceptible de garantir notre santé ? À cette question essentielle, les médecins répondent à l'unisson que les nourritures auxquelles Dieu et la nature nous ont destinés devraient être privilégiées. Mais on ne s'entend guère pour définir ce qu'est un régime naturel. Plus encore que l'examen de la physiologie humaine, l'étude des Saintes Écritures, et en particulier de la *Genèse*, devrait pourtant permettre de résoudre ce problème d'importance.

LES NOURRITURES ÉDÉNIQUES

Lorsque les eaux du Déluge se furent retirées, Yahvé accorda à l'homme le droit de consommer la chair des animaux :

> Que tous les animaux de la terre et tous les oiseaux du ciel soient frappés de terreur et tremblent devant vous, avec tout ce qui se meut sur la terre. J'ai mis entre vos mains tous les poissons de la mer. Nourrissez-vous de tout ce

---

12 Hippocrate, *De l'ancienne médecine*, Paris, Les Belles Lettres, 1990, p. 121-123. Les nourritures grossières des premiers temps, consommées sans préparation culinaire et notamment sans cuisson, engendraient selon lui nombre de maladies. C'était précisément afin de remédier à ces désordres naturels que les hommes auraient inventé l'art de la médecine et découvert les propriétés des divers aliments.

qui a vie et mouvement : je vous ai abandonné toutes ces choses, comme les légumes et les herbes de la campagne[13].

Voilà ce qui fonde ordinairement, d'après les théologiens chrétiens, le droit des hommes de disposer des bêtes pour leur nourriture. Mais ce commandement alimentaire fut précédé d'un autre. Yahvé avait déjà accordé à Adam, du temps qu'il demeurait dans le Paradis terrestre, le pouvoir sur les autres créatures, mais Il lui prescrivit alors de ne se nourrir que de végétaux[14].

Ces deux prescriptions semblent correspondre à deux ères que sépare le sacrifice sanglant offert par Noé au Créateur. La période précédant ce moment a tout l'air d'être végétalienne ; celle qui la suit omnivore. Dès la première page de son *Traité historique et moral de l'abstinence de viande*, Grégoire Berthelet défend cette interprétation, qui semble en effet la plus naturelle[15]. Selon lui, jusqu'à l'époque du Déluge, tous les descendants d'Adam se nourrissaient uniquement de fruits, de légumes et de céréales, « excepté peut-être les géants et quelques autres impies. » Il dit s'appuyer en cela sur le « sentiment commun des Pères de l'Église[16] ». Aussi, le prestige de cette tradition exégétique n'empêche pas que plusieurs problèmes se posent, car les Saintes Écritures fournissent en certains endroits des informations lacunaires ou apparemment contradictoires. Les fruits que mangèrent Adam et Ève après la Chute étaient-ils les mêmes que ceux de l'Éden ? Que mangèrent les plus immoraux de leurs descendants au moment où Yahvé décida de les détruire ? Comment comprendre qu'Abel pût être un éleveur et qu'il sacrifiât ses bêtes, si ce n'était pour se nourrir de leur lait et de leurs chairs ? Edme-François Mallet, qui rédigea l'article « Abstinence » de l'*Encyclopédie*, mentionne toutes ces difficultés même s'il incline à penser que personne avant Noé ne mangea de viande[17].

13 *Genèse*, IX, 2-3 (Bible de Sacy).

14 *Genèse*, I, 28-29 (Bible de Sacy) : « Croissez et multipliez-vous ; remplissez la terre, et vous l'assujettissez, et dominez sur les poissons de la mer, sur les oiseaux du ciel, et sur tous les animaux qui se meuvent sur la terre. Dieu dit encore : Je vous ai donné toutes les herbes qui portent leur graine sur la terre, et tous les arbres qui renferment en eux-mêmes leur semence chacun selon son espèce, afin qu'ils vous servent de nourriture. »

15 *Traité historique et moral de l'abstinence de la viande*, Rouen, Hérault, 1731, p. 2 : « Aussi paraît-il par l'Écriture que l'intention du Créateur n'était pas de lui en permettre l'usage, puisqu'il ne lui assigna pour nourriture que des fruits et des herbes. »

16 *Ibid.*, p. 2.

17 Article « Abstinence » de l'*Encyclopédie, ou Dictionnaire raisonné des arts, des sciences et des métiers*, Paris, Briasson-David-Lebreton-Durand, 1751-1772 (dorénavant *Encyclopédie*), t. 1,

Le commentateur le plus respecté alors de la Bible, dom Augustin Calmet, embrasse l'opinion majoritaire des Pères de l'Église et soutient que les hommes étaient végétaliens aux époques antédiluvienne. Dans ses notes de bas de page, il mentionne les *Quaestiones* de Théodoret de Cyr, les *Homélies* d'Origène et de saint Jean Chrysostome[18]. Il affirme que les seuls sacrifices sanglants qu'Abel offrait à Dieu étaient des holocaustes et donc qu'il ne mangeait pas la chair de ses victimes. Selon Calmet, il n'était pas un boucher, mais un éleveur qui ne sacrifiait au Créateur que la laine de ses brebis[19]. Conformément à la prescription divine, les végétaux faisaient toute la nourriture des hommes de ce temps-là, puisque les herbes « renferment le froment qui est la principale nourriture de l'homme, et toute sorte de grains, de plantes, de racines, de légumes, dont on peut manger. Avant le péché d'Adam, les fruits du Jardin faisaient toute sa nourriture[20] ». Les sacrifices d'Abel constituaient une difficulté importante ; mais Grotius propose une solution originale et habile (et que Jaucourt mentionne dans l'article « Sacrifice » de l'*Encyclopédie*). Ses recherches philologiques l'amènent à penser que là où l'on entend couramment « premiers-nés de ses troupeaux », il faut entendre « lait » :

> Nos versions disent qu'Abel offrit des premiers nés de sa bergerie et de leur graisse. Grotius et M. Le Clerc observent que par les premiers nés, il faut entendre les meilleurs, et que le terme signifie souvent tout ce qui excelle dans

---

p. 44.

18 Origène, *Homélies sur la Genèse*, Paris, Cerf, 1985, p. 71 : « Dieu, au début, permit de se servir comme aliment des herbes, c'est-à-dire des légumes, et des fruits des arbres. Mais plus tard, quand eut lieu l'alliance avec Noé après le Déluge, Dieu permit aux hommes de se nourrir de viande. » Saint Jean Chrysostome, *Vingt-septième homélie sur la Genèse, Œuvres Complètes*, Paris-Nancy, Bordes Frères, 1864, t. 3, p. 323 : « L'usage donc de la chair des animaux pour aliment, date de l'époque de Noé après le Déluge. Est-ce à dire que par cette licence Dieu veuille exciter les hommes à une vie voluptueuse et sensuelle ? Nullement. Mais comme les hommes devaient lui faire des sacrifices de ces animaux vivants et en action de grâce de ses bienfaits, Dieu permet l'entier usage de ces viandes, pour que l'on ne parût pas s'abstenir de manger des viandes immolées. Que les hommes s'en nourrissent sans plus de gêne qu'ils le font des plantes, produit de la terre. »

19 Augustin Calmet, *Commentaire littéral sur tous les livres de l'Ancien et du Nouveau Testament*, Paris, Pierre Emery, 1715, t. 1, p. 38.

20 *Ibid.*, p. 110 : « Depuis son péché, il est réduit à se nourrir, comme les plus vils des animaux, des herbes et des fruits des champs. Les arbres ne produisirent plus assez de fruits pour sa nourriture ordinaire, il y fallut suppléer par les légumes. Ce ne fut que depuis le Déluge, que Dieu lui permit l'usage de la viande. »

son genre. Ils remarquent encore que le mot *khalab*, que l'on traduit par celui de graisse signifie aussi du lait, ou la graisse du lait, c'est-à-dire de la crème[21].

Le végétalisme antédiluvien est toutefois une idée beaucoup plus contestée au XVIIIe siècle qu'elle ne le fut dans les premiers siècles de l'Église. Depuis l'époque de la Renaissance, elle a été remise en cause par plusieurs théologiens, notamment Domingo de Soto ou Samuel Bochart. Ce dernier argue du fait que la distinction entre animaux purs et animaux immondes, qui existe avant le Déluge, indique clairement que Dieu avait autorisé les hommes à consommer certaines nourritures carnées[22]. C'est aussi l'opinion que partage un théologien nommé Duguet, qui refuse de croire que les animaux créés aux époques primitives puissent avoir d'autres fins que celle d'être mangés par les êtres humains. Le verset mentionnant les nourritures végétales suit en outre immédiatement celui qui accorde le droit aux hommes de dominer les bêtes et donc implicitement, selon lui, de les consommer : « On ne saurait donner aucun sens raisonnable à ces paroles *Dominez sur les poissons*, si l'usage du poisson était défendu. Car quel autre usage l'homme peut-il faire des poissons vivant dans la mer, ou dans les rivières ? Et quel service lui rendent-ils[23] ? » Duguet juge absurde de penser qu'Abel ne mangeait pas la viande fournie par ses troupeaux. Les théologiens qui pensent comme lui s'appuient sur le sens commun : Abel était un éleveur ; il mangeait selon toute vraisemblance la chair de ses bêtes.

---

21 *Encyclopédie*, article « Sacrifice » (« sacrifice d'Abel »), t. 14, p. 478 : « L'auteur de la *Genèse*, IV, 4 dit, suivant nos traductions, qu'Abel offrit des premiers nés de son bétail, et de leur graisse ; c'est sur ce passage que la plupart des commentateurs, d'après les rabbins, croient qu'Abel offrit à Dieu les premiers nés de son troupeau en holocauste, et ils prétendent que cet ordre de sacrifice était le seul qui fût en usage avant la loi ; mais divers savants, au nombre desquels est l'illustre Grotius, sont d'une autre opinion. Ils pensent qu'Abel n'offrit que du lait, ou de la crème du son bétail. »

22 Voir Domingo de Soto, *De Justitia et jure*, Madrid, Instituto de estudios políticos, 1968, IV, 2, 1, p. 285. Soto considère que les herbes furent originellement données à l'homme par Dieu pour nourrir les bêtes qu'ils élevaient. Évoquant le sacrifice de Noé, Bochart explique également dans *Hierozoicon sive de animalibus s. scripturae*, Lyon, Batavorum, Boutesteyn et Luchtmans, 1692, t. 2, p. 11 (nous traduisons) : « Cette distinction entre bêtes pures et bêtes impures nous apprend que les unes étaient autorisées à être consommer, et les autres interdites [...] C'est pourquoi ce passage de la *Genèse* I, 29 ("cela sera votre nourriture") ne se rapporte pas seulement, selon nous, aux plantes mais aussi aux animaux auxquels il était fait allusion au verset précédent. » Voir également Samuel Bochart : *Trois sermons préliminaires à l'explication du livre de la Genèse*, Amsterdam, Henry Desbordes, 1705, p. 193.

23 *Explication du livre de la Genèse*, Paris, F. Babuty, 1732, t. I, p. 192.

Aussi précieuse qu'elle soit, l'exégèse biblique n'est pas la seule source extramédicale à laquelle puisent les médecins et naturalistes favorables au végétarisme. Les textes de l'Antiquité gréco-latine leur fournissent un certain nombre d'arguments à faire valoir. Quelques noms d'auteurs illustres donnent même au régime végétal ce crédit qui lui fait grandement défaut.

L'ACTUALITÉ DES ARGUMENTS VÉGÉTARIENS ANTIQUES

« La chair n'est pas l'aliment naturel de l'homme. La disposition de son corps qui n'a ni proportion ni ressemblance avec celui des animaux carnassiers, et le peu d'acides dont son estomac est fourni sont la preuve de cette vérité. » Ces sur ces mots que s'ouvre le *Traité historique et moral de l'abstinence de la viande* de dom Grégoire Berthelet. L'idée selon laquelle la physiologie humaine correspond à celle des animaux végétariens est héritée de Plutarque. Cet argument célèbre est développé dans le *De esu carnium*, qu'Amyot traduisit par *S'il est loisible de manger chair* :

Mais pour ce qu'il y en a qui tiennent qu'ils ont la nature pour cause et origine première de manger chair, prouvons-leur que cela ne peut être selon la nature de l'homme. Premièrement cela ne se peut montrer par la naturelle composition du corps humain ; car il ne ressemble à nul des animaux que la nature a fait pour se paître de chair, vu qu'il n'a ni un bec crochu, ni des ongles pointus, ni des dents aiguës, ni l'estomac si fort, ni les esprits si chauds, qu'ils puissent cuire et digérer la masse pesante de la chair crue : et quand il n'y aurait autre chose, la nature même à l'égalité plate des dents unies, à la petite bouche, à la langue molle et douce, et à l'imbécillité de la chaleur naturelle, et des esprits servant à la concoction, montre elle-même qu'elle n'approuve point à l'homme l'usage de manger chair. Que si tu veux t'obstiner à soutenir que nature l'a fait pour manger telle viande, tout premier tue-la donc toi-même, je dis toi-même sans user ni de couperet, ni de couteau, ni de cognée, mais comme les loups, & les ours, & les lions à mesure qu'ils mangent tuent la bête, aussi toi tue-moi un bœuf à force de le mordre à belles dents, ou de la bouche un sanglier, déchire-moi un agneau ou un lièvre à belles griffes, et le mange encore tout vif, ainsi comme ces bêtes-là font. [...] Il n'y a personne qui eût le cœur d'en manger telle qu'elle serait, mais la font bouillir, ils la rôtissent, ils la transforment avec le feu et plusieurs drogues, altérant, déguisant, et éteignant l'horreur du meurtre, afin que le sentiment du goût trompé et déçu par tels déguisements, ne refuse point ce qui lui est étrange[24].

24 Plutarque, *S'il est loisible de manger chair (De esu carnium)*, traité premier, dans *les Œuvres morales et philosophiques*, traduction de Jacques Amyot, Paris, C. Morel, 1618, t. 1, p. 275

Cet argument, que nous nommerons « argument de Plutarque », est presque systématiquement employé par les médecins, naturalistes ou philosophes qui promeuvent le régime végétarien au XVIIIe siècle[25]. Il est le premier (du moins d'après les sources disponibles) à démontrer que notre consommation de viande ne fait jamais l'économie de la technique et qu'elle constitue même un acte culturel, indissociable d'artefacts culinaires plus ou moins sophistiqués. Le *De esu carnium* devient connu bien au delà des cercles savants grâce à Rousseau, qui en cite un long extrait dans le livre II de l'*Émile*[26]. Certains ouvrages de cuisine le mentionnent aussi, comme les fameux *Dons de Comus*. Les auteurs de ce livre publié sous le pseudonyme de François Marin évoquent ce traité dans lequel Plutarque « examine si l'on doit manger de la chair des animaux, et il essaye de prouver qu'elle n'est point l'aliment naturel de l'homme[27]. » « Mille autres philosophes ont renouvelé les mêmes idées [que Plutarque au sujet de la viande] », note enfin un journaliste de *L'Année littéraire* en 1774[28].

Puisque notre physiologie ne serait pas adaptée à la consommation de viande, il n'est pas étonnant, remarquait en outre le philosophe de Chéronée, qu'elle provoque des maladies. Plusieurs médecins partagent cet avis, notamment Léonard Lessius[29]. Le savant flamand rappelle que beaucoup de nations font un usage extrêmement modéré de la viande et ne vivent principalement que de riz et de fruits. Ainsi des Japonais, des Chinois, de certains peuples d'Afrique, ou même des Turcs[30]. » La

---

(orthographe et ponctuation modernisée par nous). La première édition date de 1572.

25 Citons, entre autres exemples, celui de Delisle de Sales dans le chapitre « De la nourriture de l'homme », de son ouvrage *De la Philosophie de la nature* (Londres, s. n., 1777, t. 5, p. 59-60).

26 *Émile, Œuvres complètes*, Paris, Gallimard, 1969, t. 4, p. 412-414.

27 *Les Dons de Comus*, Paris, Pissot, 1758, p. XII-XIII. « Il est vrai que si l'on s'arrête à la structure de nos organes, si différents de ceux des bêtes qui sont destinés à vivre de proie, l'usage de la chair paraîtra plus naturelle aux animaux qu'à l'homme : mais les animaux qui doivent se nourrir de viandes crues, et se passer de cuisiniers, sont pourvus à cet effet des instruments propres à préparer leurs aliments sans tant d'appareil, et l'industrie est donnée à l'homme pour apprêter les mêmes aliments, et se les rendre plus homogènes par la cuisson. Au reste, si notre corps plus délicat n'est pas fait pour être le tombeau de ces cadavres, on peut voir qu'ils se vengent bien de nous par les désordres qu'ils y causent. »

28 *L'Année Littéraire*, 1774, t. 2, p. 25-45. L'article est un commentaire de l'ouvrage anonyme intitulé *L'Élève de la Raison et de la Religion* (Paris, Barbou, 1774).

29 *De la sobriété, ou le vrai moyen de se conserver dans une santé parfaite jusqu'à l'âge le plus avancé*, Paris, Edme, 1772, p. 50-51.

30 « Ils n'en vivent cependant que plus longtemps et plus sainement [...] On le voit d'ailleurs en une infinité de laboureurs et de gens de métier, qui d'ordinaire ne vivent que de pain,

consommation de viande ne serait pas seulement mauvaise pour notre
santé, soutient-on également, elle aurait aussi des effets psychologiques
extrêmement fâcheux. Elle nuirait même à la vie intellectuelle[31]. Les
pythagoriciens et les néopythagoriciens, d'après ce qu'en dit Sénèque,
s'étaient rendu compte très tôt qu'elle rendait même malhonnête et
féroce[32]. Porphyre expliquait pareillement que « les tyrans et les fourbes
sont tous mangeurs de viande » tandis que « ceux qui ne mangent que
du pain d'orge [...] n'ont dessein ni de nous voler, ni de nous faire la
guerre[33]. » Au XVIIIᵉ siècle, ce lien entre la consommation de viande et la
cruauté est encore souvent mentionné. Dans *L'Homme-machine*, La Mettrie
assure par exemple que « la viande crue rend les animaux féroces ; les
hommes le deviendraient par la même nourriture[34] ». Diderot remarque
de son côté que « si vous nourrissez continuellement un homme de chair,
vous le rapprocherez du caractère de l'animal carnassier[35] ». Un médecin
aussi illustre que Jean-Georges Zimmermann, membre de l'Académie
de Berlin, confirme lui aussi que « l'on est d'un caractère plus doux,
plus humain » lorsqu'on ne mange pas de viande[36]. Certaines voix dis-
cordantes s'élèvent bien entendu. James Mackenzie, fameux médecin
d'Edimbourg, réplique sèchement que rien ne peut prouver le lien entre
la consommation de viande et le caractère. En règle générale, Mackenzie
goûte peu les arguments en faveur du végétarisme, en particulier ceux
avancés par Porphyre. Le *Traité de l'abstinence* reposerait essentiellement,
selon lui, sur la ridicule croyance dans la transmigration des âmes. Il
serait de toutes les façons absurde et dangereux, ajoute-t-il, de vouloir
bannir la viande. Ce n'est pas elle qu'il faut bannir, mais les excès. Eux

de beurre, de bouillie, de légumes, d'herbes, de fromage, et ne mangent de la viande que
très rarement ; ils ne laissent pas d'être sains et robustes, et de vivre très longtemps. »
(*Ibid.*, p. 51.)

31   Voir *De Esu carnium*, traduction J. Amyot, modernisée par M.-N. Baudouin-Matuszek,
     dans Élisabeth de Fontenay, *Trois traités pour les animaux*, Paris, P.O.L, 1992, p. 111-112.
     Voir également Philostrate, *Apollonius de Tyane, sa vie, ses voyages, ses prodiges*, Paris, Sand,
     1995.
32   *Lettres à Lucilius*, CVIII Paris, Les Belles Lettres, t. 4, p. 182-183.
33   *Traité de Porphyre touchant l'abstinence de la chair des animaux*, Paris, Bure, 1747, p. 71.
34   *L'Homme-machine*, Paris, Leyde, Luzac, 1748, p. 14.
35   *Éléments de physiologie, Œuvres complètes*, Paris, Hermann, 1987, t. 17, p. 402.
36   *Traité de l'expérience en général et en particulier dans l'art de guérir*, Paris, Vincent, 1774, t. 3,
     p. 20-21. Le végétarisme, d'après Zimmermann, allonge permet également de prolonger
     la vie. Voir également, sur le même thème, John Arbuthnot, *Essai sur la nature et le choix
     des aliments*, Paris, Cavelier, 1755, p. 169.

seuls sont néfastes. Même Plutarque ne trouve grâce aux yeux du médecin écossais ; le philosophe de Chéronée, affirme-t-il, n'aurait d'ailleurs pas prêché sérieusement le végétarisme, car lui-même mangeait des nourritures carnées[37].

Mackenzie est bien seul toutefois à balayer d'un revers de main les positions défendues dans le *De esu carnium*. La plupart des naturalistes, favorables ou hostiles au végétarisme, envisagent en effet avec la plus grande attention les délicats problèmes que ce court traité soulève.

L'HOMME EST-IL UN CARNASSIER ?

Dans quelle classe d'animaux l'homme doit-il être rangé ? Sommes-nous fondamentalement des carnivores ou des frugivores ? Les médecins et naturalistes sont divisés. L'anatomiste Pierre Tarin, auteur de l'article « Carnassier » de l'*Encyclopédie*, évoque ainsi leurs débats : « Les Physiciens sont en dispute sur la question, si l'homme est ou n'est pas naturellement carnassier : il y en a qui prétendent que les fruits de la terre étaient destinés seuls à le nourrir ; et que ç'a été le besoin dans quelques pays, et le luxe dans d'autres, qui les a portés à se nourrir des animaux auxquels ils ont tant de ressemblance[38]. »

Tarin fait de Gassendi le premier naturaliste moderne à avoir montré que la physiologie humaine correspondait à celles des animaux herbivores ou frugivores. Gassendi avait en effet consacré en 1629 une très longue lettre à la défense du végétarisme et contestait l'idée que l'alimentation carnée pût être naturelle[39]. Pour lui, la « créophagie » est

---

37 « Je n'ignore pas, écrit McKenzie que le sage Plutarque écrivit deux discours en faveur de cette abstinence ; cependant on sait aussi qu'il ne l'observait pas, et qu'il mangeait de la chair comme les autres. Mais ce serait m'écarter de mon sujet, et entrer dans des détails fort inutiles pour la conservation de la santé que de m'engager ici dans de plus longues discussions sur l'histoire d'un sentiment insoutenable. » (*Histoire de la santé, et de l'art de la conserver*, La Haye, Aillaud, 1759, p. 176). Sur la réfutation des arguments de Porphyre par McKenzie, voir *ibid.*, p. 172.

38 *Encyclopédie*, article « Carnacier », t. 2, p. 689.

39 Pierre Gassendi, *Lettres latines*, traduction de Sylvie Taussig, Turnhout, Brepols, t. 1, p. 34-40. Gassendi envisage dans cette même lettre du 8 juin 1629 à la possibilité d'adopter lui-même le végétarisme : « Je reconnais que, si j'étais sage et que j'arrête peu à peu de consommer de la viande pour me tourner moi-même peu à peu vers les dons mêmes de la terre nourricière, je ne doute pas de pouvoir jouir d'une bonne santé plus constante et expérimenter les forces plus énergiques de mon talent. Car la moisson des maladies et l'obscurité de l'esprit semblent surtout naître de ce que la viande, qui est un aliment plus riche et pour ainsi dire trop substantiel, alourdit l'estomac, est trop lourde

un acte culturel, une habitude, qui contrevient radicalement aux lois naturelles et signale donc notre perversité. L'argumentation emprunte à l'exégèse, à la morale, mais aussi à l'anatomie, puisque l'homme ne serait pas pourvu, selon lui, de « dents longues, de forme conique, pointues, placées en différents endroits, inégales tels les lions, les tigres, les loups, les chiens, les chats et tous les autres[40]. » Les jeunes enfants, dont les appétits n'ont pas encore été dépravés, sont en outre portés à préférer les fruits à la viande. Aussi est-il probable, poursuit-il, que la nature ait destiné l'homme à se contenter « pour s'alimenter des simples dons de la terre[41] ». Ce dernier argument ne convainc pas véritablement Tarin. Il doit bien admettre toutefois que la viande est la nourriture la plus difficile à digérer et que l'homme ne peut consommer la chair des animaux qu'une fois cuite, c'est-à-dire transformée par la technique. Il mentionne à ce sujet les travaux du médecin anglais Roger Drake, même s'il s'agit là en réalité d'une observation très ancienne faite par Hippocrate ou Porphyre[42].

En 1701, John Wallis reprend et prolonge l'argumentation de Gassendi dans les *Philosophical Transactions* de la Royal Society. Son texte sera l'occasion d'un échange avec un autre membre de la Société, Edward Tyson[43]. L'essentiel de leurs propositions sera transcrit en français dans le *Journal économique* de janvier 1754[44]. Wallis dit avoir remarqué que les bœufs, les cochons, les brebis et la plupart des quadrupèdes qui se nourrissent d'herbes ou de fruits sont pourvus d'un cæcum ainsi que

---

pour l'ensemble du corps, rend la substance trop épaisse et les sentiments plus obtus, qu'en un mot, elle est un fil tissé pour notre malheur sur les métiers de la nature. » (p. 39). Sylvie Taussig (*ibid.*, t. 2, p. 48) et, avant elle, Bernard Rochot dans son édition des *Dissertations en forme de paradoxe contre les Aristotéliciens* (Paris, Vrin, 1959, p. 448) font même de Gassendi un végétarien. La première mentionne *la Vie de Peiresc*, VI et le second la lettre à Van Helmont susmentionnée, comme des preuves, non probantes selon nous, de son végétarisme.

40 Gassendi considère aussi que la première prescription alimentaire aux temps édéniques est une autre preuve de la nature frugivore de l'homme. Voir *Lettres latines, op. cit.*, t. 1, p. 35.)

41 *Ibid.*, p. 39.

42 Voir notamment Hippocrate, *L'Ancienne médecine*, Paris, Les Belles Lettres, 1990, p. 133.

43 *Philosophical Transactions*, février 1701 (269), p. 769-785, paru dans le volume 22 regroupant les années 1700 et 1701, Londres, Smith et Walford, 1702.

44 *Journal économique, ou mémoires, notes et avis sur l'agriculture, les arts, le commerce*, Paris, Boudet, janvier 1754, p. 177-188. C'est sur ce compte rendu, note Jean Morel, que Rousseau se serait appuyé dans le second *Discours* ; voir « Recherches sur les sources du Discours de l'inégalité », *Annales Jean-Jacques Rousseau*, Genève, t. 5, 1909, p. 181.

d'un long côlon afin de porter lentement la nourriture ingérée depuis l'estomac jusqu'au rectum. Les animaux carnivores comme les chiens ou les loups n'ont pas ce côlon, mais un boyau plus court et plus grêle qui offre aux nourritures un passage plus prompt dans les intestins. Il conclut que la nature nous enseigne par là le type d'aliments auquel chaque espèce est destinée. L'être humain disposerait en l'occurrence d'une physiologie de végétarien. Tyson se range ainsi à l'avis de Gassendi, qui affirmait que notre habitude carnivore est si ancrée que nous prenons la consommation de viande pour un acte naturel. Il cite à l'appui de cette thèse le cas d'un agneau élevé à bord d'un vaisseau qui refusait de paître et acceptait seulement la nourriture qu'on lui avait toujours donnée[45].

Tyson se dit toutefois davantage convaincu par la démonstration de son collègue anglais que par celle de Gassendi. Le régime omnivore adopté sous la plupart des climats ne constituerait pas en effet une objection au constat anatomique, mais démontre seulement un usage particulier de la liberté de l'homme – faculté lui ayant permis de s'adapter à la diversité des conditions géoclimatiques. Le modèle de Wallis mériterait néanmoins d'être nuancé, car si la plupart des animaux herbivores ou frugivores ont un côlon très étendu, il existe des exceptions : le hérisson, par exemple, n'a ni cæcum ni côlon bien qu'il se nourrisse exclusivement de racines[46]. Les démonstrations de Wallis apparaissent à Tarin si convaincantes qu'il les rapporte en détail dans l'*Encyclopédie*[47].

Buffon participe lui aussi à ce débat et contribue à le porter davantage sur la place publique. Sa position est toutefois extrêmement ambivalente. Il change effectivement d'avis en l'espace de quelques années lors d'une controverse qui l'oppose à Rousseau. Leur échange et le revirement de Buffon montrent à quel point la question du régime naturel recouvre des enjeux idéologiques très forts. En 1753, l'auteur de l'*Histoire naturelle* se dit tout d'abord convaincu que « l'homme pourrait, comme

---

45   *Philosophical Transactions*, *op. cit.*, p. 777. Tyson mentionne également le cas d'un cheval à Londres, qui se nourrissait d'huîtres : « Custome may make that seem natural to us, which Nature never intented. » (*Ibid.*)

46   *Philosophical Transactions*, *op. cit.*, p. 782. Il n'est pas vrai, soit dit en passant, que le hérisson se nourrisse seulement de racines.

47   Article « Carnacier », t. 2, p. 689 : « Dans les animaux carnassiers, on ne trouve point de *cæcum*, mais on trouve en sa place un boyau plus court et plus grêle, par où il est évident que le passage de la nourriture doit se faire plus promptement. Or le *cæcum* est très visible dans l'homme ; ce qui forme une forte présomption, que la nature qui agit toujours d'une manière uniforme, ne s'est pas proposée d'en faire un animal carnassier. »

l'animal, vivre de végétaux[48] ». Il n'appuie pas sa démonstration sur des considérations anatomiques puisqu'il invite à dépasser l'apparence extérieure des aliments et à considérer les particules microscopiques qui les composent. Il s'agit d'en considérer les éléments constitutifs et ne pas croire, comme plusieurs le font, que la chair des animaux soit le meilleur aliment pour nourrir notre chair[49].

> Ce qui fait la vraie nourriture, celle qui contribue à la nutrition, au développement, à l'accroissement et à l'entretien du corps n'est pas cette matière brute qui compose à nos yeux la texture de la chair ou de l'herbe, mais ce sont les molécules organiques que l'un et l'autre contiennent, puisque le bœuf, en paissant l'herbe, acquiert autant de chair que l'homme ou que les animaux qui ne vivent que de chair et de sang[50].

La seule différence entre les herbes et la chair des animaux réside dans la concentration de ces molécules organiques. Elle est aussi forte dans les graines ou la viande que faible dans les parties des plantes. Comme l'homme ne possède qu'un seul estomac, il ne pourrait pas ingurgiter assez d'herbe « pour en tirer la quantité de molécules organiques nécessaires à [sa] nutrition ». Il est vain, selon Buffon de se demander si l'espèce humaine est végétarienne ou carnivore puisque la bonne santé dépend de l'absorption d'un nombre suffisant de « molécules organiques ». L'homme peut tout à fait vivre de « chair ou de graine », même s'il est plus sage d'opter avec mesure pour une diète omnivore[51]. Les excès gastronomiques des riches sybarites ne sont en effet pas moins fâcheux pour la santé que les repas trop frugaux des paysans :

> Il est prouvé par les faits qu'il [l'homme] pourrait bien vivre de pain, de légumes et d'autres graines de plantes, puisqu'on connaît des nations entières et des ordres d'hommes auxquels la religion défend de rien qui ait eu vie : mais ces exemples, appuyés même de l'autorité de Pythagore et recommandés par quelques médecins trop amis de la diète ne me paraissent pas suffisant pour nous convaincre qu'il

---

48 *Histoire naturelle*, Paris, Imprimerie royale, 1753, t. 4, p. 440.

49 *Ibid.*, p. 440 : « la chair qui paraît si analogue à la chair n'est pas une nourriture meilleure que les graines ou le pain. »

50 *Ibid.*, p. 440.

51 *Ibid.*, p. 441 : « L'homme et les animaux dont l'estomac et les intestins n'ont pas assez de capacité pour admettre un très grand volume d'aliments, ne pourraient pas prendre assez d'herbe pour en tirer la quantité de molécules organiques nécessaires à leur nutrition ; et c'est par cette raison que l'homme & les autres animaux qui n'ont qu'un seul estomac ne peuvent vivre que de chair ou de graines. »

y eût à gagner pour la santé des hommes et pour la multiplication du genre humain à ne vivre que de légumes et de pain, d'autant plus que les gens de la campagne, que le luxe des villes et la somptuosité de nos tables réduisent à cette façon de vivre, languissent et dépérissent plus tôt que les hommes de l'état mitoyen auxquels l'inanition et les excès sont également inconnus[52].

Rousseau lit attentivement ces pages et s'en inspire clairement au moment de rédiger son second *Discours*[53]. Cela n'échappe pas à Buffon. Quatre ans plus tard, l'article « Animaux carnassiers » du septième tome de l'*Histoire naturelle* contient une réfutation du texte de l'illustre Genevois. Victor Goldschmidt fait remarquer que Buffon, afin de prendre ses distances à l'égard d'un disciple compromettant, « durcit ses propres positions jusqu'à les gauchir et, presque, les contredire[54] ». L'illustre naturaliste affirme hautement cette fois que le régime végétarien est un écueil pour la santé de l'homme[55]. Même les graines ou le pain ne comporteraient pas assez en effet de molécules organiques[56]. Les moines et les moniales qui ne mangent aucune chair animale « ne résistent que pendant peu d'années à cette abstinence cruelle ; ils vivent moins qu'ils ne meurent chaque jour par une mort anticipée, et ne s'éteignent pas en finissant de vivre, mais en achevant de mourir. » L'exemple du végétarisme brahmanique ne doit pas être vu davantage que comme une exception, car la terre indienne fournit des fruits plus substantiels et des « graines plus nourries » que partout ailleurs[57]. Cette exception confirme d'ailleurs la règle universelle que formule Buffon désormais : « l'abstinence de toute chair, loin de convenir à la Nature, ne peut que la détruire : si l'homme y était réduit, il ne pourrait, du moins dans ces climats, ni subsister, ni se multiplier[58]. » La démonstration de l'impropriété du régime végétarien

52 *Histoire naturelle*, *op. cit.* p. 444-445.
53 Voir Jean Morel, *op. cit.*, p. 180-181.
54 Victor Goldschmidt, *Anthropologie et politique. Les principes du système de Rousseau*, Paris, Vrin, 1983, p. 248.
55 *Histoire naturelle*, Paris, imprimerie royale, 1758, t. 7, p. 31.
56 *Ibid.*, p. 32 : « N'ayant qu'un estomac et des intestins courts, il ne peut pas, comme le bœuf qui a quatre estomacs et des boyaux très-longs, prendre à la fois un grand volume de cette maigre nourriture, ce qui serait cependant absolument nécessaire pour compenser la qualité par la quantité. Il en est à peu près de même des fruits et des graines, elles ne lui suffiraient pas, il en faudrait encore un trop grand volume pour fournir la quantité de molécules organiques nécessaire à la nutrition. »
57 *Ibid.*, p. 33.
58 *Ibid.* p. 33. Voir également, p. 35 : « L'abstinence entière de la chair ne peut qu'affaiblir la Nature. » Voir aussi *ibid.*, p. 36 : « Les animaux qui n'ont qu'un estomac et les intestins

s'accompagne chez lui d'une longue critique de la religion brahmanique et du dogme de la métempsycose. Il sous-entend que l'absurdité de cette croyance rejaillit sur ceux (Rousseau le premier) qui s'imaginent que l'homme pourrait vivre, et vivre mieux, sans faire couler le sang des bêtes. L'opinion que défend Buffon après son revirement est partagée par le physicien allemand Albrecht von Haller, célèbre anatomiste suisse, dont Bordenave avait traduit en 1769 les *Éléments de physiologie*. Les conclusions qu'il tire de ses observations anatomiques contredisent de façon radicale celles de Gassendi et de Wallis :

> La structure de l'estomac humain est semblable à celle des animaux carnassiers ; les dents que nous avons dans l'une et l'autre mâchoire, l'intestin cæcum court et petit, et la force qui nous est nécessaire exigeaient pour aliments les chairs des animaux. [...] Lorsqu'on s'abstient des chairs, on sent ordinairement une grande faiblesse du corps et de l'estomac, et on a coutume d'être attaqué d'une diarrhée perpétuelle. Les herbivores ont les intestins grands, longs et épais[59].

Haller considère que l'homme est omnivore ; et qu'il serait dangereux pour lui de ne se nourrir que de végétaux ou de chairs seulement. Le fait que l'homme soit pourvu de canines, en nombre réduit, montre selon lui qu'il doit adopter une diète carnivore tempérée par la consommation de légumes. Il faudrait ne pas négliger non plus l'influence du climat : les hommes des pays froids doivent consommer davantage de viande que ceux des pays chauds où l'« on ne vit presque que de végétaux[60]. » Haller fait des émules ou plutôt convainc ceux qui étaient tout disposés à l'être. Diderot par exemple embrasse totalement ses vues et assure, comme son inspirateur, que « l'homme a l'estomac des animaux carnassiers, il en a les dents, il en a le cæcum court[61] ».

Si le végétarisme est commenté, discuté et, dans certains cas, envisagé avec intérêt par les physiciens français, aucun d'entre eux ne l'a totalement embrassé ou promu. Le premier à le faire est Philippe Hecquet à partir de 1709. Il se lance alors à corps perdu dans l'apologie des vertus diététiques du régime maigre.

---

courts [*i.e.* plus courts que les herbivores], sont forcés, comme l'homme, à se nourrir de chair. »

59   *Éléments de physiologie*, Paris, Guillyn, 1769, t. 1, p. 115-116. En ce qui concerne le cæcum, Wallis affirmait lui aussi qu'il était court, comme beaucoup de carnivores, mais il fondait son hypothèse d'une humanité naturellement végétalienne sur la longueur des intestins.

60   *Ibid.*, p. 116-117.

61   *Éléments de physiologie, Œuvres complètes*, Paris, Hermann, 1987, t. 17, p. 402.

L'APOLOGIE DU MAIGRE SELON HECQUET

Les réflexions des théologiens sur le régime édénique ou des naturalistes sur la physiologie de la digestion n'empêchent pas, évidemment, que la viande soit encore globalement associée non seulement à la bonne chère, mais encore à la bonne santé. Le carême et les autres périodes maigres du calendrier liturgique sont à l'inverse regardés avec inquiétude. Cette crainte est très souvent rapportée par les auteurs qui abordent le thème : « On regarde ordinairement l'abstinence de la viande comme l'écueil de la santé », résume un médecin[62]. La « face de carême » n'est-elle pas d'ailleurs le signe d'une carence en viande et en nourritures grasses ? Un médecin parisien, Philippe Hecquet, affirme pourtant contre l'opinion commune que le régime maigre est préférable à la diète omnivore. L'abstinence de viande doit être envisagée selon lui comme une discipline salutaire pour l'esprit et pour le corps. Son étrange position en faveur de la supériorité du maigre le condamne à une réprobation unanime. Son *Traité des dispenses du carême* et les polémiques qui s'ensuivent ont toutefois le mérite de porter à la connaissance du grand public les débats scientifiques entourant le phénomène de la digestion[63].

LE CARÊME ET SES DISPENSES

Avant que ne commence la période du carême, le « mardi gras » permet de conjurer l'angoisse de la mortification à venir, mais aussi de soutenir son corps par une consommation plus importante de chairs animales. La crainte que suscite le carême est aussi entretenue, rappelle Ken Albala, par la théorie des humeurs. À la fin de l'hiver, au moment du carême, les organismes ont besoin d'aliments chauds, tels que la viande et toutes les autres nourritures grasses, pour compenser les effets de la saison hivernale. Or les légumes sont vus comme les plus froides des nourritures, et de ce fait les moins susceptibles de rendre leur vigueur aux organismes[64].

---

62 Nicolas Andry, *Le Régime du Carême*, Paris, Jean-Baptiste Coignard, 1710, p. 1.
63 *Traité des dispenses du Carême*, Paris, François Fournier, 1710. (La première édition date de 1709.)
64 Ken Albala, « Une première argumentation scientifique occidentale en faveur du végétarisme », *Corps*, 2008 (4), p. 17-22.

Si les définitions du gras et les degrés d'austérité varient selon les lieux et les époques, le régime maigre exclut néanmoins systématiquement la viande, parfois les œufs, le lait, la crème ou le beurre. En règle générale, du moins chez les moins nécessiteux, c'est le poisson, « viande de carême », qui occupe en ces temps de privation la place dévolue normalement à la chair des mammifères et des volatiles. Des doutes subsistent sur la nature de certains aliments : à quelle catégorie appartiennent le chocolat, le tabac ou encore les macreuses, ces oiseaux dont la nature participe de l'élément aquatique comme les poissons ? Est-il permis d'en consommer dans les périodes d'abstinence ? Les avis divergent à ce sujet. Au cours du carême ou de l'avent, le fidèle se voit quoi qu'il en soit contraint de s'abstenir de la nourriture la plus délicate et la plus nourrissante, en signe de mortification du corps et d'élévation de l'âme. Pourtant, même si les interdits du carême ont été considérablement assouplis dans un mouvement initié à la Renaissance, le nombre des « dispenses du carême » augmente de manière significative depuis la fin du XVIIe siècle[65]. Reynald Abad, en examinant le cas parisien, a montré et même quantifié le relâchement de la pratique du maigre tout au long du XVIIIe siècle[66]. Les théologiens et les moralistes du temps déplorent cette désaffection ; Fénelon, qui est archevêque de Cambray, exhorte les fidèles à revenir à une pratique rigoureuse du carême. Il constate cependant avec lucidité que « cette discipline qui a été si austère, et pratiquée avec tant de ferveur dans l'Antiquité, n'est plus qu'une ombre de ce qu'elle a été[67]. » Muni d'une « attestation » rédigée par un médecin garantissant l'impossibilité pour son patient de supporter l'épreuve du carême, le fidèle qui craint trop pour sa santé prie son évêque ou son confesseur de lever pour lui l'interdit de viande. Afin de pallier l'abandon croissant de la pratique du maigre et la multiplication de ces « dispenses », un médecin, Barthélemy Linand, avait rédigé en 1700 *L'Abstinence de viande rendue aisée* où il prodiguait de nombreux

---

65   Voir F. Mugnier, « Carême » dans Marcel Viller *et alii*, *Dictionnaire de spiritualité ascétique et mystique*, Paris, Beauchesne, 1937, t. 1, p. 112-134.

66   Reynald Abad, « Un indice de déchristianisation ? L'évolution de la consommation de viande à Paris en carême sous l'Ancien Régime », *Revue historique*, n° 610, Paris, 1999, p. 237-275.

67   Fénelon, « Mandement pour le carême de l'année 1707 », *Recueil des mandemens*, Paris, F. Babuty, 1713, p. 60-66.

conseils diététiques et culinaires[68]. L'auteur dénonçait en outre la scandaleuse délicatesse des dispensés et la complaisance coupable de leurs médecins[69].

En 1709, Philippe Hecquet fait paraître le *Traité des dispenses du carême*. Le titre annonce un ouvrage semblable à celui de Linand ; son auteur y développe pourtant des thèses fondamentalement opposées et soutient un étrange paradoxe. S'il regrette et condamne, comme son prédécesseur, cette décadence de la piété, Hecquet assure contre le sens commun que « les fruits, les grains et les légumes sont [les aliments] les plus naturels » tandis que « l'usage de la viande n'est pas le plus naturel à l'homme, ni absolument nécessaire[70] ». Ken Albala voit ainsi dans le *Traité des dispenses* une première défense médicale du végétarisme[71].

HECQUET, IATROPHYSICIEN ET JANSÉNISTE

Philippe Hecquet naît à Rouen en 1661, et devient à vingt-trois ans docteur en médecine ; il s'installe alors à Abbeville, puis quitte la Picardie pour Paris. En 1688, il doit toutefois quitter la capitale malgré lui parce que seuls les maîtres ou docteurs de l'Université parisienne ont le droit d'y exercer. Hecquet accepte alors la proposition d'une religieuse de Port-Royal des Champs en devenant son médecin, celui de la communauté tout entière et des pauvres des alentours. C'est avec joie qu'il embrasse alors, note Saint-Marc, son biographe, « un genre de vie convenable à ses inclinations[72] ». Hecquet supporte mal cependant les jeûnes et les mortifications imposées par les solitaires jansénistes ; il tombe bientôt gravement malade. Sur les conseils d'amis, il décide de regagner la capitale et reprend presque à leur commencement ses études

---

68 *L'Abstinence de viande rendue aisée*, Paris, Pierre Bienfait, 1700, p. 2. Linand constate en outre avec amertume que ce sont les « gens riches, et ceux qui ont abondamment tout ce qui est nécessaire pour mener une vie commode qui donnent volontiers atteinte au précepte qui regarde l'abstinence de la viande. »

69 *Ibid.*, p. 14.

70 Ce sont les titres des chapitres VI et VII de la première partie du *Traité des dispenses du carême*.

71 Ken Albala, *op. cit.*, p. 17-22. Ajoutons toutefois que la diète que prône Hecquet n'exclut pas totalement le poisson et le recommande même parfois. Voir *Traité des dispenses du carême*, *op. cit.*, t. 1, p. 196 ou p. 205.

72 Voir la *Vie de l'auteur* contenue dans la réédition de *La Médecine, la chirurgie et la pharmacie des pauvres*, Paris, Boudon, 1740, t. 3, p. 5.

médicales. Il obtient finalement le titre de docteur de l'université de Paris en 1697, à l'âge de trente-six ans. C'est alors que sa carrière connaît son essor. Il devient notamment le médecin ordinaire du prince de Condé et de la duchesse de Vendôme. Malgré le prestige de son état et le titre de doyen de la faculté de médecine de Paris qu'il acquiert bientôt, Philippe Hecquet n'abandonne pas la sobriété, voire le rigorisme, qu'il avait adopté à Port-Royal. Il est notamment l'adepte tout au long de l'année d'un régime maigre et ne craint pas de reprocher à ses illustres patients leurs plus légères entorses au carême[73]. Hecquet s'est également rendu célèbre par son érudition, ses ouvrages nombreux et détaillés, sa générosité envers les pauvres (auxquels il consacre un long ouvrage), mais aussi par sa défense enthousiaste de la saignée. Ce dernier aspect de sa pensée médicale est souvent l'objet de critiques acerbes. Philippe Hecquet devient même l'entêté et incompétent docteur Sangrado de *Gil Blas* avant de devenir la cible, dix ans après sa mort, d'un pamphlet au goût macabre[74]. À l'âge de soixante-cinq ans, il quitte enfin Paris pour retrouver Port-Royal où il meurt pieusement.

Cet attachement à la doctrine des jansénistes et à Port-Royal en particulier a été mis en évidence par Laurence Brockliss[75]. Toute sa vie durant, Hecquet fait siens leurs préceptes, leur éthique et leur inflexible tempérance. Chez les Solitaires, la nourriture est en effet soumise comme tous les autres aspects de la vie, à une austérité sévère. « Lorsque les jansénistes parlent de nourriture, ils insistent sur la nécessaire sobriété », note Monique Cottret[76]. C'est précisément au moment où il est le plus

---

73   *Ibid.*, t. 3, p. 10.

74   Voir les chapitres III et IV du livre II et le premier chapitre du livre X du roman de Lesage. Un autre médecin que rencontre Gil Blas, le docteur Hocqueton, ressemble fort, lui aussi, à l'auteur du *Traité des dispenses*. Sur le personnage de Sangrado, voir Jacques Berchtold, « Le Double registre du sanglant dans Gil Blas », *D'une gaîté ingénieuse. L'histoire de Gil Blas, roman de Lesage*, Louvain, Peeters, 2004, p. 200-250 (voir notamment p. 214-215 en ce qui concerne Philippe Hecquet). Le pamphlet posthume contre Hecquet est l'œuvre de Louis Dupré d'Aulnay et s'intitule *Réception du docteur Hecquet aux Enfers* (La Haye, s. n., 1748).

75   Laurence W. B. Brockliss : « The medico-religious universe of an early eighteenth-century Parisian doctor : the case of Philippe Hecquet » dans Roger French et Andrew Wear, *The Medical Revolution of the Seventeenth Century*, Cambridge, Cambridge University Press, 1989, p. 191-221.

76   « La Cuisine janséniste », *Dix-huitième siècle*, n° 15, Paris, 1983, p. 107-114. Monique Cottret mentionne Grivel, qui fut l'intendant des frères Tabourins, un ordre janséniste, et qui condamnait vivement la gourmandise : « Saint Antoine ne mangeait jamais qu'après que le soleil était couché et ne buvait qu'un peu d'eau […]. Si votre ventre est votre Dieu, dit Tertullien, vos entrailles sont donc le temple, votre cuisinier est le prêtre. »

marqué par cette doctrine, à son retour de Port-Royal, que Philippe Hecquet reçoit un enseignement largement empreint de mécanisme[77].

Dans la seconde moitié du XVIIᵉ siècle, la pensée mécaniste devient dominante. Le contexte scientifique (les observations microscopiques, le succès des automates, les découvertes de lois physiques fondamentales et surtout la découverte de la circulation du sang par Harvey) favorise en effet sa diffusion[78]. C'est alors que se développe un nouveau paradigme médical, l'*iatrophysique*, qui combine la vision mécaniste de Descartes et les observations expérimentales[79]. Le plus illustre représentant de ce courant est Borelli, qui est connu pour considérer tout être comme un assemblage de machines. L'un de ses élèves, Bellini, tente d'expliquer mécaniquement le fonctionnement des reins. Un autre disciple de Borelli, l'Écossais Archibald Pitcairn s'intéresse, lui, au phénomène de la digestion. Selon Pitcairn, la transformation des aliments dans l'estomac résulte du mouvement mécanique des muscles alentour[80]. C'est là une position extrêmement neuve puisque la digestion est majoritairement considérée depuis le milieu du XVIIᵉ siècle comme le résultat d'une fermentation. Telle est du moins la position des *iatrochimistes* et notamment de Van Helmont ou Willis[81]. Eux-mêmes contredisent Hippocrate, qui évoquait la coction des aliments dans l'estomac, et Aristote, pour lequel la digestion consistait en une transformation des nourritures par la chaleur et l'humidité naturelles du corps[82]. Les expériences menées par Denis Papin sur le « digesteur » qu'il invente en 1679 semblent corroborer cette interprétation.

Hecquet, qui adopte tout au long de l'année un régime végétarien pour des raisons ascétiques, voit dans les théories mécanistes,

---

77 Le mécanisme constituait alors le paradigme épistémologique dominant. S'ils s'inspirent largement de la pensée cartésienne, les professeurs d'Hecquet trouvaient déjà dans Érasistrate un glorieux précurseur.

78 Comme le fait remarquer Jacques Roger (*Les Sciences de la vie dans la pensée française au 18ᵉ siècle*, Paris, A. Michel, 1993, p. 206-207), les principes de la physique newtonienne permettent également de considérer que le mouvement du monde dépend d'un petit nombre de lois simples dont certaines ont déjà été découvertes.

79 Mirko D. Grmek, *La Première révolution biologique*, Paris, Payot, 1990, p. 131.

80 Voir Allen G. Debus, *Chemistry and medical debate. Van Helmont to Boerhaave*, Canton, Science History Publications, 2001, p. 152.

81 Allen G. Debus résume les positions médicales des partisans et adversaires de la trituration (*ibid.*, p. 154-163).

82 Hippocrate, *L'Ancienne médecine*, XI, 1, Paris, Les Belles Lettres, 1990, p. 131. Aristote, *Météorologiques*, IV, 2-4, Paris, Les Belles Lettres, t. 2, p. 35-42.

et notamment celles de Pitcairn, une confirmation médicale de son éthique religieuse. Il rejoint sans réserve le camp des iatrophysiciens et propose une interprétation du phénomène de la digestion au rebours de la description aristotélicienne et du modèle iatrochimiste. L'exemple du végétarisme d'Hecquet constitue ainsi un élément central de ce que Laurence Brockliss nomme son « univers médico-théologique[83] ». Cette combinaison singulière engendre une argumentation en quelque sorte hybride en faveur des nourritures végétales ; Hecquet veut oublier que l'opposition du maigre et du gras reposait précisément sur l'idée que la viande est l'aliment le plus riche et le plus roboratif. En valorisant la sobriété et l'abstinence de viande, il réduit ainsi donc l'antagonisme qui existe entre la mortification et la cure, entre le végétarisme ascétique et le végétarisme diététique.

Hecquet emprunte autant ses arguments à la littérature médicale qu'à la poésie antique, à la théologie ou à l'exégèse biblique. Ces éléments se combinent et se confortent : la fécondité végétale de l'âge d'or, le témoignage de Pline ou de Cicéron, et surtout l'Éden végétarien confirment les principes du mécanisme. Hecquet commence sans surprise par rappeler que l'homme, au commencement du monde, était végétarien : « puisque l'auteur de son être si éclairé et si attentif sur ses besoins l'avait appris à vivre de fruits et de légumes, c'était sans doute ce qui lui convenait le mieux. Rien en effet n'est si bon à la santé[84]. » Cette période antédiluvienne est loin d'être une parenthèse de l'histoire du monde. D'après les calculs des théologiens, rappelle Hecquet, il s'est écoulé trois mille ans entre le moment de la Création et l'autorisation de la consommation de chair ; durant cette longue période, nos premiers ancêtres se nourrirent donc uniquement de végétaux[85]. Hecquet prévient les objections de certains clercs touchant à l'altération des productions agricoles à partir du moment où

---

83 « The Medico-religious Universe of an Early Eieghteenth-century Parisian Doctor : the Case of Philippe Hecquet », *The Medical Revolution of the Seventeenth Century*, Roger French et Andrew Wear (dir.), Cambridge University Press, 1989, p. 191-221.

84 *Traité des dispenses du carême*, 1, p. 25 : « Rien ne prouve mieux l'utilité de cette nourriture que cette préférence que le créateur lui-même lui a donnée par-dessus toutes les autres. » Dans un plaidoyer ultérieur en faveur du maigre, Hecquet entend raviver parmi ses contemporains le souvenir du végétarisme originel : « L'Auteur de la nature a assigné pour aliment, non seulement les herbes de la terre & les fruits des arbres, mais encore les graines de ces mêmes herbes et les semences des arbres. » (*Observations sur le régime maigre* qui sont publiées avec *La Médecine, la chirurgie et la pharmacie des pauvres*, Paris, Clousier, 1742, t. 3, p. 270.)

85 *Traité des dispenses du carême*, 1, p. 54.

les eaux du Déluge recouvrirent la surface de la Terre. Le sol serait depuis lors moins fécond et produirait des fruits incapables de pourvoir seuls à la subsistance des hommes[86]. Au contraire, soutient Hecquet : les eaux du Déluge n'ont pas davantage altéré la fertilité de la terre que ne le font les crues d'un fleuve[87]. Ce type d'arguments concernant la diète originelle offre l'avantage de réfuter l'universalité de la consommation de viande et donc, d'une certaine façon, sa supériorité. Hecquet dresse en outre la liste des peuples antiques qui s'abstenaient de viande, soit par refus, soit par ignorance. « Tout ce que l'Antiquité [...] a eu de grands hommes ont mis dans l'abstinence de la viande la sûreté de la vie, le fondement de la sagesse, et la fermeté des états » explique-t-il avant de citer l'exemple des Perses, des Lacédémoniens, des Romains ou encore des Gaulois[88]. » Hecquet a également recours à l'« argument de Plutarque » : selon lui, les crocs, becs ou griffes, attributs dont les carnassiers ont le monopole, préparent efficacement au broiement mécanique de la viande, cette première étape d'une digestion continuée par des « estomacs plus forts, plus épais et plus musculeux[89] ». Ce principe de broiement des aliments qui prélude à leur « trituration » avait déjà été étendu à l'ensemble du processus de digestion par certaines écoles médicales de l'Antiquité, par Érasistrate ou encore par Cicéron[90]. Les observations des Modernes donnent enfin une confirmation aux propos des Anciens. Le *Traité des dispenses* emprunte en effet sans réserve la voie tracée par Pitcairn, même si ce dernier est peu cité[91]. Le phénomène de digestion peut se réduire à une succession de broiements, martèle Hecquet, c'est-à-dire à des phénomènes mécaniques, opérés depuis les dents jusqu'à l'estomac[92]. Là, les aliments sont pétris et broyés sous l'action des fibres

---

86 Cet argument corroborerait la nécessité pour Yahvé de prescrire aux hommes un nouveau régime alimentaire.

87 Voir notamment *L'Ecclésiaste*, VII, 11, cité dans le *Traité des dispenses du carême*, t. 1, p. 60.

88 Notons que Hecquet rappelle également le végétarisme était le régime adopté pendant l'âge d'or. Voir *Traité des dispenses du carême*, I, p. 53.

89 *Ibid.*, I, 50. Hecquet cite nommément Plutarque à plusieurs reprises dans les *Observations sur le régime maigre*.

90 *De la digestion et des maladies de l'estomac suivant le système de la trituration et du broiement*, Paris, F. Fournier, 1712, p. 144-145 : « On en disputait en médecine six cents ans avant Galien, c'est-à-dire il y a deux mille ans. » Érasistrate, « un des plus distingués médecins de ce temps » composa un ouvrage sur la question, rappelle Hecquet. Plus tard, Cicéron « expliquait encore la coction de l'estomac par la trituration ».

91 Il le sera bien davantage dans un traité ultérieur, le *De la Digestion et des maladies de l'estomac*, Paris, François Fournier, 1712.

92 *Traité des dispenses*, p. 25-26 : « L'action de l'estomac et celle des dents se ressemblent, suivant ce principe avoué aujourd'hui de tout le monde, que la nature est simple et ses

qui meuvent « ce muscle creux ». « C'est par cette mécanique et par ces forces redoublées, mais toutes tendant à la trituration qu'ils se dissolvent, se fondent et passent dans une crème fine et délicate ». C'est ce liquide aux propriétés lactées, le chyle, qui nourrira le sang. Aussi devrions-nous privilégier les nourritures végétales qui, à la différence de la viande, « auront plus de disposition à être broyées et pétries ». Ou encore : « il faut donc conclure que la digestion est l'effet du broiement de l'estomac, et que les aliments les plus sains et les plus naturels sont ceux qui se broient le plus aisément. [...] Ces aliments ne peuvent être que les fruits, les grains et les légumes, comme étant les plus propres à la trituration[93]. »

Hecquet, dans le *Traité des dispenses du carême* parle beaucoup du pro-cessus de trituration des aliments, mais n'entre guère dans les détails. Il y est contraint quelques mois plus tard pour répondre aux nombreuses objections que ne manquent pas de soulever la plupart des iatrochimistes.

QU'EST-CE DONC QUE DIGÉRER ?

Le livre d'Hecquet provoque dès sa parution une violente polémique dans le milieu médical français. Le *Journal des savants* et le *Journal de Trévoux* s'en font tout particulièrement l'écho en offrant une tribune de choix aux partisans et adversaires d'Hecquet. En quatre ans, ces deux journaux publient une vingtaine d'articles ou de comptes rendus consacrés à la compréhension du phénomène de la digestion. Jamais cette question n'a fait l'objet d'une telle attention.

Parmi tous ceux qui contestent la position d'Hecquet, Nicolas Andry, professeur de médecine à Paris célèbre pour ses travaux sur les vers para-sites, consacre à cette tâche de réfutation globale deux ouvrages, longs et minutieux : *Le Régime de carême* et le *Traité des aliments de carême*[94]. Sur un plan plus strictement médical, les articles et livres de Jean Astruc, les interventions de Vieussens (médecin de Louis XIV), Procope-Couteaux (médecin frais émoulu de la faculté de Paris), Gastaldy (médecin

---

principes sont uniformes. [...] C'est par cette raison que toutes les digestions ou coctions qui se font dans nos corps conviennent en ce point, que c'est un broiement continuel qui y fait tout. Il commence ce broiement dans la bouche par la rencontre des mâchoires, qui comme deux meules se frottent mutuellement et brisent la matière qu'on y met ; il se continue dans l'œsophage, et s'augmente dans l'estomac. »

93 *Ibid.*, I, p. 29-30.

94 *Le Régime du carême*, Paris, Jean-Baptiste Coignard, 1710 ; *Traité des aliments de carême*, Paris, Jean-Baptiste Coignard, 1713.

avignonnais) ou surtout Favelet (professeur de médecine à Louvains et médecin de Marie-Élisabeth d'Autriche) trouvent un large écho scientifique[95]. Les partisans d'Hecquet, tels que Bordegaraye (son ancien étudiant), seront beaucoup moins nombreux. Malgré les sarcasmes de certains rédacteurs des *Nouvelles de la République des lettres*, raillant notamment ce médecin « accoutumé depuis longtemps à s'opposer aux opinions reçues », la radicalité de la position d'Hecquet ouvre un débat médical sur la digestion et provoque une véritable émulation scientifique[96].

Pour faire pièce à l'idée d'une nature humaine végétarienne et à l'argument physiologique de Plutarque utilisés par Hecquet, Nicolas Andry répond très habilement en distinguant *physiologie* et *nature*, dès 1710. D'après lui, l'espèce humaine est presque *naturellement* culturelle et la consommation de viande, bien qu'elle soit rendu possible par des techniques, n'a rien de contre nature. L'homme « n'a ni crocs ni ongles pour déchirer de la viande, il est vrai ; mais avec la main il se fait des instruments pour la dépecer, pour la hacher même s'il le faut, et pour l'apprêter de plusieurs façons différentes[97]. »

La controverse inaugurée par Hecquet au sujet de la digestion cristallise l'opposition des iatrophysiciens et iatrochimistes. En effet, malgré le très large succès des théories de Borelli et de ses disciples, les partisans d'une approche chimique de la médecine ne désarment pas. Un peu partout en Europe, et même en France, où la puissante Académie des Sciences tente d'imposer ses vues mécanistes, les partisans et disciples de Van Helmont récusent le réductionnisme des physiciens. C'est le cas de Mongin, par exemple, qui publie en 1704 *Le Chimiste physicien*[98]. L'ouvrage loue les découvertes modernes, au premier chef celles de Van Helmont, qui préconisait un examen chimique de la nature et des fonctions des liqueurs. Deux années plus tôt, le médecin italien Martino Poli dénonçait les mécanistes et tous les médecins cartésiens[99]. Poli s'intéressait

---

95 Jean Astruc, *Mémoire sur la cause de la digestion des aliments*, Montpellier, H. Peck, 1711 ; Raymond Vieussens, « De la nature et des propriétés du levain de l'estomac », *Journal de Trévoux*, janvier 1710, p. 134-151 ; Michel Procope-Couteaux, *Analyse du système de la trituration de M. Hecquet*, Paris, Muguet, 1712 ; Jean-Baptiste Gastaldy, *Quaestio medica proposita*, Avignon, Jean Delorme, 1713 ; Jean-François Favelet, *De la Digestion des aliments et des maladies de l'estomac*, Paris, Fournier, 1712.

96 *Nouvelles de la République des lettres*, Amsterdam, Desbordes, mai 1709, p. 581-586.

97 *Le Régime du carême, op. cit.*, p. 44.

98 *Le Chimiste physicien*, Paris, Houry, 1704.

99 Martino Poli, *Il Trionfo degli acidi vendicati dalle calunnie di molti Moderni*, Rome, Giorgio Placho, 1706.

beaucoup au phénomène de la fermentation que Sylvius considérait comme central dans la transformation des aliments dans l'estomac[100].

Bien entendu, les adversaires d'Hecquet, Andry en tête, défendent avec enthousiasme la théorie des ferments ou levains. Ils assurent que les plus récentes observations anatomiques corroborent l'absurdité du système du broiement. Vieussens, partisan de la fermentation et auteur dans le *Journal de Trévoux* d'un article intitulé « De la nature et des propriétés du levain de l'estomac », le soutient aussi[101]. Selon lui, le sentiment d'Hecquet, « ne saurait être reçu chez les médecins qui connaissent parfaitement la structure naturelle et le jeu de l'estomac ». Sa démonstration s'articule autour de deux idées : la constitution des dents diffère fondamentalement de celle de l'estomac et la digestion commence avant même le broiement buccal, puisque la salive (qui fonctionne comme un levain) initie la dissolution des aliments. Si le mouvement des dents est « extraordinairement fort », celui de l'estomac « ne saurait suffire pour le broiement parfait de la nourriture solide ». L'action des muscles ventraux sur l'estomac est totalement secondaire, contrairement à ce qu'affirmait Hecquet. Qui plus est, au moment où les muscles du bas-ventre pressent l'estomac, le diaphragme s'en éloigne et libère de toute pression les aliments qui y sont contenus. Il est en outre impossible que les hommes ou les animaux puissent « digérer » mécaniquement des os. La matière osseuse, plus solide que l'estomac, ne pourrait aucunement être triturée par lui. À partir de telles prémisses, Vieussens se dit contraint d'admettre le principe de la fermentation. Sans recourir à l'action des levains, « les épingles, et même les aiguilles qu'on avale parfois par inadvertance, ne piqueraient-elles pas toujours l'estomac[102] ? »

Hecquet prend immédiatement la plume et rédige en réponse à Vieussens un opuscule dont le *Journal des savants* offre un compte rendu[103].

---

100 Sylvius considère qu'il existe trois liqueurs qui font fermenter les aliments au cours du processus de digestion : la salive, le suc pancréatique et la bile. Voir Allen G. Debus, *op. cit.*, p. 61-63. Poli récuse, de son côté, le principe de l'analogie avec les machines, cher à Descartes ou à Hecquet, et rejette en général l'explication mécaniste, notamment dans ce qui regarde le processus de digestion. Voir à ce propos le *Journal des savants*, supplément de novembre 1707, p. 487.

101 *Journal de Trévoux*, janvier 1710, article XIII, p. 134-151.

102 *Ibid.*, p. 141.

103 Philippe Hecquet, *La Digestion des aliments, pour montrer qu'elle ne se fait pas par le moyen d'un levain*, Paris, François Fournier, 1710. Le *Journal des savants* en propose un compte rendu le 7 mars 1712, p. 145-152.

Cet écrit marque le vrai début de la querelle. Davantage attaqué, dit-il, par des injures que par des preuves, Hecquet rétorque que la digestion des os ou des « matières cartilagineuses » se comprend encore moins par la fermentation que par le broiement : « M. de Vieussens fera-t-il comprendre qu'un fondant si puissant puisse impunément fondre les aliments, fussent-ils osseux et cartilagineux sans intéresser l'estomac qui est moins qu'osseux, puisqu'il n'est que membraneux ? » L'idée que la salive serait le premier levain fait s'esclaffer Hecquet : « serait-ce aussi que la salive, demande-t-il ironiquement, fermenterait les aliments dans la bouche et que la mastication serait une fermentation ? »

Malgré cette contre-offensive, les critiques demeurent légion. L'ouvrage de Nicolas Andry paraît bientôt[104]. Outre la reprise des arguments avancés par Le Brun ou Vieussens et le relevé de contradictions internes au système de la trituration, Andry explique que l'opinion de Philippe Hecquet est simplement chimérique « puisque les grands efforts que l'auteur leur attribue pour cela devraient se terminer alors ou sur le corps de la matrice ou sur les eaux du bas-ventre, d'où il arriverait que ni les femmes grosses, ni les hydropiques ne pourraient digérer, ce qui n'est pas moins contraire à l'expérience[105]. » À propos des os ou cartilages, Andry fait remarquer, en citant les ouvrages du docteur Brunner, que l'on retrouve souvent dans les selles des chiens des os brisés ; or ils ont été brisés par les crocs et par les crocs seulement : « Comment expliquer cet effet par le broiement de l'estomac[106] ? » Il est enfin impossible de comprendre par l'hypothétique trituration le fait que des personnes de faible constitution – les enfants ou les femmes – digèrent parfois mieux les viandes que de robustes adultes. Il arrive même que ces derniers soient incommodés par les fruits pourtant « plus aisés à broyer ».

En 1711, Jean Astruc, alors jeune et brillant professeur d'anatomie à Toulouse, fait connaître son opinion en faveur de la théorie des ferments dans un opuscule intitulé *Mémoire sur la cause de la digestion des aliments* avant que ne paraissent trois ans plus tard les quatre cents pages de son *Traité de la cause de la digestion*[107]. Plusieurs chapitres de ce dernier

---

104 *Le Régime du carême, op. cit.*
105 *Ibid.*, p. 12.
106 *Ibid.*, p. 27.
107 Jean Astruc, *Traité de la cause de la digestion, où l'on réfute le système de la trituration et du broiement*, Paris, A. Colomiez, 1714. Astruc reste surtout célèbre pour ses travaux sur les maladies vénériennes qui paraissent 25 ans plus tard.

ouvrage insistent tout particulièrement sur la supériorité nutritive du gras. Astruc s'oppose notamment à l'idée d'Hecquet selon laquelle les praticiens donnent généralement aux malades les plus désespérés de l'orge, du riz, du gruau ou des pistaches et non de la viande. Selon Astruc, ce qui convient au rétablissement n'est pas toujours indiqué lorsque l'on est en bonne santé ; il faut envisager l'orge ou le riz moins comme des aliments que comme des médicaments qui nuiraient en temps normal. Surtout, renchérit Astruc, en cas de maladie, c'est bien la viande qu'on donne en priorité aux patients. Les moines et moniales qui ont fait vœu de ne jamais faire gras sont malgré tout contraints de manger de la viande ou d'en boire le bouillon pour recouvrer la santé.

Ces pages écrites par celui que tous considèrent comme le jeune médecin le plus prometteur de son temps portent un coup fatal au système d'Hecquet, qui avait pourtant fait paraître en 1712 un nouveau traité *De la digestion*. Un autre médecin, Michel Procope-Couteaux propose une analyse peu amène de cette dernière riposte d'Hecquet ; il entend ridiculiser le « perpétuel sophisme » d'un auteur dont il discute néanmoins avec minutie les propos « sans en corriger les fautes de langage ni celles d'orthographe[108] ». Bordegaraye, partisan du broiement, conteste cette attitude qui consiste moins à défendre des principes que de faire le relevé des incohérences de l'adversaire.

Tandis que la plupart des acteurs du débat sont venus grossir les rangs des partisans de la fermentation, un médecin marseillais, Jean-Baptiste Bertrand, tente dans le *Journal de Trévoux* une réconciliation des deux camps. Il livre en 1714 ses *Réflexions sur le système de la trituration[109]*. Ses propos seront moins « des objections contre ce système, que des propositions de paix et d'accommodement entre son auteur et les partisans de la fermentation ». Il explique que l'un et l'autre camp se sont laissé entraîner par leur radicalité et, à l'issue d'une subtile démonstration, entend « trouver entre ces deux extrémités un juste milieu ». Malgré tout, la défaite de Philippe Hecquet est consommée ; après 1714 et pendant plusieurs années, il ne paraît quasiment plus d'ouvrages ni d'articles sur le thème. Il faut alors attendre les travaux de Jean-Claude-Adrien Helvétius, père du philosophe, qui lit en 1719 devant l'Académie des Sciences ses *Observations anatomiques de l'estomac de l'homme*,

---

108 *Analyse du système de la trituration*, Paris, Muguet, 1712, « Avertissement ».

109 *Journal de Trévoux*, février 1714, article XXVI : « Réflexion sur le système de la trituration » par le docteur Bertrand, médecin à Marseille, p. 346-360.

pour que le débat se nourrisse de connaissances physiologiques nouvelles. La théorie d'Helvétius est confirmée deux ans plus tard par Favelet qui prend soin de vérifier les sources antiques de Hecquet avant de s'apercevoir que le vénérable doyen les avait souvent tronquées à son avantage. Le *Journal des savants* offre un compte rendu de son ouvrage, constate l'échec définitif d'Hecquet et conclut de manière acerbe : « il n'y a personne qui voulut être l'auteur du livre qu'il a donné sur la digestion[110]. »

La communauté médicale, au milieu des années 1710, condamne donc presque unanimement l'idée d'un végétarisme diététique. Les théologiens prennent parti, eux aussi, et défendent la consommation de viande contre le système d'Hecquet. Cette critique religieuse diverge cependant fondamentalement de la réaction des iatrochimistes. Tandis que le *Traité des dispenses du carême* représente pour la science une sorte d'épiphénomène mécaniste, l'Église voit dans l'apologie des nourritures végétales une sorte d'avatar des positions végétariennes qu'elle avait condamnées lors des premiers conciles. Philippe Hecquet s'est aventuré, sans s'en rendre compte, sur un dangereux terrain.

LE VÉGÉTARISME DIÉTÉTIQUE, UNE HÉRÉSIE

Le végétarisme a beau ressembler au régime d'Adam et Ève dans le jardin d'Éden, il est aussi celui du carême. Lorsque Philippe Hecquet exalte ce régime, il met par conséquent imprudemment en cause le principe d'une mortification par le maigre. Ces adversaires ne se privent pas de le rappeler ; ils assurent que le végétarisme d'Hecquet n'est pas seulement absurde scientifiquement, mais aussi contraire à la religion. L'argument avancé de concert par Astruc et Andry est dangereusement discutable : les nourritures végétales sont nécessairement moins nourrissantes que la viande puisque l'Église les impose par mortification. Elle « n'a ordonné aux fidèles l'ordonnance de ce jeûne que pour les obliger à expier leurs fautes par cette sainte austérité[111] ». Pour mieux mettre en évidence cette faille du raisonnement de son adversaire, Astruc raisonne par l'absurde : « Si le sentiment de M. Hecquet était véritable, [l'Église] se serait fort mécomptée, et elle aurait employé des moyens entièrement contraires à ces desseins. » Si l'on adoptait les vues

110 *Journal des savants*, janvier 1723, p. 58-61. Jean-François Favelet était l'auteur de *Prodromus apologiae fermentationis in animantibus*, Louvain, Petr. Aug. Denique, 1721.

111 Astruc, *Mémoire sur la cause de la digestion des aliments, op. cit.*, p. 32.

d'Hecquet, poursuit-il, l'abstinence de viande deviendrait un bienfait pour le corps, et l'usage des aliments maigres « ne pourrait donc servir qu'à augmenter la fougue et l'abondance de nos humeurs, et qu'à entretenir la vivacité des passions qu'elles causent[112] ». Les intentions d'Hecquet, qui veut réduire le nombre de dispenses, sont bonnes ; mais les conséquences de son système confinent à l'hérésie. Le *Traité des dispenses* serait ainsi l'ouvrage d'un esprit trop zélé, étourdi ou aveugle. C'est aussi l'opinion de l'ancien recteur de la Sorbonne, qui prend la plume, tranche religieusement le débat médical, et rappelle quelques évidences chrétiennes :

> [Le but de l'Église] lorsqu'elle les [les fidèles] assujettit au maigre les jours de jeûne, c'est de rétablir l'ordre primitif, de ranger le corps sous le joug en l'abattant et l'affaiblissant avec modération, et de restituer par le même moyen, la force et l'empire à l'esprit. Le juste milieu qu'il y a donc à prendre si l'on veut, comme l'on doit, soutenir l'honneur du sage discernement de l'Église dans le choix des aliments du carême, c'est de montrer qu'ils conviennent parfaitement à ses vues et à nos besoins, qu'ils sont bons et innocents, mais qu'ils nourrissent et fortifient moins que ceux qu'elle nous défend dans ce saint temps d'expiation[113].

Le pieux Philippe Hecquet ne répondra jamais à ce dernier argument. Outre son inconséquence théologique, Hecquet était à la fois trop rigide dans ses principes scientifiques et trop peu rigoureux dans ses observations pour convaincre qui que ce soit de la supériorité diététique du végétarisme. Sa défaite sur un plan médical s'explique aussi, dans les premières années du XVIIIᵉ siècle, par les premiers signes du déclin du rationalisme mécaniste qu'il a aveuglément embrassé. Malgré tout, il reste persuadé de la validité de sa thèse, et la défendra jusqu'à sa mort[114]. Hecquet demeure ainsi dans les mémoires comme l'apôtre solitaire et boudé du végétarisme. Même dom Grégoire Berthelet, partisan du végétarisme, condamne à mots à peine couverts Hecquet dans son *Traité historique et moral de l'abstinence de la viande*[115]. Il faut attendre la seconde moitié du siècle pour que la diète végétale soit accueillie favorablement par les hommes de l'art.

---

112 *Traité de la cause de la digestion, op. cit.*, p. 380.
113 Extrait de l'approbation du *Traité des aliments de Carême* d'Andry, *op. cit.*
114 C'est ce dont témoignent les *Observations sur le Régime maigre, op. cit.*, qui datent très probablement de 1735, c'est-à-dire quelques mois seulement avant sa mort en 1736.
115 *Op. cit.*, p. III : « Mais l'Église, qui est seule dépositaire de la véritable religion, et qui en cette qualité travaille sans cesse à former à Dieu de véritables adorateurs, a prescrit à ses enfants l'abstinence de la chair pour certains jours et pour certains temps de

LES VERTUS DE LA FRUGALITÉ

En 1701, Bonnodière traduit le *Traité de la sobriété et de ses avantages* de Luigi Cornaro[116]. Cornaro, qui était né à Venise en 1464, avait détruit sa santé par une vie de débauche. Il se « ressuscita » vers l'âge de quarante ans en se prescrivant un régime particulièrement strict, qui le rendit centenaire, puisqu'il mourut en 1566. Tout au long de son petit traité, il dit regretter le succès que rencontre la gastronomie : « c'est un malheur pour les hommes de notre siècle, que la profusion des mets soit à la mode, et qu'elle se soit, pour ainsi dire, si fort élevée au-dessus de la frugalité[117]. » Cornaro vante au contraire la tempérance : « Ô sainte et heureuse vie réglée que tu es digne d'estime, et que tu mérites d'être préférée à celle qui t'est contraire[118] ! » Les éditions du *Traité de la sobriété* sont souvent accompagnées de l'opuscule du jésuite Léonard Lessius qui avait lui-même rétabli sa santé en s'inspirant de Cornaro. Lessius n'est pas le seul à suivre son exemple. Dès le XVIᵉ siècle, un certain nombre de personnes victimes de leur gourmandise décident d'adopter des régimes plus frugaux, au moins pour un temps. Plusieurs personnages importants de la cour de Louis XIV suivent même son exemple, ainsi que le rapporte Saint-Simon[119]. On incline alors à penser, ainsi que le fait remarquer Robert Mauzi, que « l'obligation de conserver la santé

---

l'année, comme une pratique qui étant propre à affaiblir le corps, peut soumettre la chair à l'esprit, et les rendre dignes de devenir des hosties vivantes et agréables au Seigneur. C'est donc mal à propos que quelques-uns se sont élevés contre la conduite de cette même Église dans le sage discernement qu'elle fait des aliments dont doivent user les Catholiques. »

116 *De la sobriété et de ses avantages, ou le vrai moyen de se conserver dans une santé parfaite jusqu'à l'âge le plus avancé*, Paris, Edme, 1772.

117 *Ibid.*, p. 4.

118 *Ibid.*, p. 50.

119 C'est le cas du duc de Chevreuse : « Il s'était mis à tendre peu à peu à la diète de Cornaro, qui avait été fort bonne à ce Vénitien, mais qui en avait tué beaucoup d'autres, M. de Lionne entre autres, le célèbre ministre d'État » (*Mémoires de Saint-Simon*, Paris, Gallimard, 1985, t. 4, p. 558) et même du prince de Condé (« Dans les derniers temps de sa vie, et même dans la dernière année […] la fièvre et la goutte l'attaquèrent à reprises ; il augmenta son mal par son régime trop austère », *ibid.*, t. 3, p. 417. Sur les régimes « singuliers » des aristocrates décrits par Saint-Simon, voir Frédéric Charbonneau, « Régime et singularité dans les *Mémoires* de Saint-Simon », *Cahiers Saint-Simon*, nᵒ 37, 2009, p. 81-92.

est un devoir imposé par Dieu et qu'elle vient immédiatement après celle de travailler à son salut[120] ».

LE SIÈCLE DES INDIGESTIONS

Dans la préface du *Cuisinier moderne*, le plus célèbre ouvrage de cuisine du temps, Vincent La Chapelle explique que « dans le siècle où nous vivons, comme dans l'Antiquité la plus reculée, les plaisirs de la table sont du goût de tout le monde ; on y cherche tous les jours une nouvelle délicatesse par un raffinement continuel d'apprêter et de servir les mets[121] ». Il semble cependant que cette émulation gastronomique soit surtout le propre du siècle et plus encore des années 1730-1740. C'est à cette période que naît la « cuisine moderne » ou « nouvelle cuisine », souvent magnifiée en « art culinaire ». François Marin compare ainsi le travail du cuisinier à celui du peintre[122]. La science et les talents du cuisinier-artiste sont indispensables aux grandes maisons, ainsi que le fait remarquer Mercier : « Un cuisinier est l'homme nécessaire ; et sans cuisinier, quel avantage réel auraient les riches sur les pauvres[123] ? »

Mais la gastronomie ne présente pas que des avantages ; les plaisirs de la table ne durent qu'un moment tandis que leurs excès peuvent causer de longs et pénibles désagréments. La reine, Marie Leszczynska, est régulièrement victime d'indigestions. Elle est loin d'être la seule dans le Royaume à souffrir de trop aimer manger les raffinements de la gastronomie. Aussi commence-t-on à entendre tonner contre cet art jugé dangereux, et peut-être même mortifère. À terme, la gastronomie risque en effet de produire des effets contraires à celui originellement escompté : la quête du bien-être[124]. Certains accusent tout d'abord l'art culinaire de tromper les sens à force

---

120 *L'Idée du bonheur dans la littérature et la pensée française au XVIIIe siècle*, Genève, Paris, Gex, Slatkine Reprints, 1979, p. 301.

121 *Le Cuisinier moderne, qui apprend à donner toutes sortes de repas en gras et en maigre, d'une manière plus délicate que ce qui en a été écrit jusqu'à présent*, La Haye, aux dépens de l'auteur, 1742, t. 1, p. 1.

122 *Les Dons de Comus*, Paris, Pissot, 1750, préface, p. XXII.

123 *Tableau de Paris*, t. 2, chapitre 916 : « Cuisinier », p. 1206. Mercier cite de nombreuses anecdotes à propos de l'attachement des Grands à leurs cuisiniers dans le chapitre 1037 : « Cuisine », p. 1541-1547.

124 Il est très révélateur qu'au milieu de son petit *Discours sur le bonheur*, Émilie du Châtelet évoque longuement la diète qu'elle se prescrivait elle-même. Celle-ci permet la santé, explique-t-elle, surtout après qu'on s'est adonné à la gourmandise (*Discours sur le bonheur*, Paris, Rivages, 1997, p. 36-40).

de les flatter et de stimuler artificiellement l'appétit. Dans un article de *l'Encyclopédie*, Diderot distingue d'ailleurs la « faim » de l'« appétit » : « L'un et l'autre, explique-t-il, désignent une sensation qui nous porte à manger. Mais la faim n'a rapport qu'au besoin [...] l'appétit a plus de rapport au goût et au plaisir qu'on se promet des aliments qu'on va prendre. [...] Il est également dangereux pour la santé de souffrir de la faim et de tout accorder à son appétit[125]. » Dans un autre article, le chevalier de Jaucourt crie donc haro sur la « gastrologie », « cet art de flatter le goût, ce luxe, [...] cette luxure de bonne chère, dont on fait tant de cas », cette « méthode savante de faire manger au-delà du nécessaire », « cet art flatteur et pernicieux qui, bien loin de conserver la vie, produit une source intarissable de maux » qui naît du « caprice des hommes et [du] déréglement de leur goût[126] ». Après Anne-Charles Lorry, dont il s'inspire très largement, Jaucourt va jusqu'à parler des nouveaux ragoûts comme « des espèces de poisons[127] ».

On comprend que les cuisiniers éprouvent à cette époque le besoin de se justifier lorsqu'ils prennent la plume. L'auteur de *La Science du maître d'hôtel cuisinier* entend par exemple donner « une réponse solide à un reproche qu'on a fait depuis longtemps à l'art de la cuisine[128] ». C'est à tort, selon lui, que l'on nomme l'art culinaire « art de ruiner la santé ». Les cuisiniers ne sont pas les seuls à prendre parti en faveur de la gastronomie ; un amateur de bonne chère comme Louis-Sébastien Mercier prend lui aussi la défense de la nouvelle cuisine : « On nous répète sans cesse en vers et en prose [...] que la bonne chère est plus meurtrière que le glaive ennemi[129]. » Selon lui, et quoi qu'en disent

---

125 *Encyclopédie*, article « Faim », t. 6, p. 673.

126 Toutes ces critiques sont contenues dans l'article « Cuisine » écrit par le chevalier de Jaucourt (*Encyclopédie*, t. 4, p. 537-539).

127 Article « Cuisine », t. 4, p. 539. Voir également l'article « Gourmandise » également écrit par Jaucourt (t. 7, p. 754). Sur la question alimentaire dans l'*Encyclopédie*, voir surtout Jean-Claude Bonnet : « Le Réseau culinaire dans l'*Encyclopédie* », *Annales ESC*, Paris, 1976 (5), p. 891-914. Jean-Claude Bonnet fait remarquer, p. 893, que Jaucourt, auteur de la plupart des articles culinaires, se réfère constamment à un âge mythique, primordial, au cours duquel les hommes se nourrissaient essentiellement de nourritures végétariennes. Jaucourt, on l'a dit, s'inspire beaucoup de Lorry, et plus particulièrement de son *Essai sur les aliments* (Paris, Vincent, 1757). Sur le même thème, voir également *L'Élève de la Raison et de la Religion, ou Traité d'éducation physique, morale et didactique* (Paris, Barbou, 1774, t. 1, p. 195-196) dont l'auteur est resté anonyme.

128 *La Science du maître d'hôtel cuisinier, avec les observations de la connaissance et les propriétés des aliments*, nouvelle édition revue et corrigée, Paris, Paulus-du-Mesnil, 1750, p. XI.

129 *Tableau de Paris*, chapitre 916 : « Cuisinier », t. 2, p. 1204.

les esprits chagrins « la nouvelle cuisine est avantageuse pour la santé, pour la durée de la vie, pour l'égalité de l'humeur, suite de l'égalité du tempérament. Il est certain que nous sommes mieux nourris que ne l'étaient nos pères[130] ». La belle assurance de Mercier ne suffit pas sans doute à convaincre les nouveaux adeptes de la sobriété qu'il faille ripailler pour se porter mieux.

UN REMÈDE À LA GASTRONOMIE

« Rien n'est plus avantageux à l'homme qu'un bon régime » assurait déjà Cornaro[131]. Beaucoup d'auteurs du siècle des Lumières suivent son avis et multiplient les recommandations diététiques. L'un des premiers Anglais à avoir envisagé la cure végétarienne comme un préservatif et un remède à certaines maladies est George Cheyne. La popularité de ce médecin est considérable entre 1700 et 1730 dans la haute société anglaise. Il est élu à vingt-neuf ans membre de la Société royale de Londres en 1701 et compte parmi ses patients des personnalités illustres telles que Richardson ou Pope. En 1724, il publie son ouvrage le plus célèbre, *Essay on Health and Long Life*, qui est réédité huit fois en trente ans. L'ouvrage est traduit en français dès 1725. Cheyne commence à s'intéresser aux régimes au moment de lutter lui-même contre son obésité chronique et sa mélancolie[132]. Il choisit de se retirer dans la très mondaine station thermale de Bath où « à l'aide d'un régime auto-prescrit constitué de lait et de légumes, associé au sommeil et à des exercices physiques réguliers, [il a] recouvré non seulement la santé, mais aussi la tranquillité mentale[133] ».

Il est exagéré d'affirmer toutefois comme le fait Arouna Ouédraogo que Cheyne est l'un des plus ardents défenseurs du végétarisme et qu'il y consacre plusieurs livres[134]. La question alimentaire n'occupe qu'une

---

130 *Ibid.*, chapitre 1037, t. 2, p. 1541-1542. Mercier multiplie en outre les exemples qui montrent que la médecine réclame le savoir des cuisiniers : « Les médecins viennent de déclarer que le Dauphin, l'héritier présomptif du Royaume, pâtissait faute de nourritures abondantes. Vient un cuisiner pour le guérir ; la crainte de lui donner une indigestion lui imposait un régime rigide qui l'exténuait dans l'âge de la croissance. » (*Ibid.*, p. 1206.)

131 *Op. cit.*, p. 10.

132 Voir Arouna Ouédraogo, « De la secte religieuse à l'utopie philanthropique. Genèse sociale du végétarisme occidentale », *Annales HSS*, Paris, 2000 (4), p. 825-843.

133 *Ibid.*, p. 829. Ouédraogo cite ici un extrait de Cheyne, faussement référencé comme suit : *The English Malady*, Londres, 1733, p. 15.

134 *Ibid.*, p. 829.

place mineure dans son œuvre[135]. Un quart seulement de son *Essay on health*, son principal ouvrage, est par exemple consacré à la diététique. L'auteur affirme, qui plus est, à plusieurs reprises n'avoir jamais prôné absolument l'abstinence de nourritures carnées[136]. La pratique du végétarisme *stricto sensu* serait même une absurdité selon lui, car « il n'est pas possible, pour ainsi dire, de remédier à la destruction de la vie animale, puisque les insectes nichent et s'engendrent dans les végétaux mêmes, et qu'à peine mangeons-nous aucune plante ou racine sans avaler en même temps un nombre infini de petits animaux[137] ».

Si, selon Cheyne, l'adoption définitive d'un strict végétarisme n'est ni possible ni souhaitable, l'abstinence ponctuelle de viande constitue en revanche pour lui un remède très efficace à plusieurs pathologies graves telles que la goutte chronique, le cancer, les maladies vénériennes, la phtisie, l'« atrophie nerveuse », l'épilepsie, l'hystérie, le désordre hypocondriaque, l'éléphantiasis, le diabète, la scrofule ou le scorbut. Dans ces cas-là, le végétarisme s'impose[138]. L'influence de Cheyne est considérable ; dans son sillage de nombreux médecins recommandent le végétarisme comme méthode de guérison. On tend aussi à penser, comme lui, que le végétarisme est le régime le plus adapté aux enfants. L'idée n'est pas neuve.

Depuis l'Antiquité, la médecine humorale, d'inspiration hippocratique, recommandait de nourrir les plus jeunes de végétaux essentiellement. L'enfance est un âge sanguin. Comme tous ceux dont le tempérament est sanguin, ou qui vivent sous un climat chaud et humide, les enfants doivent se nourrir de légumes au détriment de la viande[139]. Cette idée

---

135 Cheyne intitule par exemple l'un de ces chapitres : « Quelles sont les viandes qu'il faut manger bouillies et celles qu'il convient de faire rôtir. » (*Règles sur la santé et sur les moyens de prolonger la vie*, Bruxelles, Léonard, 1727.)

136 *The English Malady or a Treatise of Nervous Diseases of all Kinds*, Londres, Strahan, 1733, p. 165. « *I would not be understood here (as some have maliciously and artfully misrepresented me, contrary to my most deliberate intention) to recommend a total Milk or a Vegetable Diet, or indeed or any particular one, to everyone that is sick, or out of order : I never once had such a Dream.* » Dans ses *Règles sur la santé*, il admet toutefois que le Créateur voulait sans doute qu'on se nourrisse essentiellement de végétaux (*op. cit.*, p. 103).

137 *Ibid.*, p. 104.

138 *The English Malady…*, p. VII : « *I say, in these only, and only in these when they are become manifest, have resisted all other common Methods, and the Patients are rather growing worse than better under them, is a total and strict Milk, Seed and Vegetables Diet, proper or to be attempted; and that in other more simple and flight Cases, and even in the first Stages of these mentioned Distempers, a common moderate and temperate animal Diet, and well-chosen Medicines, will be sufficient.* »

139 Voir par exemple l'article « Régime » de l'*Encyclopédie*, t. 14, p. 12.

est largement relayée à l'époque moderne par les théories de Locke. Ses *Pensées sur l'éducation* sont l'un des livres les plus lus en Europe au XVIIIe siècle et il exerce une influence considérable sur les pédagogues. Sa position sur les aliments à donner aux enfants est très claire.

> Pour venir maintenant à la nourriture des enfants, il faut qu'elle soit fort commune et fort simple ; et si j'en étais cru, l'on ne leur donnerait point de chair pendant qu'ils portent la robe, ou du moins qu'ils n'eussent passé l'âge de deux ou trois ans. Leur santé en serait sans doute bien meilleure et leur tempérament plus vigoureux tant dans ces premières années que durant tout le reste de leur vie. Malgré cela, je doute fort que les parents puissent se résoudre à suivre cet avis. Séduits par la coutume qu'ils ont prise de manger beaucoup de chair, ils seront portés à craindre pour leurs enfants ce qu'ils appréhenderaient pour eux-mêmes, qu'ils ne périssent faute de nourriture s'ils ne mangeaient de la chair, tout au moins deux fois par jour. Une chose dont je suis très assuré, c'est que les dents viendraient aux enfants avec beaucoup moins de danger ; que, dans leur bas âge, ils seraient moins valétudinaires ; et qu'ils se feraient pour l'avenir une constitution plus saine et plus vigoureuse si leurs mères trop passionnées ou de sottes servantes ne leur remplissaient point tant l'estomac qu'elles ont accoutumé de faire ; et qu'on ne leur donnât absolument point de chair durant les trois ou quatre premières années de leur vie[140].

William Buchan est aussi de cet avis. Il estime très dangereux de donner de la viande aux enfants avant qu'ils n'aient des dents ou qu'ils n'aient été sevrés[141]. Leurs fibres sont trop délicates pour digérer cette nourriture si forte et ne pas s'en trouver mal[142].

Le végétarisme, ou du moins un régime tendant au végétarisme devrait également être prescrit aux gens de lettres. Ces derniers ont une complexion et surtout une activité qui les rapprochent en quelque sorte de celles des jeunes enfants. Ils n'exercent que très peu leurs corps et doivent consommer par conséquent des nourritures plus légères et plus compatibles avec leur travail intellectuel. La viande pourrait nuire à l'intelligence. Le plus grand

---

140 John Locke, *De l'éducation des enfants*, Amsterdam, Vanderkloot, 1743, p. 20.

141 *Op. cit.*, p. 46. « C'est assez de donner de la viande quand ils ont des dents pour la broyer : on ne doit jamais leur en accorder qu'après qu'ils ont été sevrés ; encore ne doit-on leur en donner que très peu. »

142 Ceux qui prescrivent le végétarisme pour les enfants avancent aussi que la consommation excessive de viande porte en général à la férocité, et qu'il serait pour cette raison dangereux d'entretenir chez eux un tel penchant. Voir à ce propos Pierre-Charles Lévesque, *L'Homme moral ou l'homme considéré tant dans l'état de pure nature que dans la société*, Amsterdam, s. n., 1775, p. 143-144.

esprit européen du siècle, Isaac Newton, n'était-il pas d'ailleurs végétarien ?
C'est du moins ce qui est communément rapporté, même si beaucoup de
choses, en partie contradictoires, ont été écrites sur le régime de Newton.
Fontenelle se contente d'évoquer un « régime » particulier que le grand
homme choisit d'adopter dans les dernières années de sa vie[143]. Voltaire,
qui rencontra la nièce du grand homme et s'entretint avec elle à son sujet,
rapporte qu'il mangeait essentiellement des légumes et des fruits[144]. D'après
Delisle de Sales, Newton était adepte de « l'abstinence pythagoricienne »
même s'il est vrai « qu'il y joignait l'usage du poisson : mais c'était moins
par goût que par condescendance pour la société au sein de laquelle il vivait,
et dont il se croyait obligé de respecter les faiblesses[145] ». Haller et Samuel-
Auguste Tissot rapportent quant à eux qu'il se nourrissait exclusivement
de pain, d'eau et de vin lorsqu'il était plongé dans ses plus profondes
réflexions[146]. Dans son ouvrage consacré à *La Santé des gens de lettres*, le même
Tissot fait remarquer que les intellectuels sont en général fort sujets aux
maux de ventre et qu'il leur faut donc s'astreindre à une diète rigoureuse[147].
Ce célèbre médecin ne leur recommande pas pour autant d'adopter une
diète végétarienne stricte comme le fit Houdar de la Motte[148]. Toutefois,
comme en son temps Cheyne, Tissot suggère aux travailleurs intellectuels
de privilégier les aliments d'origine végétale :

---

143 Voir *L'Éloge d'Isaac Newton* par Fontenelle (*Histoire de l'Académie royale des sciences*, Paris,
     Imprimerie royale, 1729 (année 1727), p. 169.)
144 Voltaire, *Éléments de la philosophie de Newton*, *Œuvres complètes*, édition Th. Besterman, t. 15,
     1992, p. 222-223 : « Il ne cédait qu'avec répugnance à l'usage barbare de nous nourrir
     du sang et de la chair des êtres semblables à nous, que nous caressons tous les jours »
     Des notes rédigées par la nièce de Newton et par son mari corroborent en partie ce fait :
     « *He ate little flesh and lived chiefly upon broth, vegetables, and fruit, of which he always eat very
     heartily* » (Voir l'ouvrage d'Edmund Turnor, *Collections for the history of the town and soke
     of Grantham. Containing authentic memoirs of sir Isaac Newton*, Londres, W. Miller, 1806.
     Il reproduit en effet ces fameuses notes sous le titre « Memoirs of sir Isaac Newton, sent
     by Mr. Conduitt to Monsieur Fontenelle, in 1727 ».)
145 Delisle de Sales, *De la nourriture de l'homme*, texte inséré dans *De la Philosophie de la* nature,
     Londres, 1777, t. 5, p. 61-62.
146 *Elementa physiologiae corporis humani*, Lausanne, Bousquet, t. 6, p. 198 : « Newtonus, dum
     optica scribebat, solo pene vino, pane & acqua vixit. » Voir également Samuel-Auguste
     Tissot, *De la santé des gens de lettres*, Paris, La Différence, 1991, p. 120 : « M. Newton,
     qui est parvenu à un âge très avancé, n'a vécu, pendant le temps de ses plus grandes
     méditations, que d'un peu de pain et d'eau, rarement d'un peu de vin d'Espagne ; et
     pendant le cours de sa vie, il n'a presque rien pris de plus, si ce n'est un peu de poulet. »
147 Samuel-Auguste Tissot, *op. cit.*, p. 33.
148 *Ibid.*, p. 138-139 : « Le célèbre Houdart de la Motte, dont la santé avait toujours été faible,
     fut obligé de ne vivre pendant très longtemps que de légumes et de lait. »

En général, on préfère les légumes pour la nourriture des gens de lettres ; Plutarque ne veut pas même qu'ils goûtent de la viande dont l'usage, dit-il, diminue l'intelligence ; on peut citer, pour autoriser ce système, l'exemple de plusieurs philosophes célèbres par l'étendue de leur génie et de leurs connaissances, qui n'en ont fait aucun usage, tels que Zénon, Plotin, Chrysante. Feu M. Cocchi, célèbre médecin de Florence, a donné sur cette matière une dissertation très intéressante[149].

LA « DISSERTATION TRÈS INTÉRESSANTE » DU DOCTEUR COCCHI

Au moment où Tissot écrit son livre sur les gens de lettres, en 1762, vient de paraître en effet le *Régime de Pythagore*, traduction française du *De Vitto pitagorico* d'Antonio Cocchi[150]. Né en 1695 en Toscane, Cocchi obtient à vingt et un ans les titres de docteur en philosophie et de docteur en médecine. Pendant qu'il exerce en tant que médecin à Florence, il découvre et traduit plusieurs ouvrages scientifiques antiques et acquiert ainsi une érudition exceptionnelle. Après un long voyage à travers l'Europe au cours duquel il tisse des liens étroits avec des scientifiques et des savants de Paris et de Londres, il se voit nommé professeur de médecine à Pise, puis à Florence en 1731. C'est à partir de cette époque qu'il écrit la plupart de ses ouvrages : des traités d'anatomie, une *Lettre sur la Henriade*, des dissertations sur l'histoire naturelle, un essai sur le mariage et, en 1743, sa fameuse apologie diététique du végétarisme[151].

Au XVIIIe siècle, ce livre constitue la seconde apologie du végétarisme diététique paraissant en France, après celle d'Hecquet. Le contexte dans lequel elle paraît est bien différent. En effet, l'ouvrage fait immédiatement l'objet de comptes rendus détaillés et élogieux dans la plupart des journaux du temps. Un rédacteur du *Journal des savants* affirme ainsi que « le régime de Pythagore n'est pas seulement merveilleux pour

---

149 Voir *ibid.*, p. 82. Voir également p. 113 : « Mais je crois cependant devoir avertir que ce serait un abus dangereux que de vouloir astreindre les gens de lettres à un régime absolument végétal qui aurait, pour plusieurs, des inconvénients très réels. Quelquefois même leur estomac se trouve dans un si grand relâchement, leurs forces digestives sont si fort émoussées, la bile si appauvrie, qu'ils ne peuvent digérer aucune espèce de végétaux et qu'ils périraient, s'ils s'obstinaient à en vivre. »

150 *Del vitto pitagorico per uso della Medicina*, Florence, Moücke, 1743. La traduction française (*Le Régime de Pythagore*, La Haye, Gogué et Dessaint, 1762) est de Philippe-Florent Puisieux.

151 Sur la vie et l'œuvre d'Antonio Cocchi, voir Luigi Guerrini, *Antonio Cocchi, naturalista e filosofo*, Florence, Polistampa, 2002.

entretenir la santé, il l'est encore pour guérir nombre de maladies contre lesquelles l'art échouerait sans ce secours, et pour en prévenir beaucoup d'autres[152] ». Le *Journal étranger* présente Cocchi comme un « grand médecin » qui a « reconnu par une longue expérience que la plupart des maladies qui affligent le plus cruellement l'humanité, sont produites par l'usage immodéré des aliments animaux [et qui] crut devoir s'élever contre un abus d'autant plus digne d'attention qu'il fait tous les jours de nouveaux progrès[153]. » Les rédacteurs du *Journal de Trévoux* montrent un peu moins d'enthousiasme, mais s'accordent avec Cocchi pour dire que « le régime végétal écarte et guérit la goutte et les maladies articulaires », mais qu'il facilite aussi grandement la digestion. Il est bon, jugent-ils, que ce médecin florentin ait su faire siennes « les vues salutaires » de Pythagore en matière de diététique[154].

Le livre de Cocchi contient en effet un portrait long et flatteur de Pythagore, cet homme universellement admiré des Anciens. Outre ses immenses talents de philosophe et mathématicien, Pythagore excellait dans l'art médical. Cocchi le place même au-dessus de Galien et d'Hippocrate[155] : « Aucun philosophe, écrit-il, n'a eu autant de connaissance de la médecine que Pythagore ». Un grand nombre de ses découvertes n'auraient d'ailleurs été que très récemment comprises par les meilleurs physiciens d'Europe, tant sa science excédait celle de ses contemporains. Ainsi de « la vicissitude alternative de l'augmentation et de la diminution des maladies dans les jours impairs », des liqueurs du corps humain, ou des vaisseaux qui le traversent. « Toutes ces opinions ne diffèrent nullement de celles de nos philosophes modernes ; aussi n'est-il point de lecteur un peu éclairé qui ne doive éprouver un vrai plaisir à voir comment les grands hommes, quelle que soit la distance qui les sépare, se rencontrer quelquefois dans leur façon de penser[156]. »

Le génie de Pythagore, mais aussi et surtout, faut-il dire, l'absence de ses écrits, permettent à Cocchi d'éviter d'entrer dans ces querelles

---

152 *Journal des savants*, Paris, Pancoucke, février 1763, p. 103.

153 *Journal étranger*, Paris, Quillau, novembre 1760, p. 155.

154 *Journal de Trévoux* (*Mémoires pour l'histoire des sciences et beaux-arts*), Paris, Lebreton, décembre 1762, p. 2931.

155 *Le Régime de Pythagore*, p. 22.

156 *Ibid.*, p. 23. Voir également p. 34 : « Le but de ce philosophe était d'écarter par la sobriété, par le choix des aliments, et par la privation du vin, les maladies, le trop d'embonpoint, l'abrutissement de l'esprit, le trouble et l'oppression des sens. »

d'exégètes que fit naître l'ouvrage d'Hecquet. Le savant italien n'évoque nullement les Saintes Écritures. Ses démonstrations bénéficient essentiellement des « lumières que nous ont fournies de nos jours l'anatomie, la mécanique, l'histoire naturelle et la physique expérimentale, dont fait partie la vraie chimie[157] ». Tout cela était déjà connu de Pythagore, affirme-t-il, mais était peu de choses en comparaison de son végétarisme :

> Quelle idée ne doit pas donner de ce philosophe cette découverte admirable, dont nous lui sommes redevables, remède le plus sûr et le plus universel que l'industrie humaine ait jamais produit ? j'entends le régime appelé pythagoricien, qui consiste dans l'usage libre et absolu de tout ce qui est végétal, frais et tendre, qui n'exige que fort peu ou point du tout de préparation, comme feuilles, racines, semences, fleurs et fruits ; et de s'abstenir de tout ce qui est animal, de quelque espèce qu'il puisse être, volatile, quadrupède et poisson[158].

Pour appuyer sa démonstration en faveur du végétarisme, Cocchi utilise un argument tout à fait inédit. Il soutient que les aliments ingérés peuvent faciliter ou altérer le passage du sang, du chyle et de la lymphe dans la multitude de canaux dont le corps humain est traversé[159]. Parmi tous les aliments à notre disposition, il faut donc choisir ceux qui sont le plus enclins à se transformer en liqueur, une fois accompli le travail des dents et de l'estomac. On devra s'efforcer en revanche de retrancher de sa diète tous les aliments qui se changent en substance huileuse dans le corps. En raison de la chaleur corporelle, ces substances dégagent tout d'abord des vapeurs particulièrement âcres ; elles risquent également de s'enflammer et de corrompre les artères ou les veines dans lesquelles elles circulent[160]. Ces matières huileuses sont surtout trop denses, trop visqueuses et trop épaisses pour des canaux parfois minuscules. Elles les bouchent et exercent sur leurs parois des pressions excessivement fortes. Aux yeux de Cocchi, ce sont la viande et le poisson qui ont le

---

157 *Ibid.*, p. 40. Cocchi évoque la question de l'anatomie végétarienne de l'homme et cite nommément Plutarque, Wallis et Tyson (p. 45-46).

158 *Ibid.*, p. 27.

159 *Ibid.*, p. 44.

160 *Ibid.*, p. 48 : « Parce que les végétaux frais contiennent beaucoup moins de parties, purement huileuses, comme la chair des animaux que dans une violente et intime agitation, leur suc se mêlant dans la masse du sang, par la circulation, est infiniment moins propre à s'enflammer ; car l'expérience nous fait voir qu'il n'y a point de liquide dans toute la Nature qui reçoive et retienne plus longtemps la plus grande force du feu, que l'huile, de quelque espèce qu'elle soit, quoique celle des animaux semble avoir encore plus d'activité. »

plus tendance à se transformer en « huile » dans l'organisme[161]. Il faut donc les éviter à l'inverse du lait et des végétaux frais, qui abondent en eau et produisent des liqueurs particulièrement fluides[162].

Les nombreuses maladies que font naître les diètes trop carnées sont d'autres preuves de la supériorité du végétarisme. Cocchi mentionne l'éléphantiasis et le scorbut, « qui se guérit par le prompt usage des végétaux, quels qu'ils soient [...]. Ce n'est pas le climat septentrional, ni l'air de la mer, ni la salaison des chairs qui le produisent ; c'est l'abstinence des végétaux[163]. » Il songe aussi à la goutte, dont plusieurs patients guérirent en Angleterre « en ne vivant absolument pendant quelques semaines que de plantes fraîches et salubres ; et cette découverte n'a pas peu contribué à accréditer dans ce pays-là le régime végétal[164] ».

Les gens pensent à tort que les plats à base de végétaux sont fades et rebutants : ce n'est pas vrai, soutient Cocchi[165]. Il n'y aurait en réalité aucune raison de ne pas devenir végétarien. Plusieurs lecteurs, en Italie et en France, s'en laissent convaincre[166]. Mais il faut sans doute davantage pour amplifier le phénomène. Le premier livre de recettes végétariennes paraît donc en 1781 à point nommé. Il s'intitule *Del Cibo pitagorico*. Son auteur, Vincenzo Corrado, est l'un des plus illustres cuisiniers italiens du siècle[167]. Dans sa préface, il affirme lui aussi que les fruits et les légumes conviennent mieux à la santé du corps et à celle de l'esprit. « Ce n'est donc pas sans raison, explique Corrado, que les Italiens, bien plus sagement aujourd'hui qu'autrefois, se sont remis à observer avec le plus grand zèle les règles instituées par Pythagore dans leurs cuisines et sur leurs tables[168]. »

---

161 *Ibid.*, p. 47. Cocchi évoque également les sels, contenus dans la viande, qui sont nocifs parce qu'« alkalins et volatils » tandis que ceux présents dans les végétaux sont « acides et fixes ».

162 Cocchi proscrit cependant les légumes secs parce qu'ils « ont tous les inconvénients des matières animales, leurs particules étant trop fortement adhérentes, terrestres et huileuses » (*Ibid.*, p. 50). Bien que végétale, l'huile est évidemment une nourriture extrêmement néfaste.

163 *Ibid.*, p. 70.

164 *Ibid.*, p. 65-66.

165 *Op. cit.*, p. 68.

166 Et non des moindres, puisque le cardinal de Bernis, par exemple, renonce définitivement à la viande et au poisson après sa lecture du *Régime de Pythagore*. Voir sa lettre à Voltaire du 10 juillet 1762 (D10576).

167 Vincenzo Corrado, *Del cibo pitagorico ovvero erbaceo per uso de' nobili, e de' letterati*, Naples, Raimondi, 1781.

168 « Non senza ragione quindi la Italiana gente, ansi avvedudamente oggi più che in altro tempo, le Pitagoriche leggi ha ripigliate ad osservare con tutto impegno nelle cucine, e

CONCLUSION

Dans la seconde moitié du XVIIIᵉ siècle, le « régime de Pythagore » est assez connu pour que ses partisans essuient des critiques parfois violentes, qui donnent lieu à de vifs débats théologiques, historiques et médicaux sur la nature de la digestion, la propriété des aliments et le régime naturel. Même les données les plus certaines a priori comme le végétalisme originel ou le caractère plus substantiel de la viande sont mises en cause. L'argument allégué par Plutarque contre notre nature carnivore, si convaincant qu'il puisse sembler, est contesté. En s'affranchissant de la tutelle des Anciens, les médecins modernes ont ainsi fait naître pléthore de doctrines contradictoires. D'un autre côté, la « libération de la gourmandise », selon le mot de Jean-Louis Flandrin, a engendré une surenchère gastronomique qui a rendu les plats de viande les plus sophistiqués tout à la fois délicieux et inquiétants[169]. Dans ce contexte d'incertitude scientifique, une tendance se dessine toutefois : les élites françaises ne rejettent plus a priori les arguments en faveur du végétarisme. Les accueils si différents que reçoivent respectivement les ouvrages d'Hecquet et de Cocchi sont le signe le plus manifeste de nouvelles attitudes. Celles-ci peuvent être mises en relation avec le relâchement de la pratique du carême et, plus généralement, avec le recul de la pratique religieuse.

On assiste alors à un phénomène quelque peu paradoxal : les élites se soumettent de moins en moins aux interdictions alimentaires, au moment où elles prêtent une oreille plus attentive aux prêches végétariens. C'est que les médecins exercent sur les corps une influence désormais supérieure à celle des prêtres. Le végétarisme de la mortification est rejeté au moment même où un végétarisme diététique est envisagé pour des raisons curatives ou prophylactiques. Naguère encore, l'abstinence de viande était bonne pour le Salut de l'âme ; elle l'est peut-être désormais pour la santé du corps et la tranquillité de l'esprit.

Le régime de Pythagore a peut-être d'autres vertus encore. Les auteurs qui mettent en doute les qualités nutritionnelles de la viande

---

nelle mense. » (*Ibid.*, p. 9.)
169 Jean-Louis Flandrin, *op. cit.*, p. 683.

évoquent aussi de plus en plus les violences inhérentes à l'élevage et surtout à l'abattage. L'auteur de l'*Apologie du jeûne* évoque par exemple « l'horreur que la nature et la richesse de nos climats doivent nous inspirer pour le meurtre et le carnage » comme un autre argument en faveur de la sobriété végétarienne[170]. La diète qu'avait adoptée Pythagore n'était pas qu'un moyen de conserver sa santé. Elle découlait aussi, rappelle Cocchi, d'une éthique fondée sur la compassion, sur « ce désir si louable de conserver, autant qu'il lui était possible les moindres corps organiques » et ce « sentiment d'humanité et de générosité éclairée » envers les créatures[171].

Les hommes et les femmes du XVIIIe siècle font-ils preuve d'une telle commisération ?

---

170 *Apologie du jeûne, op. cit.*, p. 31.
171 *Le Régime de Pythagore, op. cit.*, p. 39.

EST-IL MAL DE TUER LES BÊTES ?

Les hommes et les femmes du XVIIIᵉ siècle ont-ils autant de compassion pour les animaux que jadis Pythagore, Plutarque ou Porphyre semblaient en avoir ?

Il n'est guère aisé de sonder les cœurs ; nous pouvons tout au plus relever certains indices. Éric Baratay souligne en effet qu'il est difficile « de décrire précisément cette sensibilité [à l'animal], car les témoignages sont peu nombreux[1] ». Certaines manifestations exceptionnelles, comme l'adoption du végétarisme, fournissent cependant des indications intéressantes sur les mentalités. Keith Thomas relève qu'il existe, dans l'Angleterre du XVIIᵉ siècle, des « personnes qui refusent la viande, non parce qu'elle n'est pas assez cuite, ou par ascèse, mais parce qu'elles croient qu'il est mal de tuer des animaux[2] ». Stephen Mennell évoque également ce type de végétarisme et voit en lui les « fondements moraux de l'apparition des dégoûts alimentaires[3]. » Ce phénomène commence à se produire quelques décennies plus tard en France et prend un peu plus d'ampleur dans la seconde moitié du XVIIIᵉ siècle.

Il est possible que ces premières manifestations d'un végétarisme moral soient une conséquence indirecte de la spécialisation des activités liées à la viande. À Paris, les bouchers sont tous membres héréditaires d'une corporation et travaillent surtout dans certains quartiers du centre de la ville. Les élites économiques ne vivent pas dans ces lieux sales, malodorants et malfamés ; elles les fréquentent même rarement, ce qui contribue davantage encore chez elle au « refoulement » psychologique des violences de l'abattage[4]. Au sein de ces couches sociales favorisées,

---

1   *L'Église et l'animal, op. cit.*, p. 107.

2   *Dans le jardin de la nature*, Paris, Gallimard, 1983, p. 378. Voir plus généralement les pages 189-217 et 374-393 qui témoignent de l'émergence de ce qu'il nomme une « sensibilité nouvelle ».

3   *Français et Anglais à table du Moyen Âge à nos jours*, Paris, Flammarion, 1987, p. 435.

4   En vivant loin des quartiers des bouchers, c'est-à-dire loin des nuisances qu'elles occasionnent, les élites se déshabituent du spectacle de la violence faite aux bêtes. C'est ce

on cesse de placer sur les tables le cadavre entier de l'animal comme c'était encore le cas à la fin du Moyen Âge. Les manuels de savoir-vivre commandent en effet aux pères de famille, jusqu'au début du XVIIIᵉ siècle, de savoir découper l'animal mort[5]. Parce que le dépeçage devient peu à peu un spectacle pénible, cette besogne se fait de plus en plus en cuisine, par les cuisiniers ou les domestiques, ou en amont dans les boucheries, c'est-à-dire « derrière les décors de la vie sociale[6] ».

La sensibilité, le sentiment d'empathie pour les bêtes sont désormais trop forts, du moins suffisamment forts, pour que leur mise à mort ou le découpage de leurs chairs cessent d'être perçus comme des activités anodines. Les écrits du temps rendent bien compte de ce phénomène. La souffrance des animaux devient en effet un thème littéraire, tout autant qu'un sujet de réflexion philosophique et morale.

UNE SENSIBILITÉ NOUVELLE

En 1673, le *Mercure galant* tournait en dérision les gens « qui ne sauraient voir donner un coup de fouet à un cheval ou un coup de pied à un chien sans accuser de cruauté ceux qui les donnent, et les traiter de bourreaux ». Un siècle plus tard, ce qu'on considérait comme une sensiblerie ridicule est peut-être en train de devenir la norme. Un grand nombre de témoignages prouvent non seulement que la compassion pour les bêtes n'est plus risible, mais qu'elle constitue un signe de bienveillance et d'humanité. Certains hommes et certaines femmes regardent parfois

---

dont témoigne indirectement un contemporain reprochant aux riches « sybarites », qui ne se déplacent que dans d'élégantes voitures, de ne pas partager la misère du petit peuple vivant à proximité des tueries : « Que les plaisirs d'un bal ou d'un concert soient troublés un instant par les hurlements des bestiaux qu'on égorge dans la maison voisine ; tout cela n'est qu'une incommodité simple et passagère. » Voir les *Réflexions sur le projet d'éloigner du milieu de Paris les tueries de bestiaux et les fonderies des suifs*, Londres, 1788, p. 7-8 (cité par Reynald Abad, « Les tueries à Paris sous l'Ancien Régime ou pourquoi la capitale n'a pas été dotée d'abattoirs aux XVIIᵉ et XVIIIᵉ siècles », *Histoire, économie et société*, 1998 (4), p. 665).

5   *La Civilisation des mœurs, op. cit.*, p. 169.
6   *La Dynamique de l'Occident*, Paris, Calmann-Lévy, 1973, p. 188. Voir également *ibid.*, p. 278.

leurs animaux de compagnie comme des membres de leur famille, ce qui provoque à l'occasion de plaisants quiproquos. Jacques et son maître n'ont-ils pas cru d'abord que la « pauvre Nicole » que plaignait leur hôtesse n'était pas sa chienne, mais sa fille[7] ?

DES ÉLITES PASSIONNÉES PAR LES BÊTES

Au XVIIIe siècle, le peuple de Paris se presse aux combats d'animaux. Il raffole de voir des dogues opposés à des sangliers, à des taureaux, à des lions, à des tigres, à des ours. Ces jeux heurtent en revanche les voyageurs anglais. Le chevalier James Rutledge note ainsi avec dégoût qu'« à la fin de toutes les affiches, on lit cette apostille : "On espère qu'ils se défendront cruellement[8]." » Les organisateurs de ces combats ont également l'ambition de montrer aux Parisiens de véritables courses de taureaux dans le goût espagnol. Mais le lieutenant général de police refuse ; il dit sa « répugnance » et craint que la populace ne s'habitue trop aux effusions de sang.

Les feux de joie s'accompagnant de massacres de chats sont d'autres fêtes dont le peuple s'est longtemps montré friand. Depuis le Moyen Âge, tout événement politique heureux en est l'occasion, mais c'est la veille de la Saint-Jean, le 23 juin, que la plus célèbre des cérémonies de ce genre se déroule. À Paris, il s'agit de mettre sur la place de Grève un arbre haut d'une vingtaine de mètres, provenant le plus souvent des chantiers de bois de l'île Louviers. On y suspend un tonneau ou un sac contenant une douzaine de chats destinés à être brûlés vifs, en même temps que l'arbre que l'on enflamme. Cette cérémonie est accompagnée de musique et d'un feu d'artifice ; elle se termine le plus souvent par un bal. Dans la seconde moitié du XVIIe siècle, note Alfred Franklin, il semble que les chats ne soient plus sacrifiés à Paris. Quelques années cependant avant la Révolution, malgré l'ordre du roi, la tradition du massacre des chats lors des feux de la Saint-Jean perdure dans plusieurs

---

7 *Jacques le Fataliste*, *Œuvres complètes*, Paris, Hermann, 1981, t. 23, p. 108 : « Jacques et son maître se mirent au lit en riant du quiproquo qui leur avait fait prendre une chienne pour la fille ou la servante de la maison, et de la passion de l'hôtesse pour une chienne perdue qu'elle possédait depuis quinze jours. Jacques dit à son maître en attachant le serre-tête à son bonnet de nuit. "Je gagerais bien que de tout ce qui a vie dans l'auberge, cette femme n'aime que sa Nicole." Son maître lui répondit : "Cela se peut." »

8 James Rutledge, *Essai sur le caractère et les mœurs des Français comparés à ceux des Anglais*, Londres, s. n., 1776, p. 204.

villes du Royaume, en particulier à Metz[9]. Dom Jean François, le doyen
de l'ordre de Saint-Symphorien, tente de faire interdire en 1758 cette
« coutume qu'il est honteux de suivre[10] ». Son réquisitoire n'est pas suivi
d'effet. En 1770, la voix de la femme du gouverneur des Trois-Évêchés se
fait mieux entendre. Sous ses instances et celles de son mari, les Messins
acceptent finalement de faire grâce aux chats en 1773[11].

Ces quelques exemples d'interventions de la part du roi, de dignitaires
de l'Église, de grands aristocrates ou de hauts fonctionnaires contre
les mauvais traitements que le peuple inflige aux animaux indiquent
sans doute une différence d'attitude et de sensibilités en fonction des
classes sociales. Les travaux d'Éric Baratay montrent « ce mouvement
d'affection pour les animaux familiers qui semble se développer au
XVIIIᵉ siècle dans la société cultivée, notamment aristocratique[12] ».
Cette différence d'ordre sociologique dans la manière d'envisager la
souffrance des animaux transparaît dans une anecdote que rapporte
Nicolas Contat. Pour se venger de leur maître et de sa femme, deux
ouvriers typographes brûlèrent Grise, leur chatte préférée. « Madame »
est désemparée quand elle comprend le tour que lui ont joué les employés
de son mari ; elle les maudit et fond en larmes : « Il lui semble que
tout le sang des ouvriers imprimeurs ne serait pas capable de réparer
l'insulte. La pauvre Grise, cette chatte sans pareille. » Tout cela amuse
beaucoup les deux hommes : « Messieurs les Imprimeurs savent se faire
rire, c'est leur unique occupation. » Robert Darnton propose plusieurs

---

9   Voir ce qu'en dit par exemple Moncrif dans *Les Chats*, Paris, Quillau, 1727, p. 120.

10 Jean François : « Dissertation sur l'ancien usage des feux de la Saint-Jean, et d'y brûler
    les chats à Metz » reproduite dans le *Cahier Élie Fleur*, n° 11, Metz, 1995, p. 70 : « Cette
    coutume paraît venir de la même source que les réjouissances et les feux que l'on allume
    en ce jour ; c'est-à-dire qu'elle en est une suite naturelle sans qu'il y ait d'autres raisons
    de brûler des chats que le plaisir, ridicule à la vérité, mais pourtant réel, que prend le
    peuple aux miaulements, aux sauts et diverses agitations que ces pauvres bêtes font pour
    s'échapper. L'on en rit : voilà un motif suffisant pour le faire. » Voir le commentaire que
    fait de cette dissertation Marie-Claire Mangin : « Le Sacrifice des chats messins : postface
    à la conférence de Dom Jean François, O.S.B. (1722-1791) », *Cahier Élie Fleur*, n° 11, Metz,
    1995, p. 73-98.

11 Voir Marie-Claire Mangin, *Ibid.*, p. 98.

12 *Op. cit.*, p. 108. Éric Baratay donne l'exemple de la *Lettre de M. de ** à Mme de ** sur la
    mort de son chien et de son moineau* paru dans le *Mercure de France* en février 1735, p. 213-
    215. Dans l'article « Chien » des *Questions sur l'Encyclopédie*, Voltaire constate qu'aucune
    constellation du ciel ne porte le nom de chat, mais explique par malgré cette lacune, « le
    chat fut consacré ou révéré, ou adoré du culte de dulie dans quelques villes, et peut-être
    de latrie par quelques femmes ». (*Œuvres complètes*, édition Th. Besterman, t. 40, p. 58.)

façons (farcesques, folkloriques ou psychanalytiques) d'interpréter cette anecdote et voit dans le fait de tuer la chatte un viol symbolique de la femme du maître[13]. Ce tour que les deux ouvriers jouent à cette femme montre également ce qu'a de comique, aux yeux du petit peuple de Paris, l'amour d'une femme de la moyenne bourgeoisie pour un animal. Il ne faudrait pas croire toutefois que l'inégale répartition de l'empathie soit absolument liée à la différence de classes sociales. Plusieurs personnes nécessiteuses et peu instruites manifestent une très grande compassion pour les chiens errants et toutes les bêtes maltraitées[14]. Beaucoup de petites gens vivent également en compagnie d'oiseaux ou de chiens. Ils leur témoignent généralement une grande affection, mais une affection maladroite souvent puisque beaucoup de ces animaux restent confinés tout au long de la journée dans de petits appartements[15].

Au sein de la haute noblesse, l'affection pour les animaux de compagnie conduit à un anthropomorphisme extrême[16]. La maréchale de Luxembourg, par exemple, sert à manger à sa chatte, Brillant, dans un plat d'argent. Les angoras de Mme Helvétius sont eux aussi choyés et, aux dires de la baronne d'Oberkirch, nourris de « blancs de volaille ou de perdrix[17] ». Tonton, le chien de la marquise du Deffand, n'est guère moins gâté. Très jaloux, il cherche à mordre tous ceux qui s'approchent de sa maîtresse. Elle écrit à Walpole : « Je l'aime à la folie, et je lui

---

13 Robert Darnton, *Le Grand massacre des chats. Attitudes et croyances dans l'ancienne France*, Paris, Robert Laffont, 1985, p. 90-94.

14 C'est le cas de la femme du tondeur pour chiens auquel Mercier confie Diogène. Elle recueille tous les chiens abandonnés et les soigne. Voir *Tableau de Paris*, Paris, Mercure de France, 1994 (dorénavant *Tableau de Paris*), t. 2, chapitre 832 : « Tondeur de chiens », p. 970-971.

15 C'est ce dont témoigne Mercier dans *le Tableau de Paris*, t. 2, chapitre 670 : « Animaux enfermés », p. 486-487. Voir également t. 1, chapitre 337 : « Consommation », p. 914-915 : « Au milieu de ce *salmis* de l'espèce humaine, on peut bien compter deux cents mille chiens et presque autant de chats, sans les oiseaux, les singes, les perroquets, etc. Tout cela vit de pain ou de biscuit. Point de misérable qui n'ait dans son grenier un chien pour lui tenir compagnie : on en interrogeait un qui partageait son pain avec ce fidèle camarade ; on lui représentait qu'il lui coûtait beaucoup à nourrir, et qu'il devrait se séparer de lui. Me séparer de lui ! reprit-il, *et qui m'aimera ?* »

16 Diderot mentionne cette affection pour les animaux de compagnie dans toutes les couches de la société dans *Jacques le Fataliste* (*op. cit.*, p. 187) : « Mais Jacques, cet attachement pour les animaux, je ne le remarque pas seulement dans les petites gens, je connais de grandes dames entourées d'une meute de chiens, sans compter les chats, les perroquets, les oiseaux. »

17 *Mémoires de la baronne d'Oberkirch*, Paris, Charpentier, 1869, t. 2, p. 214.

pardonne tous ses défauts ; il aboie, il mord ; la liste de ses morsures et des manchettes déchirées est très longue[18]. » Certains hommes, font étalage de leur délicatesse pour faire leur cour aux femmes et « portent leur chien publiquement sous le bras dans les promenades et dans les rues », rapporte Mercier dans sa longue et subtile description des mœurs de la capitale[19]. Lorsqu'on vient à perdre son animal, on s'adresse à un journal d'annonces dans lequel sont promises des récompenses à ceux qui le ramèneraient. Sur les colliers des chiens était gravée la formule « j'appartiens à » précédée du nom et de l'adresse du maître ou de la maîtresse. L'auteur du *Barbier de Séville* avait fait graver spirituellement sur le collier de sa chère Florette : « Beaumarchais m'appartient. »

L'Académicien Moncrif consacre un ouvrage fameux aux chats dans lequel il rend compte de l'affection que leur portent certaines femmes du monde[20]. L'ouvrage se compose d'un échange de lettres que s'écrivent deux aristocrates amoureuses de ces animaux, louant leur beauté, leur intelligence et ne s'étonnant pas « de voir tant de personnes, du premier mérite, sentir tout le prix du commerce des chats[21] ». Elles rendent compte du chagrin qu'éprouvent les membres de leur société mondaine quand meurt l'un de leurs très chers animaux. À leur mort, ces bêtes reçoivent parfois les honneurs funèbres qu'on destine aux personnes intimes. Mme de Lesdiguières avait par exemple fait construire à la fin du XVIIᵉ siècle un monument funéraire sous la forme d'un immense sarcophage de marbre noir, élevé à la mémoire de Ménine et orné de l'épitaphe : « Ci-gist Menine, la plus aimable et la plus aimée de toutes les chattes. »

Louis XV lui-même choie ses animaux de compagnie. Filou, son chien préféré occupait la première place dans la voiture royale ; il couchait près de son maître sur un coussin de velours cramoisi et portait un collier d'or et de diamants. Le roi charge Jean-Baptiste Oudry de le peindre. Ces manifestations de l'affection portée aux animaux de compagnie amusent ou scandalisent. Mercier condamne ainsi les extravagances auxquelles s'abandonnent de nombreuses mondaines qui transforment leurs caniches en « joujoux de canapé » ou laissent dormir

---

18   C'est Alfred Franklin qui rapporte ces anecdotes et quelques autres (*La Vie privée d'autrefois*, « les animaux », Paris, Plon, 1897, p. 173-176).

19   *Tableau de Paris*, t. 1, chapitre 244 : « Les petits chiens », p. 611.

20   *Op. cit.*

21   *Ibid.*, p. 70.

leur épagneul dans leurs lits[22]. Mercier se veut moqueur au moment de rapporter l'apparition d'une nouvelle profession dans la capitale, celle des tondeurs de chiens. L'auteur du *Tableau de Paris* avoue cependant ne pas échapper lui-même à cette vogue et admet confier le pelage de son chien Diogène à la main experte d'un dénommé Thomas :

> Le chien tondu est paisible sous le ciseau de Thomas ; vraiment il est fort adroit ; il s'entend bien à mettre une muselière ; on peut lui confier un animal chéri, il ne le fera pas crier. Je lui ai confié mon pauvre chien, que j'ai eu le malheur de perdre sous le fusil d'un garde-chasse, être bien au-dessous de Thomas ; mais je ne lui avais confié mon chien, que bien certain qu'il ne le ferait pas souffrir : si Diogène avait jeté un cri, un seul cri, j'aurais arrêté soudain la main de Thomas, m'eût-il attesté qu'il était le plus habile tondeur du monde, et que Diogène, trop sensible, trop délicat, avait tort de crier[23].

Cette passion pour les animaux de compagnie ne se borne pas aux chiens et aux chats, car on se passionne également pour les oiseaux auxquels les plus riches construisent des volières immenses. La possession de perroquets ou de perruches, ces volatiles à la mode, est un signe de distinction. Le duc de Luynes rapporte que la Pompadour élève à Trianon, à Fontainebleau et à l'Ermitage des poules et des pigeons[24]. Dans son parc de Saint-Germain en Laye, le duc de Noailles domestique des perdrix qui entrent dans ses appartements et qu'il nourrit de sa main. Quelques années plus tard, Marie-Antoinette crée un cadre faussement bucolique au petit Trianon, comme on le sait, et peuple son hameau d'animaux de basse-cour.

De tels exemples d'affection, ou tout du moins d'intérêt, tranchent bien évidemment avec les traitements que les éleveurs et les bouchers réservent quotidiennement à leurs animaux. Le spécisme de nos sociétés actuelles ressemble fort à celui qui se manifeste au siècle des Lumières. On cajole ou martyrise, caresse ou écorche, soigne ou mutile selon que l'individu en question est un chat ou un cheval, un chien ou un veau. Ces écarts de traitement se donnent à voir chaque jour dans les rues de Paris où les toiletteurs

---

22 *Tableau de Paris*, t. 2, chapitre 758 : « Tueurs de chiens », p. 748. Il caricature une femme du monde « dont la principale occupation est d'amuser son chien, de le soigner, de le caresser, de le voiturer, et de lui servir de femme de chambre, enfin de domestique ».

23 *Ibid.*, t. 2, chapitre 832 : « Tondeur de chiens », p. 970.

24 *Mémoires du duc de Luynes sur la cour de Louis XV*, Paris, Firmin-Didot Frères, 1860-1860, t. 10, p. 439 : « Le roi et Mme de Pompadour s'amusent beaucoup des pigeons et poules des différentes espèces ; ils en ont partout, à Trianon, à Fontainebleau, à Compiègne, à l'Ermitage, à Bellevue, et même le roi en a dans ses cabinets, dans les combles. »

canins côtoient des garçons bouchers rudoyant les bœufs qu'ils mènent à la tuerie. Pourtant la sympathie éprouvée à l'égard de certaines bêtes peut quelquefois faire naître de la bienveillance envers toutes les autres. Mercier, si soucieux du bien-être de son chien, confie à son lecteur combien le révolte la férocité des charretiers envers leurs bêtes[25]. Ses récriminations envers les bouchers sont plus vives encore. Il n'est pas le seul à haïr cette profession.

« JE HAIS DE VOIR SEULEMENT LES BOUCHERIES »

Les boucheries parisiennes que nous connaissons aujourd'hui ne ressemblent guère à ce qu'elles sont dans les dernières années de l'Ancien Régime. Au XVIIIᵉ siècle, le boucher n'est pas seulement celui qui tient un étal recouvert des chairs des bœufs, des moutons, des veaux ou des porcs. La boucherie ne se résume pas au commerce de la viande. Elle est aussi le lieu de la « tuerie », c'est-à-dire de la mise à mort des bêtes. Toutes les opérations d'abattage, de transformation du cadavre de l'animal en viande ou en suif ont lieu sur place, à proximité immédiate du lieu de vente et sont effectuées par le boucher lui-même[26].

La norme sociopsychologique qui s'installe progressivement explique que certains soient heurtés par le spectacle de l'égorgement des bœufs ou des moutons. Le curé Meslier confesse ainsi la « répugnance » qu'il éprouvait au moment de tuer ou de faire tuer des animaux. « Je hais de voir seulement les boucheries et les bouchers », confesse-t-il[27]. La réputation dont les bouchers pâtissaient depuis le Moyen Âge était mauvaise ; elle devient au XVIIIᵉ siècle proprement exécrable[28]. Louis-Sébastien Mercier, qui est manifestement bouleversé par l'agonie des animaux dans les tueries, brosse de ces hommes un terrible portrait[29] :

---

25 *Tableau de Paris*, t. 2, chapitre 865 : « Des chevaux », p. 1076. Voir également t. 1, chapitre 363 : « Du fouet du charretier », p. 1012-1013.

26 Sur les boucheries parisiennes de l'Ancien Régime, voir surtout Reynald Abad, *op. cit.*, p. 651-655.

27 Jean Meslier, *Mémoires des pensées et sentiments*, *Œuvres*, Paris, Anthropos, 1970, t. 1, p. 217 : « Je n'ai jamais rien fait avec autant de répugnance que lorsqu'il me fallait dans certaines occasions couper ou faire couper la gorge à quelques poulets ou pigeonneaux, ou qu'il me fallait faire tuer quelques porcs. »

28 Voir par exemple Jacques Le Goff, « Les marginaux dans l'Occident médiéval », *Les Marginaux et les exclus de l'histoire*, Cahiers Jussieu, 1979 (5), p. 22.

29 « Ses douloureux gémissements, ses muscles qui tremblent et s'agitent par de terribles convulsions, ses débattements, ses abois, les derniers efforts qu'il fait pour s'arracher à une mort inévitable, tout annonce la violence de ses angoisses et les souffrances de son

Ces bouchers sont des hommes dont la figure porte une empreinte féroce et sanguinaire, les bras nus, le col gonflé, l'œil rouge, les jambes sales, le tablier ensanglanté ; un bâton noueux et massif arme leurs mains pesantes et toujours prêtes à des rixes dont elles sont avides. On les punit plus sévèrement que dans d'autres professions, pour réprimer leur férocité ; et l'expérience prouve qu'on a raison[30].

L'auteur du *Tableau de Paris* est loin d'être le seul à penser du mal des bouchers. Bien d'autres écrivains et philosophes partagent son avis. « Chaque boucher, écrit Diderot, a quatre garçons, plusieurs en ont six : ce sont tous gens violents, indisciplinables, et dont la main et les yeux sont accoutumés au sang[31]. » Les bouchers, parce qu'ils sont nécessairement violents envers les bêtes, sont suspectés de l'être envers les hommes. À la même époque, ils font l'objet en Angleterre d'une « exclusion législative d'un caractère méprisant », rapporte Paul Sébillot, car ils ne peuvent pas être jurés lors d'un procès criminel[32]. La rumeur se propage en France que les bouchers anglais ne sont pas même reçus en témoignage[33]. L'abominable réputation des bouchers et le malaise que fait naître leur profession n'empêchent pas grand monde de manger de la viande, mais on tend à les rendre seuls responsables de la violence[34].

---

agonie. Voyez son cœur à nu qui palpite affreusement, ses yeux qui deviennent obscurs et languissants. Oh, qui peut les contempler, qui peut ouïr les soupirs amers de cette créature immolée à l'homme ! » (*Tableau de Paris*, t. 1, chapitre 42 : « Boucheries », p. 112.) Citons également cette anecdote rapportée par Mercier mettant aux prises une jeune fille avec un garçon boucher : « Un mouton meurtri de coups succombait au milieu de la rue Dauphine à la fatigue. Le sang lui ruisselait par les yeux ; tout à coup une jeune fille en pleurs se précipite sur lui, soutient sa tête, qu'elle essuie d'une main et de l'autre, un genou en terre, supplie le boucher, dont le bras était déjà levé pour frapper encore. Cela n'est-il pas à peindre ? Quand verrai-je ce petit tableau au salon du Louvre ? » (t. 1, chapitre 369 : « Tueries », p. 1022.)

30 *Tableau de Paris*, t. 1, chapitre 42 : « Boucheries », p. 113.

31 *Encyclopédie*, article « Boucher », t. 2, p. 352.

32 *Légendes et curiosité des métiers*, ix : *Les Bouchers*, Paris, Flammarion, vers 1865, p. 2, cité par Florence Burgat, *L'Animal dans les pratiques de consommation*, Paris, Puf, 1995, p. 56.

33 Lucienne Strivay rappelle que même Rousseau y ajoutait foi (« Manger juste. Les Droits de l'animal dans les encyclopédies de 1750 à 1800. De l'éthique au politique », *le Statut éthique de l'animal : conceptions anciennes et nouvelles*, Liège, Université de Liège, 1995, p. 80.) Dans le livre II de l'*Émile*, il écrivait en effet : « En Angleterre même les bouchers ne sont pas reçus en témoignage. » (Paris, Gallimard, 1969, t. 4, p. 411.) Madame de Staël affirme plus prudemment qu'« une belle loi d'Angleterre interdit aux hommes que leur profession oblige à verser le sang des animaux, la faculté d'exercer des fonctions judiciaires ». (*De la littérature*, Paris, Flammarion, 1991, p. 306.)

34 Valentin Pelosse a consacré un article à une question posée par l'Institut en 1802. Il s'agissait de savoir si les mauvais traitements infligés aux animaux « intéressaient la

Mercier assure un jour être descendu du fiacre qu'il partageait avec un homme lorsque ce dernier lui apprit qu'il exerçait la profession de boucher et voyait « couler le sang des bêtes comme [il voyait] couler l'eau de la fontaine[35] ». Cette indifférence à la souffrance d'autrui, cet endurcissement scandalisent et effraient tandis que le principe même de la boucherie est peu contesté : on accepte que des bêtes soient tuées pour être mangées comme on se résigne à un mal nécessaire.

Une activité comme la chasse, qui semble être un pur divertissement, provoque en revanche les foudres de bien davantage d'hommes et de femmes du XVIIIe siècle. On voit mal ce qu'il y a de raisonnable et de nécessaire dans ces massacres en plein air. Comment peut-on prendre plaisir à faire du mal ? Le dégoût pour la cruauté n'est pas la seule raison des critiques violentes essuyées par la chasse. De nombreux bourgeois critiquent l'art cynégétique parce qu'il est aussi un signe des privilèges de la noblesse ; à travers lui, c'est l'aristocratie que l'on veut remettre en cause[36]. Alors que la chasse était quelques siècles (voire quelques décennies) plus tôt l'école de la bravoure, Legrand d'Aussy explique en 1782, dans son *Histoire de la vie privée des Français*, qu'elle est désormais considérée comme un anachronisme, une activité propre aux civilisations primitives[37]. Dans une digression sur les mœurs d'une société appartenant désormais au passé, il dit le prestige qui s'attachait alors à la figure du chasseur. Les temps ont bien changé : « les chasseurs, aujourd'hui si redoutés des femmes, regardés si souvent comme le fléau de la société, pouvaient alors en devenir l'agrément. » Le chasseur, « homme de carnage », n'est plus du tout homme « galant ».

Même si la condamnation de la chasse est moins généralisée en France qu'elle ne l'est en Angleterre au même moment, une hostilité presque unanime semble régner parmi les philosophes[38]. Condorcet y a

---

morale publique ». Il remarque, à la lecture des vingt-sept mémoires manuscrits, que la plupart des candidats font des bouchers de véritables boucs émissaires. Certains cependant estiment que « la société s'y décharge pour ainsi dire sur eux de ce qu'il peut y avoir d'odieux dans le meurtre des animaux ; les mœurs générales s'y adoucissent à leurs dépens ». (« Imaginaire social et protection de l'animal. Des amis des bêtes de l'an X au législateur de 1850 », *L'Homme* 21/4, 1981, p. 16.). Sur ces questions, voir Pierre Serna, *L'Animal en République*, Toulouse, Anarchasis, 2016.

35 *Tableau de Paris*, t. 2, chapitre 729 : « Rencontre », p. 664.

36 Philippe Salvadori, *La Chasse sous l'Ancien Régime*, Paris, Fayard, p. 183.

37 « Plus une nation approchera de l'état de sauvage, et plus elle aura ce goût féroce » (*Histoire de la vie privée des Français*, Paris, Pierres, 1782, t. 1, p. 309.)

38 Voir à cet égard Keith Thomas, *op. cit.*, p. 355-371.

renoncé très tôt[39]. La critique qu'en fait Voltaire est extrêmement sévère[40]. L'auteur de l'article « Gibier » de l'*Encyclopédie méthodique* considère enfin tout bonnement les chasseurs comme « des sots, des imbéciles, ou des hommes sans caractère[41] ». L'enthousiasme que suscitent chez Buffon la traque et la mort d'un cerf entraîne par conséquent la réprobation franche d'un Grimm, qui vante le style de l'illustre naturaliste tout autant qu'il blâme ce penchant peu digne d'un philosophe[42] :

> Il n'y a point de plaisir moins digne d'un être qui pense que celui de la chasse […] Il fallait que l'homme soit bien dégradé, et un animal dépravé en tout sens, pour avoir réduit en principe l'art de forcer le cerf, et de faire expirer dans de longs tourments l'animal innocent et tranquille qui habite les forêts sans incommoder aucune créature vivante, et qui n'emploie la force, la légèreté, la ruse, tous les talents qu'il a reçus de la nature, qu'à éviter la cruauté et l'acharnement d'un ennemi qu'il n'a jamais offensé. Cette espèce de chasse n'est donc aux yeux du sage que l'occupation honteuse et coupable d'un insensé, cent fois plus farouche que la bête qu'il poursuit, et qui, méprisant les lois de la nature, en trouble sans cesse l'ordre et l'harmonie[43].

---

39 Lettre de Condorcet à Turgot, 13 décembre 1773 : « J'ai cru observer que l'intérêt que nous avions à être justes et vertueux était fondé sur la peine que fait nécessairement à un être sensible l'idée du mal que souffre un autre être sensible. […] J'ai renoncé à la chasse, pour qui j'avais eu du goût, et je ne me suis pas même permis de tuer les insectes, à moins qu'ils ne fassent beaucoup de mal. » *(Correspondance inédite de Condorcet et de Turgot*, Genève, Slatkine reprints, 1970, p. 148.)

40 Voir sa lettre du 6 septembre 1766 (D13568) à d'Argence. Dans *La Princesse de Babylone*, la chasse est d'abord une affaire d'alcooliques ; milord What-then, qui reçoit Amazan, s'en va par exemple « chasser au renard avec quelques ivrognes du voisinage ». *(Œuvres complètes*, édition Th. Besterman, t. 66, p. 163.)

41 Article « Gibier » de l'*Encyclopédie méthodique* : « On a constamment observé que tous les hommes, grands amateurs de chasse, étaient des sots, des imbéciles, ou des hommes sans caractère. » (Cité par Lucienne Strivay, *op. cit.*, p. 78.)

42 Voir l'article « Cerf » de l'*Histoire naturelle, op. cit.*, t. 7, p. 525-526. L'article débute en effet par une franche apologie de la pratique cynégétique. La chasse est pour Buffon « le seul amusement qui fasse diversion entière aux affaires, le seul délassement sans mollesse, le seul qui donne un plaisir vif sans langueur, sans mélange et sans satiété. […] Quelle solitude plus variée, plus animée que celle de la chasse ? quel exercice plus sain pour le corps ? quel repos plus agréable pour l'esprit ? » Grimm commente ainsi ce passage : « Il faut convenir qu'il n'y a rien de moins philosophique que ce qu'il dit sur la chasse. Si son nom ne m'en imposait, je dirais volontiers qu'il a fait là une déclamation de rhétorique enflée de mots, dépourvue d'idées, et surtout de ce sens qui ne doit jamais quitter le vrai philosophe. *(Correspondance littéraire, philosophique et critique par Grimm, Diderot, Raynal, Meister, etc.*, Paris, Kraus Reprint, Nendeln/Liechenstein, 1968, t. 3, 1ᵉʳ novembre 1756, p. 301-302.)

43 *Ibid.*, p. 304. Il poursuit de la sorte : « Je sais que la plupart de ceux qui en font leur amusement journalier ne sont pas coupables à ce point-là ; ils se livrent à un exercice qu'ils croient noble et honnête ; ils sont bien éloignés de s'en faire un crime ; mais la réflexion

Grimm, si sévère à l'égard de Buffon, vante à l'inverse la position défendue dans l'*Encyclopédie* par Diderot. Pour ce dernier, la chasse est surtout l'héritage des périodes barbares. Nos ancêtres savaient probablement mieux que nous l'art de prendre le gibier. Il ne faut pas s'affliger de la perte de ce savoir technique, assure le philosophe, mais tout au contraire s'en réjouir[44]. Les critiques proférées à l'encontre de l'art cynégétique semblent donc bien être un autre signe du déplacement du seuil des sensibilités alors que le braconnage, auquel les populations sont souvent contraintes, suscite une réprobation moindre[45]. La poursuite d'un sanglier ou d'un chevreuil est parfois si mal vue dans la seconde moitié du XVIIIe siècle que l'auteur d'un dictionnaire de chasse, Delisle de Sales, éprouve le besoin de consacrer en 1769 une bonne partie de sa dissertation inaugurale à en défendre la légitimité. Il accorde une grande place aux critiques que profèrent à son encontre les « âmes sensibles ». L'auteur ne fait pas mystère de ses difficultés à louer « ces plaisirs tumultueux qui ruinent les Grands » et est bien forcé de reconnaître que ses contemporains voient la chasse « comme la subversion de toutes les lois naturelles[46] ». Les concessions qu'il fait aux végétariens sont même si fortes qu'elles font douter de ses intentions véritables. Delisle de Sales rappelle que Pythagore, Sénèque et « Newton, le grand

---

aurait dû les éclairer et les convaincre qu'il n'y a rien de plus barbare et de plus opposé à la générosité dont ils se piquent que de chercher son amusement dans les tourments et dans le long supplice d'un être vivant. »

44 *Encyclopédie*, article « Chasse », t. 3, p. 225. « On voit en général que l'exercice de la chasse a été dans tous les siècles et chez toutes les nations d'autant plus commun, qu'elles étaient moins civilisées. Nos pères beaucoup plus ignorants que nous, étaient beaucoup plus grands chasseurs. »

45 À propos des temps reculés, Le Grand d'Aussy explique que « la chasse n'était pas alors un plaisir comme elle l'est aujourd'hui ; c'était encore un moyen de subsistance. On mangeait tous les animaux qu'on tuait. » *(Op. cit.*, p. 309.) « La chasse de subsistance échappe presque pratiquement à la polémique », note Lucienne Strivay *(Op. cit.*, p. 77). Voir également à ce propos, Philippe Salavadori, *op. cit.*, p. 295-305.

46 *Dictionnaire théorique et pratique de chasse et de pêche*, Paris, Musier fils, 1769. Delisle de Sales explique dans la préface (p. XV-XVI) l'usage que le philosophe retiré à la campagne pourrait faire de son ouvrage : « Il est surtout nécessaire à ce citoyen vertueux, qui retiré à la campagne, mesure ses désirs et ses besoins, jouit sans remords des biens qu'il fertilise, et rend toute la nature tributaire de son industrie : s'il n'a pas hérité des sentiments de Pythagore, ou de l'excessive sobriété de Newton, il emploiera à la chasse ou à la pêche le temps qu'il perdrait à parcourir de mauvais romans. » À cet égard, lire Pierre Malandain, *Delisle de Sales, philosophe de la nature (1741-1816)*, Oxford, SVEC, 1982, p. 79-82.

Newton » s'abstenaient de viande par commisération pour les bêtes. Au cœur même de son dictionnaire, il va jusqu'à demander qu'on prenne pitié de certaines d'entre elles dont la chair est prisée des chasseurs, des cuisiniers et des gourmands[47].

La troisième activité visée surtout par les défenseurs des animaux est la vivisection. Le philosophe et économiste Georg Ludwig Schmid estime en 1760 qu'« on avilit le beau nom de philosophe, en le prodiguant au frivole faiseur d'expériences, à l'anatomiste ensanglanté, au botaniste infâme[48]... » « On ne lit point sans émotion l'histoire d'une chienne qui tandis qu'on la disséquait se mit à lécher ses petits comme s'ils eussent charmé ses souffrances », rapporte Charles Bonnet[49]. Certains naturalistes critiquent en effet les méthodes de leurs collègues manifestement insensibles à la souffrance des créatures qu'ils dissèquent. Maupertuis loue les découvertes de Harvey (en particulier la circulation sanguine), mais lui reproche d'avoir commis « un massacre savant » de tous les animaux qui lui ont été fournis pour ses expériences[50]. Buffon ne fait pas grand cas non plus des bêtes qu'il utilise dans ses travaux. Mais d'autres savants illustres se montrent soucieux de leurs animaux et répugnent à leur faire du mal. Réaumur se dit ainsi ému au moment de noyer un essaim d'abeilles afin d'en déterminer le nombre exact :

> C'était un spectacle assez singulier, et cependant qui avait quelque chose de triste, de voir tant d'abeilles si actives et même si redoutables quelques instants auparavant, en tas, ou étalés sur la table, sans aucune apparence de vie. Des gens qui ne sont pas ordinairement fort compatissants pour les animaux, plusieurs domestiques qui étaient autour de moi, pour m'aider dans les différentes manœuvres, paraissaient touchés de ce spectacle[51].

---

47 Le coq de bruyère est ainsi décrit par lui comme « un animal paisible qui ne fait de tort à aucun insecte, et en faveur de qui on pardonnerait au système de Pythagore (*op. cit.*, p. 254).

48 *Essais sur divers sujets intéressants de politique et de morale*, Paris, s. n., 1760, p. 30-31.

49 *Œuvres d'histoire naturelle et de philosophie, Collection complète des œuvres de Charles Bonnet*, Neuchâtel, Fauche, 1781, t. 4 (partie 2), p. 212. Dans son ouvrage *Man and Beast in French Tought of the Eighteenth Century* (Paris, Les Belles Lettres, 1936), Hester Hastings consacre un chapitre à la pratique de la vivisection et aux critiques qu'elle essuie (p. 269-275).

50 *Vénus physique*, s. l., s. n., 1745, p. 48.

51 *Mémoires pour servir à l'histoire des insectes*, Paris, Imprimerie Royale, 1760, t. 5, p. 544. En vérité, les abeilles ne sont pas mortes ; Réaumur avait déjà conduit l'expérience et avait remarqué qu'elles s'animaient à nouveau au bout de quelques instants, en séchant.

Quant à Pierre Lyonet, l'auteur d'un *Traité anatomique de la chenille* extraordinairement minutieux, il avoue avoir refusé de mener certaines expériences physiologiques afin d'épargner la vie de ces petits animaux. Il assure son lecteur d'avoir tout mis en œuvre pour n'utiliser au total que « huit ou neuf chenilles ». S'étant en outre interdit de pratiquer sur elles des opérations de vivisection, il précise avoir pris soin de les noyer avant de les ouvrir[52]. Ce souci des bêtes est conforté sans doute aussi par le succès de l'empirisme qui ne leur dénie pas la sensibilité. Les empiristes enseignent en outre que nos idées, même les plus abstraites, viennent de nos sens et que nous ne différons donc pas fondamentalement des animaux. Dans le contexte religieux du XVIIIᵉ siècle, un tel rapprochement affectif et philosophique pourrait avoir des conséquences théologiques fâcheuses. Il risquerait à terme de mettre toutes les créatures sur un pied d'égalité et de fragiliser l'idée que nous sommes des êtres absolument singuliers.

UN RAPPROCHEMENT CRITIQUÉ PAR L'ÉGLISE

« Des animaux à l'homme, la transition n'est pas violente ; les vrais philosophes en conviendront », ne craint pas d'affirmer La Mettrie[53]. Il est vrai que cette opinion est partagée par bien des écrivains et des savants se revendiquant de l'empirisme de Locke. Dans l'*Essai sur l'entendement humain*, le philosophe anglais assurait en effet que les animaux pensent, qu'ils en donnent toutes les démonstrations imaginables et qu'enfin, « il ne leur manque que la parole pour le dire[54] ». Les partisans de Condillac tendent à la même conclusion ; elle semble d'autant plus convaincante qu'elle est confortée par les travaux d'anatomie comparée, par l'observation des mœurs des insectes sociaux ou encore par les travaux éthologiques de Charles-Georges Leroy. La proximité anatomique des grands singes anthropomorphes est en outre indubitable. Elle était déjà soulignée par Edward Tyson qui consacrait un long ouvrage aux chimpanzés[55]. En 1759, Linné officialise en quelque sorte les liens de parenté entre tous les humanoïdes en divisant le genre *Homo* en *Homo sapiens* et *Homo*

---

52   *Traité anatomique de la chenille, qui ronge le bois de saule*, La Haye, De Hondt, 1760, p. XIV.
53   *L'Homme-machine*, Leyde, Luzac, 1748, p. 30-31.
54   *Essai sur l'entendement humain*, Paris, Vrin, 2001, p. 181 (livre II, chapitre 1, paragraphe 19).
55   *Orang-outang sive homo sylvestris*, Londres, Bennet, 1699.

sylvestris. Ce rapprochement est repris dans un sens plus historique par les philosophes. Robinet en fait par exemple un intermédiaire entre l'être humain et les singes ; Rousseau pense qu'il s'agit de l'homme à l'état de nature. Benoît de Maillet écrit à propos des orangs-outans : « Si on ne pouvait pas dire que ces créatures vivantes fussent des hommes, elles leur ressemblaient si fort, qu'il y eût de la témérité à assurer qu'ils n'étaient que des animaux. » Les clercs voient d'un fort mauvais œil ces tentatives de rapprochement avec elles[56]. Alors que certains philosophes et naturalistes réduisent l'écart entre les bêtes et nous, les théologiens entreprennent, en réaction, de le creuser davantage. Ils rappellent que l'espèce humaine est la seule à posséder un langage articulé, et donc une âme. Pour mettre en évidence cette carence fondamentale chez les animaux, le cardinal de Polignac lance à un orang-outan du jardin des Plantes le célèbre « parle et je te baptise[57] ». Si le primate reste muet, c'est qu'il n'a pas d'âme spirituelle.

Les théologiens récusent tout autant ce qui pourrait faire naître des doutes sur le fixisme des espèces et ses fondements bibliques. L'Église contraint ainsi Buffon à se rétracter lorsqu'il émet l'hypothèse que chaque famille d'espèces a une origine commune. La réaction des autorités religieuses est non moins vive quand Maillet fait de la mer le berceau de la vie. Ces généalogies du vivant sont proprement scandaleuses. Elles n'en inspirent pas moins les écrivains comme Restif de la Bretonne. Dans sa *Lettre d'un singe aux animaux de son espèce*, il invente un personnage « métis », à la fois singe et homme, né de la violence qu'un babouin fit subir à une femme de Malacca[58]. Alors qu'on voulait noyer ce monstre à sa naissance, un marchand français le sauve, le prend sous sa protection et lui donne une éducation solide. César – c'est le nom de la créature – veut entretenir ses congénères de la société des hommes[59]. Restif reprend ici à son compte et élargit le principe du décentrement si prisé des écrivains du siècle. Il ne s'agit plus de critiquer les Européens à travers le regard de Persans, d'Indiens, de Chinois, de bons sauvages ou encore

56 Éric Baratay, *L'Église et l'animal, op. cit.*, p. 100-101.
57 Éric Baratay commente ainsi cette anecdote : « Farouche adversaire des matérialistes, ce cartésien veut montrer que la ressemblance physique ne suffit pas, que n'importe quel animal doté de la parole serait digne de recevoir une éducation chrétienne et de s'intégrer à l'humanité. » (*Ibid.*, p. 101.)
58 *Lettre d'un singe* (à la suite de *La Découverte australe*), Leipzig, s. n., 1781, t. 3, p. 14.
59 *Ibid.*, p. 15.

d'extraterrestres, comme dans *Micromégas*, mais d'adopter la perspective
d'un animal, à la manière d'Apulée dans *L'Âne d'or*. Le héros de Restif
plaint le sort que les hommes réservent à leurs confrères en animalité :
« quelle douleur, quel désespoir, de voir un autre être vous faire servir
à ses plaisirs, à sa nourriture ! vous regarder comme un fruit, comme
une plante, et se jouer de votre vie[60] ! » Ce végétarisme qu'il souhaite
voir adopter par les hommes est-il conforme avec les principes de la
religion ? Non, puisque l'Église condamne encore plus sévèrement ce
végétarisme moral que les conclusions médicales de Philippe Hecquet.
Ce n'est pas que les clercs ne ressentent pas de la compassion à l'égard
des animaux : le Père Bougeant se dit par exemple bouleversé devant
le spectacle de leurs souffrances et reconnaît que celles-ci posent un
difficile problème théologique[61]. Le très pieux Gilbert-Charles Legendre
confesse également avoir « des remords d'humanité au sujet des tourments que nous faisons subir aux bêtes » et éprouve même « quelque
penchant à suivre l'opinion des pythagoriciens ». Il se voit malgré tout
contraint de rejeter « cette délicatesse qui ne peut paraître, dans le christianisme, qu'outrée et vicieuse, comme contraire à la parole divine[62]. »
Le Révérend Père Lebrun associe, quant à lui, la pitié végétarienne et la
foi dans la transmigration des âmes et les range dans son *Histoire critique
des pratiques superstitieuses*[63]. Duguet, qui est professeur de théologie,
considère aussi que la répugnance à tuer une bête relève uniquement
de la superstition. Plusieurs peuples de l'Orient, rappelle-t-il, « auraient
cru commettre un homicide en tuant une bête pour s'en nourrir ». Or,

---

60 *Ibid.*, p. 27.
61 Guillaume-Hyacinthe Bougeant, *Amusement philosophique sur le langage des bêtes*, Amsterdam,
    aux dépens de la Compagnie, 1750, p. 35 : « Persuadés que nous sommes que les bêtes
    ont du sentiment, à qui de nous n'est-il pas arrivé mille fois de les plaindre des maux
    excessifs auxquels la plupart d'entre elles sont exposées, et qu'elles souffrent réellement ?
    [...] Que les hommes soient assujettis à toutes les misères qui les accablent, la religion
    nous en apprend la raison ; c'est qu'ils naissent pécheurs. Mais quel crime ont commis
    les bêtes pour naître sujettes à des maux si cruels ? »
62 *Traité de l'opinion, ou mémoires pour servir à l'histoire de l'esprit humain*, Paris, Briasson,
    1735, t. 2, p. 272. Legendre légitime ce rejet par l'affirmation d'un anthropocentrisme
    radical : « Je reconnais que l'homme a reçu du Seigneur un empire despotique sur les
    bêtes ; qu'elles n'ont été créées que pour nos usages, et que l'homme pouvant les égorger
    pour sa nourriture, il est autorisé à leur faire toute sorte de traitements, pour quelque
    fin qu'il se propose. »
63 *Histoire critique des pratiques superstitieuses*, Amsterdam, Bernard, 1733, t. 1, p. 9 : « De là
    [la métempsycose], les superstitions de tant de peuples qui révèrent encore les animaux, et
    qui n'osent brûler du bois, de peur de nuire aux insectes qui pourraient y être enfermés. »

rien n'est plus commun dans la Bible que d'égorger un mouton ou un bœuf. En somme, assure-t-il, « si l'on port[e] l'humanité plus loin par des vues de la religion, une telle religion [est] fausse[64] ». N'est-il pas dangereux et même sacrilège de montrer plus de bienveillance envers les animaux que ne le firent les prophètes, les apôtres, les Pères de l'Église et le Christ lui-même ? N'entre-t-il pas de l'ingratitude dans le fait de refuser des nourritures accordées par Dieu après le Déluge ? Les théologiens perçoivent que l'adoption d'un végétarisme moral peut mettre trop dangereusement en évidence les bornes de la charité chrétienne et de la miséricorde du Christ lui-même. Le Christ, en effet, n'a jamais épargné la moindre bête. Aurait-on l'audace de se vouloir plus miséricordieux que le Dieu d'amour ?

Pour sauver la perfection et la bonté de leur Dieu, les clercs n'ont donc d'autre choix que de taxer la morale végétarienne de superstition ou de sacrilège. Ils se trouvent dans la même situation que saint Augustin face à ces manichéens refusant de faire couler le sang des bêtes. Comme lui, les théologiens catholiques du XVIIIe siècle crient à l'hétérodoxie. Du strict point de vue de la morale toutefois, indépendamment de toute considération religieuse, le problème soulevé par les végétariens reste entier : a-t-on le droit de tuer les bêtes pour s'en nourrir ? Est-il juste d'être carnivore ?

LE BON DROIT CARNIVORE EN QUESTION

Dans les lettres qu'il lui écrit, Condorcet exhorte sa fille à faire preuve de compassion à l'égard de toutes les créatures : « Cette douce sensibilité, qui peut être une source de bonheur, a pour origine première ce sentiment naturel qui nous fait partager la douleur de tout être sensible. Conserve donc ce sentiment dans toute sa pureté, dans toute sa force ; qu'il ne se borne point aux souffrances des hommes : que ton humanité s'étende même sur les animaux[65]. » Tous ceux qui ne croient pas les animaux fondamentalement différents de nous réfléchissent parfois

---

64 *Explication du livre de la Genèse*, Paris, François Babuty, 1732, t. 1, p. 195.
65 *Conseils de Condorcet à sa fille*, *Œuvres*, Stuttgart, Bad Cannstatt, 1968, t. 1, p. 617.

à faire d'eux, sinon des sujets de droit, du moins des êtres dignes de considérations éthiques. Cette morale nouvelle et hésitante s'accorde mal avec la tradition humaniste et anthropocentriste ; elle bénéficie toutefois du complet discrédit de la thèse de l'animal-machine.

LE VÉGÉTARISME
ET LES RUINES DE L'AUTOMATISME CARTÉSIEN

Élisabeth de Fontenay met en garde contre « la prolifération mortifère des commentaires qui ont caricaturé, tantôt pour la défendre, tantôt pour l'accabler, la théorie des animaux-machines[66] ». Jean-Luc Guichet soutient quelques années plus tard que l'énoncé cartésien « n'est nullement dogmatique » et que, voulant se préserver de tout anthropomorphisme, le souci de Descartes consiste surtout à ne pas préjuger de l'être de l'animal[67]. Et pourtant, l'auteur des *Méditations métaphysiques* est sûr de lui et de sa théorie lorsqu'il affirme ceci : « je n'ai pas simplement dit que dans les bêtes il n'y avait point de pensée, ainsi qu'on me veut faire accroire, mais outre cela je l'ai prouvé par des raisons qui sont si fortes, que jusques à présent je n'ai vu personne qui ait rien opposé de considérable à l'encontre[68]. » Ainsi que le montre fort bien Geneviève Rodis-Lewis, Descartes rejette en outre absolument l'idée que les animaux aient une âme végétative et sensitive[69]. Thierry Gontier, après d'autres, fait seulement remarquer une très légère inflexion dans la pensée de Descartes au moment d'écrire la célèbre lettre à More, en 1649, c'est-à-dire un an avant sa mort[70]. Le philosophe fait montre d'une certaine réserve, mais guère davantage :

> Quoique je regarde comme une chose démontrée qu'on ne saurait prouver qu'il y ait des pensées dans les bêtes, je ne crois pas qu'on puisse démontrer que le contraire ne soit pas, parce que l'esprit humain ne peut pénétrer dans leur cœur [pour savoir ce qui s'y passe] […] Je n'ôte la vie à aucun animal, ne

66   *Le Silence des bêtes*, Paris, Fayard, 1998, p. 275.
67   Jean-Luc Guichet, *op. cit.*, p. 32.
68   *Sixièmes objections*, AT, IX, 1, p. 228.
69   *L'œuvre de Descartes*, Paris, Vrin, 1971, p. 164.
70   Thierry Gontier, *De l'homme à l'animal. Montaigne et Descartes ou les paradoxes de la philosophie moderne sur la nature des animaux*, Paris, Vrin, 1998, p. 222. Voir également Geneviève Rodis-Lewis, *op. cit.*, p. 500. Je remercie Enrique Utria pour ses éclairages sur Descartes et la délicate question des animaux-machines.

la faisant consister que dans la chaleur du cœur. Je ne leur refuse pas même
le sentiment autant qu'il dépend des organes du corps[71].

Lorsqu'il forge la théorie de l'animal-machine, Descartes a clairement conscience d'ôter aux hommes l'éventuelle culpabilité qu'ils
pourraient éprouver à l'égard des bêtes qu'ils exploitent. « Mon opinion, écrit-il en effet, n'est pas si cruelle aux animaux qu'elle est
favorable aux hommes, je dis à ceux qui ne sont point attachés aux
rêveries de Pythagore, puisqu'elle les garantit du soupçon même de
crime quand ils mangent ou tuent les animaux[72]. » Pour les partisans de Descartes, l'être humain est parfaitement en droit d'élever
et d'abattre les animaux étant donné que ces derniers ne ressentent
aucune douleur. Il n'y a aucun mal à briser une machine. Le mécanisme
cartésien dédouane aussi et surtout Dieu de la responsabilité du mal
dans la nature. La sagesse et la bonté du Créateur pouvaient en effet
sembler incompatibles avec l'existence d'animaux créés par lui, sujets
à la maladie ou à la faim, victimes des injures du climat puis abandonnés, sans espoir de Salut, au couteau du boucher ou aux griffes des
prédateurs. La théorie cartésienne permet d'écarter opportunément ce
scandale métaphysique ; aux yeux de certains théologiens, elle devient
pour cette raison indispensable. Un oratorien comme le Père Poisson
encourage dès 1670 la diffusion du mécanisme, aussi paradoxale que
cette théorie puisse paraître :

> Il faut que j'engage aussi les théologiens dans ma défense, et que je mette les
> adversaires dans cette perplexité, ou de nier avec moi que les animaux aient
> une âme spirituelle, ou d'accorder avec les impies que Dieu est injuste de les
> faire souffrir ; or comme ce dernier argument serait un blasphème, l'autre ne
> peut manquer d'être suivi de ceux qui écouteront moins leurs préjugés que
> la raison qui les doit corriger[73].

Poisson fait référence ici à un élément de la philosophie augustinienne
mentionné par Malebranche[74]. L'évêque d'Hippone affirmait que « sous

---

71 Lettre à Henry More du 5 février 1649, *Correspondance II, Œuvres complètes*, Gallimard,
    2013, t. 8, p. 646-648.
72 *Ibid.*, p. 648.
73 *Commentaire ou remarques sur le Discours de la méthode de M. Descartes*, Vandôme, Hip, 1670,
    p. 157-158.
74 *Ibid.*, p. 160. Élisabeth de Fontenay fait à juste titre remarquer que saint Augustin évoque
    pourtant régulièrement l'« âme des bêtes » dans son œuvre (*op. cit.*, p. 276).

un Dieu juste, personne ne peut être malheureux s'il ne l'a mérité[75] ».
Augustin ne parlait guère alors des animaux, ni ne songeait que la
formule pouvait leur être appliquée. Son axiome n'est pas moins repris
régulièrement par les disciples de Descartes pour soutenir l'hypothèse
mécaniste. Les bêtes, disent-ils, sont exemptes de tout péché, attendu
leur incapacité à commettre des fautes au regard de la religion. Elles
ne sauraient en outre être coupables d'un quelconque péché originel. Malebranche résume la chose ainsi : le « premier animal » n'eut
jamais l'idée de goûter au « foin défendu » ni n'entraîna dans sa propre
chute l'animalité tout entière[76]. En 1759, longtemps après Poisson et
Malebranche, l'abbé Trublet soutient encore que « si le mécanisme des
bêtes choque presque également les sens et la raison, il s'accorde très
bien avec la foi et même la favorise et l'appuie[77]. »

Malgré ses avantages théologiques, malgré la séduction qu'il exerce
en raison de sa nouveauté, le raisonnement de Descartes fait reposer la
bonté de Dieu et l'innocence des hommes sur des fondements théoriques
fragiles. Dès sa diffusion, l'hypothèse cartésienne est même critiquée
au sein de l'Église[78]. On lui reproche de heurter trop violemment
le sens commun[79]. Un nombre croissant de philosophes fustigent la

---

75 En latin : *Sub justo deo, quisquam nisi mereatur, miser esse non potest.* Malebranche est le
    premier à utiliser cet axiome dans *La Recherche de la vérité* (Paris, Vrin, 2006, t. 2, p. 90)
    ainsi que le note Ferdinand Alquié dans *Le Cartésianisme de Malebranche* (Paris, Vrin, 1974,
    p. 51). Saint Augustin écrit cette phrase lorsqu'il se penche sur le problème des enfants
    morts sans avoir reçu le baptême (*Contre la seconde réponse de Julien*, Livre I, par. 39 ; voir
    Œuvres complètes, Paris, Vivès, 1873, t. 31, p. 725).

76 Helvétius rapporte cette anecdote dans son traité *De l'Esprit* : « Il n'est pas nécessaire
    d'avoir recours au bon mot du P. Malebranche, qui, lorsqu'on lui soutenait que les
    animaux étaient sensibles à la douleur, répondait en plaisantant, qu'apparemment ils
    avaient mangé du foin défendu. » (*De l'Esprit*, Paris, Durand, 1758, p. 3.)

77 *Mémoires pour servir à l'histoire et à la vie de M de Fontenelle*, Paris, 1759, p. 115. Louis
    Racine soutenait de même dans ses première et seconde *Épîtres à Madame la duchesse de
    Noailles sur l'âme des bêtes* : « Philosophe obstiné, je persiste en ma Thèse ; / Et bien plus,
    je soutiens que sans le concevoir, / En docile Chrétien je la dois recevoir [...] / M'appuyant
    aujourd'hui sur ce saint argument, / J'emprunte d'Augustin ce grand raisonnement. /
    Sous l'empire d'un Dieu tout-puissant, équitable, / La peine suit l'offense, et qui souffre
    est coupable. » (*Œuvres diverses de Mr. Racine le fils*, Amsterdam, Lakeman, 1723, p. 86-88.)

78 En 1728, David-Renaud Boullier accuse les cartésiens d'avoir seulement voulu « briller
    par des paradoxes » (*Essai philosophique sur l'âme des bêtes*, Paris, Fayard, 1985, p. 260).

79 Citons par exemple Diderot à propos d'un serin dans *Le Rêve de d'Alembert* (1769), *Œuvres
    complètes*, Paris, Hermann, 1987, p. 104 : « Prétendrez-vous, avec Descartes, que c'est une
    pure machine imitative ? Mais les petits enfants se moqueront de vous, et les philosophes
    vous répliqueront que si c'est là une machine, vous en êtes une autre. »

théorie cartésienne et même la ridiculisent au point qu'elle devienne au XVIIIe siècle une caricature d'esprit de système. Même un cartésien convaincu comme l'abbé Macy doit constater la déroute de la théorie de l'animal-machine dès 1737[80].

Cette défaite n'est pas sans conséquence du point de vue de l'éthique animale. Leibniz avait d'ailleurs mesuré dès 1678 les conclusions théologiques et morales qu'ils conviendraient de tirer de la défaite de Descartes, si elle se confirmait. Admettons que la thèse des animaux-machines s'écroule, écrivait-il, « je commencerai à devenir pythagoricien et je condamnerai avec Porphyre la nourriture carnivore et la tyrannie exercée par les hommes sur les animaux[81].

Si tous les philosophes français des Lumières ne semblent pas prêts, comme le suggère Leibniz, à rejeter le carnisme, beaucoup d'entre eux prônent à tout le moins une certaine douceur envers les bêtes. C'est le cas de Jean Meslier, farouche partisan de l'athéisme. Les animaux, affirme-t-il, sont « sensibles au mal et à la douleur aussi bien que nous, malgré ce qu'en disent vainement, faussement et ridiculement nos nouveaux cartésiens[82] ». Meslier se dit de plus profondément affecté par le sort des animaux de boucherie et même tenté d'adopter le régime de Pythagore. S'il n'avait éprouvé une insurmontable réticence à l'égard de tout mouvement religieux, il se serait « infailliblement mis du parti de ceux qui font religion de ne jamais tuer de bêtes innocentes et de ne jamais manger de leur chair[83]. » Les souffrances que les bêtes s'infligent entre elles, les parties de chasse, les étals des bouchers, les planches de vivisections sont autant de témoignages accablants de l'impuissance, de la cruauté ou de l'inexistence de Dieu. Meslier donne ainsi raison à saint Augustin d'avoir soutenu qu'un Dieu juste ne rendrait jamais

---

80 Voir le *Traité de l'âme des bêtes*, Paris, Le Mercier, 1737. Buffon sera la dernière grande figure à ne pas condamner le cartésianisme. Voir Jacques Roger, *Les Sciences de la vie dans la pensée française du XVIIIe siècle*, Paris, Armand Colin, 1963, p. 561.

81 *Œuvres*, Aubier, Montaigne, 1972, t. 1, lettre à Conring du 19 mars 1678, p. 126.

82 Meslier poursuit en affirmant que les Cartésiens « regardent [les animaux] comme de pures machines sans âmes et sans sentiments aucuns, et qui, pour cette raison, et sur un faux raisonnement qu'ils font sur la nature de la pensée dont ils prétendent que les choses matérielles ne sont pas capables, les disent être privés entièrement de toute connaissance, et de tout sentiment de plaisir et de douleur. Ridicule opinion, pernicieuse maxime, et détestable doctrine ». (*Mémoires des pensées et sentiments, Œuvres*, Paris, Anthropos, 1970, t. 1, p. 215.)

83 *Ibid.*, t. 1, p. 217.

malheureuse une créature innocente. Mais faute d'avoir songé aux animaux (lesquels représentent l'écrasante majorité des êtres peuplant le monde), l'évêque d'Hippone a tiré de sa judicieuse prémisse une conclusion bien imprudente[84].

La faillite du cartésianisme et l'évolution des sensibilités contribuent à faire surgir de nouvelles questions sur l'attitude que les êtres humains devraient adopter à l'égard des bêtes. Le siècle des Lumières voit la naissance d'une éthique ne se fondant pas sur la reconnaissance chez autrui d'une âme spirituelle, de la raison ou de capacités cognitives, mais sur l'aptitude à ressentir la douleur. Meslier et Leibniz, chacun de leur côté, annoncent des questionnements qui se font plus pressants dans les années précédant la Révolution française. Un auteur comme Mercier est en effet loin d'être le seul à réclamer des lois en faveur des bêtes. Après avoir décrit le traitement que réservent les charretiers à leurs bêtes, il prend à parti son lecteur et lui demande : « Une ordonnance de police, favorable aux chevaux, serait-elle déplacée[85] ? »

UN DEVOIR D'HUMANITÉ

Comme beaucoup d'autres, Maupertuis goûte peu la théorie des animaux-machines et condamne l'usage que les cartésiens font de la théologie[86]. Dans la cinquième de ses *Lettres*, il s'étonne également que certains puissent encore sincèrement ajouter foi au mécanisme. Maupertuis est d'avis qu'il existe un continuum entre les bêtes et les hommes et entend examiner les conséquences morales à tirer de cette position philosophique. Sa sixième lettre s'intitule « Du droit sur les bêtes ». « Après ce que je viens de dire des bêtes, écrit-il, on

---

84 « Sous la conduite et direction d'un Dieu tout-puissant qui serait infiniment bon et infiniment sage, nulle créature ne serait défectueuse, ni vicieuse, ni malheureuse » est le titre du chapitre LXXVII des *Mémoires* de Meslier (t. 2, p. 374).

85 *Tableau de Paris*, t. 1, chapitre 451 : « Charrettes », p. 1241. Voir également chapitre 363 : « Du fouet du charretier », p. 1013 : « Des lois en faveur des chevaux honoreraient un législateur en France, et rendraient le peuple meilleur. Rien de plus hideux et de plus féroce que nos charretiers. »

86 Maupertuis, *Système de la nature*, *Œuvres*, Lyon, Bruyset, 1768, p. 147-148 : « Croient-ils de bonne foi que les bêtes soient de pures machines ? si même ils le croient, croient-ils que la Religion ordonne de le croire, et défende d'admettre dans les bêtes quelque degré de pensée ? Car je ne cherche point ici à dissimuler la chose par les termes d'âme sensitive, ou autres semblables : tous ceux qui raisonnent s'accordent à réduire le sentiment à la perception, à la pensée. »

ne me demandera pas, je pense, si je crois qu'il soit permis de les tourmenter[87]. »

Rejetant l'idée que les bêtes sont des moyens pour nos fins, Maupertuis rappelle d'abord que le Dieu de l'Ancien Testament impose certains devoirs envers elles. Après avoir évoqué l'argument de la métempsycose avancé par les pythagoriciens, il assure que la véritable raison pour laquelle nous sommes dans l'obligation de ne pas les maltraiter est leur capacité à éprouver des sensations. La position de Maupertuis est clairement pathocentriste ; c'est la capacité à souffrir des individus, et seulement elle, qui devrait nous conduire à leur accorder une valeur morale. « Si elles ont, je ne dis pas une âme fort raisonnable, capable d'un grand nombre d'idées, mais le moindre sentiment, affirme-t-il, leur causer sans nécessité de la douleur est une cruauté et une injustice[88]. » Dans quels cas peut-il être nécessaire de les faire souffrir ? Tous, et Maupertuis le premier, indiquent qu'il est légitime de tuer les animaux sauvages qui menaceraient notre vie[89]. Mais qu'en est-il de ces bêtes violentées par les éleveurs et mises à mort par les bouchers ? Maupertuis répond de manière ambiguë en rappelant que Dieu a expressément permis aux hommes de s'en nourrir tout en constatant que les nourritures carnées ne sont ni nécessaires ni naturelles puisque des « nations entières ne vivent que de fruits, pour ne pas tuer d'animaux[90] ».

Au siècle précédent, Pufendorf examinait déjà la question du droit des hommes à manger les animaux et donc à les tuer. La consommation de viande semble recéler une grande partie de cruauté puisque l'homme peut en effet subsister en consommant des nourritures végétariennes, comme les légumes, les céréales, les laitages et les œufs[91]. « Au fond, écrivait-il, est-il juste, pour se procurer à soi-même un plaisir entièrement

87   *Ibid.*, p. 253.

88   *Ibid.*, p. 256.

89   À propos des « animaux nuisibles », il écrit : « le droit que nous avons sur eux n'est pas douteux, nous pouvons les traiter comme des assassins et des voleurs. » (*Ibid.*, p. 254.) Cette position est partagée par exemple par François Marin, censeur royal. Dans une lettre à Rousseau, il dit qu'il « ne croi[t] pas avoir été donné à l'homme le pouvoir de tuer les animaux hors le cas d'une défense naturelle ». Voir *Lettre à Monsieur Jean-Jacques Rousseau, Recueil d'opuscules concernant les ouvrages et les sentiments de Monsieur Jean-Jacques Rousseau*, La Haye, Staatman, 1765, t. 1, p. 146.

90   *Op. cit.*, p. 253.

91   Samuel Pufendorf, *Le Droit de la nature et des gens*, Amsterdam, Coup, 1712, p. 486 : « Car les services que nous tirons des bêtes pour la culture de la terre, et les revenus qu'elles fournissent d'ailleurs, comme le lait, les œufs qui ne sont pas nécessaires pour

superflu, d'ôter à une pauvre bête, qui ne nous fait aucun mal, la vie qu'elle tient de notre Créateur commun[92] ? » Son argumentation débute par une longue concession faite à ceux qui contestent les prérogatives de l'homme ou du moins limitent leur portée. Il mentionne les arguments physiologiques de Plutarque et de Gassendi ; il explique qu'il serait absurde de tirer du régime des bêtes carnassières des conséquences pour le nôtre. Il déclare que les enfants sont portés naturellement à préférer les fruits à la viande, que la tempérance est préférable aux excès et qu'enfin l'habitude de tuer des bêtes peut avoir des conséquences sociales néfastes.

Pufendorf dit « approuv[er] de tout [s]on cœur ce qu'il y a dans ces raisons ». Pourtant, le droit des gens à tuer les bêtes ou à les manger repose sur des fondements rationnels inébranlables, selon lui. Pour démontrer que « ce n'est pas un crime de tuer et de manger des bêtes », Pufendorf s'appuie sur le vieil argument épicurien selon lequel nous n'avons aucune obligation envers les animaux, ces êtres dépourvus de raison, parce que nous ne pouvons passer avec eux aucun contrat[93]. Les relations que les hommes entretiennent avec les bêtes sont hors du droit ; elles participent plutôt d'« une espèce d'état de guerre » nous autorisant à nous faire du mal mutuellement. L'être humain est d'autant plus autorisé à tuer et manger les animaux domestiques qu'il a les protégés des prédateurs toute leur vie durant. Et puisque Dieu les a placés sous la domination de l'homme, explique Pufendorf, leur faire violence ne contrevient nullement à son dessein. Le jurisconsulte blâme seulement ceux qui abusent de ce droit que nous avons sur eux pour se « livrer à un divertissement barbare ».

Que la possibilité de manger de la viande soit vue comme un droit naturel, ainsi que le fait Pufendorf, est précisément ce que conteste Jacques Peuchet. Dans un article de l'*Encyclopédie méthodique*, ce dernier regrette que le statut juridique de l'animal ne soit jamais discuté hors du domaine restreint du droit de la propriété. Or, il est intolérable qu'un

---

la propagation de l'espèce, et autres choses semblables, suffiraient abondamment pour nous faire subsister. »

92 *Ibid.*, p. 487.

93 *Ibid.*, p. 487-488 : « Ce n'est pas un crime de tuer et de manger des bêtes. La plus forte de ces preuves, c'est, à mon avis, qu'il n'y a pas et qu'il ne peut y avoir aucun droit ni aucune obligation commune aux hommes et aux bêtes. En effet, la loi naturelle ne nous ordonne pas de vivre en société et en amitié avec les bêtes ; et elles ne sont pas d'ailleurs susceptibles, par rapport aux hommes, d'une obligation fondée sur quelque engagement mutuel. Or, ce défaut de droit commun produit une espèce d'état de guerre. »

être sensible soit le bien d'un autre être sensible. Le principe même de l'élevage est une abomination :

> Nous avons abandonné les animaux à la faim, à la douleur, dès que les maux de la vieillesse nous les ont rendus inutiles, ou nous les avons assommés, égorgés, pour satisfaire notre appétit vorace et dénaturé. Je dis dénaturé, parce qu'il est contre l'ordre naturel qu'un être naturel et sensible devienne l'aliment d'un autre de même espèce. Ce qu'il y a de plus étrange encore à cela, c'est qu'on ait pu regarder ce désordre comme l'exercice d'un droit naturel[94].

Dans l'article « Devoirs » du *Dictionnaire universel des sciences morale, économique, politique et diplomatique*, Jean-Baptiste Robinet assure lui aussi que les animaux sont doués de sentiment et de volonté. Nous entretenons en outre quotidiennement des relations avec eux « d'où naissent pour nous des devoirs à remplir ». Robinet conclut de tout cela que « les faire souffrir sans nécessité sera donc agir contre notre devoir[95] ». L'une des entrées de l'article « Animal » de l'*Encyclopédie* d'Yverdon s'intitule « Du droit des hommes sur les animaux ». Son auteur, De Felice, récuse les analyses de Pufendorf en avançant un argument assez original : lorsqu'un homme tue une bête, il viole la loi naturelle à laquelle celle-ci obéit en essayant de persévérer dans son être. Ce « prétendu droit sur la vie des animaux » ne servirait en réalité que de prétexte pour satisfaire « cet appétit dépravé qui tend à la destruction des ouvrages de Dieu[96] ». La douceur que l'on doit prodiguer aux bêtes devrait aussi se nourrir

---

94 *Encyclopédie méthodique*, Paris, Pancoucke, 1789, t. 9 (« Jurisprudence »), article « Animal », p. 322. Il poursuit sa réflexion en contestant l'idée que la consommation de viande serait voulue par la divinité pour empêcher la prolifération du bétail. Il considère que cet argument est une ineptie… « comme si l'homme ne pouvait pas vivre de substances insensibles, comme si la défense opiniâtre, les efforts, les cris que font les animaux pour échapper à la mort, la douleur qu'ils éprouvent en perdant la vie, l'horreur qu'ils sentent à la vue des lieux et des instruments de leur destruction et des bourreaux qui en exercent l'affreux ministère, n'étaient point des preuves énergiques qu'on viole les lois physiques de la nature, en arrachant la vie aux êtres sensibles, pour en assouvir sa voracité, ou plus criminellement encore, pour s'amuser de leurs douleurs, et des hurlements que la mort leur fait pousser ».

95 *Dictionnaire universel des sciences morale, économique, politique*, Londres, Libraires associés, 1780, t. 16, p. 14. Robinet justifie le fait d'étendre sa réflexion sur les devoirs aux animaux en expliquant que ceux-ci « sans être nos semblables, quoiqu'ils paraissent destinés à notre usage, et soient mis dans notre dépendance pour que nous en disposions, sont doués cependant de sentiment et de volonté ».

96 *Encyclopédie ou Dictionnaire universel raisonné des connaissances humaines*, Yverdon, s. n., 1770, t. 2, p. 701.

de la crainte que les hommes s'habituent trop à la violence, déclarent certains écrivains et philosophes. Tourmenter ou voir tourmenter des animaux endurcit les cœurs et risquerait de porter les populations à la férocité. Roucher, qui prône le végétarisme dans son poème *Les Mois*, insiste sur ce point :

> Aux personnes qui pourraient défendre contre moi l'usage de manger de la chair, je me contenterai de répondre que la cruauté envers les animaux touche de bien près à la cruauté envers nos semblables, et qu'il faut épargner aux premiers, ne fût-ce, comme dit Plutarque, que pour nous apprendre à aimer les hommes, et dans ces petites choses-là faire l'apprentissage de l'humanité[97].

L'idée était en effet présente chez Plutarque et, d'une certaine façon, chez saint Thomas[98]. Elle connaît une très grande postérité puisqu'on la retrouve, sous une forme atténuée, chez des auteurs aussi différents que Pufendorf ou Madame de Staël[99]. Elle est présente aussi sous la plume de Kant qui évoque à l'égard des animaux des « obligations indirectes[100] ». Ce lien que l'on tisse entre compassion pour les bêtes et charité pour les hommes explique aussi la méfiance qu'inspirent ou que devraient inspirer les bouchers et les chasseurs. Les populations ne devraient pas assister à la mise à mort des animaux de boucherie parce que ce triste spectacle risquerait d'émousser à la longue leur sensibilité. Les précautions à prendre concernent au premier chef la jeunesse. On incline en effet à penser que les grands criminels, dans leur enfance, infligeaient des sévices à des animaux ou prenaient plaisir à en voir souffrir[101]. Pour ne pas endurcir la population et la préserver d'elle-même, il est donc impératif d'éloigner enfants et adolescents du spectacle de

---

97 *Les Mois*, Paris, Quillau, 1779, t. 1, p. 53.

98 Voir notamment la « Vie de Caton » dans les *Vies parallèles* de Plutarque, Paris, Les Belles Lettres, v. 1, p. 78 : « Nous ne devons pas traiter les êtres vivants comme des chaussures ou des ustensiles, qu'on jette quand ils sont abîmés ou usés à force de servir, car il faut s'habituer à être doux et clément envers eux, sinon pour une autre raison, du moins pour s'exercer à la pratique de la vertu d'humanité. » Voir également saint Thomas d'Aquin (*Somme théologique*, Paris, Cerf, 1984-1990, I-II, q. 102, a. 6).

99 Pufendorf, *op. cit.*, p. 489 : « Lorsqu'on tue les bêtes sans la moindre nécessité et purement par un divertissement barbare, on cause en quelque façon du dommage à toute la société humaine. » ; Madame de Staël, *op. cit.*, p. 306-307.

100 Kant, *Métaphysique des mœurs*, Paris, Gallimard, 1986, p. 733-734.

101 Cette escalade de la cruauté était représentée en 1751 dans les *Four Stages of Cruelty* de Hogarth. Les premières victimes du criminel Tom Nero furent, dans sa jeunesse, des chats et des chevaux.

la boucherie[102]. Maurice Agulhon explique qu'« il ne s'agit [...] pas à proprement parler de protection des animaux », car « l'important est l'idée de l'exemple : cacher la mise à mort pour n'en pas donner l'idée[103]. » Tel est effectivement l'argument avancé le plus souvent à cette époque[104]. Certains auteurs ne craignent toutefois pas d'évoquer la possibilité d'accorder bel et bien des droits positifs aux animaux. Dans *La Découverte australe*, par exemple, le héros de Restif de la Bretonne voyage au pays des Mégapatagons et apprend les cinq règles de conduite morale auxquelles obéit ce peuple infiniment sage. Quatre d'entre elles regardent la vie en société, la cinquième a trait aux bêtes. Sa formulation est saisissante : « Sois juste envers les animaux, et tel que tu voudrais que fût à ton égard un animal supérieur à l'homme[105]. »

La même idée traverse aussi l'esprit de certains philosophes, et non des moindres. Diderot, par exemple, se surprend à imaginer que « la cause du droit naturel ne se plaiderait plus par-devant l'humanité, mais par-devant l'animalité » si l'on pouvait jamais communiquer avec les bêtes[106]. Dans l'hypothèse où une telle « assemblée générale » verrait le jour, les animaux dresseraient-ils contre l'humanité des réquisitoires ainsi que l'imaginait Cyrano de Bergerac dans son roman[107] ? Comment

---

102 C'est exemplairement la position de Mercier. Voir *Tableau de Paris*, t. 2, chapitre 749 : « Tueries », p. 718.

103 « Le sang des bêtes. Le problème de la protection des animaux en France au XIXᵉ siècle », *Romantisme*, n° 31, 1981, p. 85.

104 Éric Baratay montre que si les auteurs de la loi Grammont (1850) proclamaient vouloir protéger les populations de la violence subie par les bêtes, leurs motivations véritables avaient bien davantage trait à la protection animale. Voir « La souffrance animale. Face masquée de la protection aux XIXᵉ-XXᵉ siècles », *Revue québécoise de droit international*, Themis Inc., 2011, 24 (1), p. 217-236.

105 *La Découverte australe par un homme-volant, ou le Dédale français*, Leipzig, s. n., 1781, t. 3, p. 481. On retrouve une formulation assez proche chez La Mettrie : « Le matérialiste convaincu, quoi que murmure sa propre vanité, qu'il n'est qu'une machine ou qu'un animal, ne maltraitera point ses semblables, trop instruit sur la nature de ces actions, dont l'inhumanité est toujours proportionnée au degré d'analogie prouvée ci-devant, et ne voulant pas en un mot, suivant la loi naturelle donnée à tous les animaux, faire à autrui ce qu'il ne voudrait pas qu'il lui fît. » (*L'Homme-machine, op. cit.*, p. 107-108.)

106 *Encyclopédie*, article « Droit naturel », t. 5, p. 515.

107 *Les États et empires de la lune et du soleil*, Paris, Champion, 2004, p. 255. Voici le réquisitoire que dressent les oiseaux contre Dyrcona : « L'homme [...] si sot et si vain, qui se persuade que nous n'avons été faits que pour lui ; l'homme qui, avec son âme si clairvoyante, ne pourrait distinguer le sucre d'avec l'arsenic ; [...] l'homme enfin que la nature pour faire de tout, a créé comme les monstres, mais en qui pourtant elle a infus l'ambition de commander à tous les animaux et de les exterminer. »

les hommes se défendraient-ils d'être carnivores ? Quels arguments avanceraient-ils ?

NOUVEAUX ARGUMENTS CARNISTES

L'automatisme des bêtes était aux yeux des cartésiens la meilleure façon de légitimer l'utilisation des animaux. Il s'est écroulé. Beaucoup de philosophes des Lumières comprennent qu'un épineux problème se dresse devant eux : ils constatent que les animaux souffrent, réfutent l'idée d'un fossé ontologique entre l'espèce humaine et les autres espèces animales et ne peuvent utiliser comme les théologiens l'argument de la Providence pour justifier la consommation de viande. Quelques-uns se résignent à adopter – du moins prêcher – le végétarisme. Tous les autres avancent trois grands types d'arguments : l'affirmation du droit du plus fort, la nécessité biologique de la consommation de viande, l'incapacité des bêtes à souffrir autant que les hommes.

Ces arguments se combinent souvent, comme dans le commentaire acerbe que La Harpe fait d'un poème que Roucher a consacré en partie au végétarisme[108]. La défense du carnisme que propose La Harpe est précieuse dans la mesure où elle permet d'envisager simultanément des critiques généralement dispersées. La Harpe rappelle tout d'abord que l'homme a sur les bêtes un empire fondé sur les lois de la nature grâce à l'« ascendant [de ses] facultés intellectuelles ». Il affirme aussi que nous avons les mêmes dents que les animaux carnivores. La viande n'a jamais rendu quelqu'un malade, mauvais, passionné ou intempérant, soutient-il ; seuls les excès peuvent causer des désordres. Quant à l'exemple des rares peuples ayant adopté le végétarisme, on peut dire qu'il « ne signifie rien ». Il n'est qu'« une exception, comme il y en a presque en tout », une exception qui s'explique fort bien d'ailleurs par le climat. La loi générale, répète La Harpe, est que la consommation de viande nous est nécessaire d'un point de vue biologique.

Cette idée-là clôt bien sûr tout débat portant sur la légitimité du végétarisme, ainsi que le remarque bien le baron d'Holbach. Ce célèbre matérialiste déclare abhorrer la violence que l'on fait subir aux animaux, mais se résigne à devoir la leur infliger. « La chair des animaux,

---

108 Jean-François La Harpe (*sic*) : *Lycée ou Cours de littérature ancienne et moderne*, Paris, Didier, 1834, t. 1, p. 901-903.

affirme-t-il, est absolument nécessaire à la subsistance des hommes, il est autorisé à les tuer faute de pouvoir s'en passer[109]. » Cet argument est le plus commun, bien entendu. Mais il en est d'autres. On avance par exemple que la dangereuse prolifération des espèces animales est empêchée grâce à nos penchants carnivores. « Il est de toute évidence, écrit La Harpe, que, si les bestiaux ne servaient pas à la nourriture de l'homme, la multiplication de tant d'espèces animales serait en peu de temps si prodigieuse qu'elles couvriraient et envahiraient la terre, et affameraient et désoleraient l'espèce humaine. »

Cette idée se retrouve aussi dans *Le Spectacle de la nature*, long ouvrage de vulgarisation scientifique et l'un des livres les plus lus au XVIIIᵉ siècle non pas seulement en France mais aussi en Europe. L'abbé Pluche, son auteur, condamne, entre autres choses, le régime de Pythagore. Il se livre à une expérience de pensée et raisonne par l'absurde. Imaginons que le genre humain devienne un jour végétarien. Que se passerait-il ? Retournerons-nous à l'abondance et la félicité de l'âge d'or ? Non, pas le moins du monde. Les poissons que l'on n'aura pas pêchés se reproduiront tellement qu'il n'y aura plus assez d'eau dans les rivières pour les contenir tous, surtout aux saisons chaudes ; leurs cadavres s'amoncelleront et dégageront des odeurs pestilentielles. Et qu'adviendra-t-il lorsque nos animaux domestiques auront été libérés ? Rien de moins qu'un épouvantable cataclysme, promet Pluche, une plongée dans la barbarie :

> La campagne qui leur est ouverte, en est pleine et en regorge. Nos moissons et nos fruits seront plus à eux qu'à nous. […] Ne nous flattons pas même de pouvoir longtemps partager avec elles : étant destitués de tout pouvoir sur la liberté comme sur la vie des animaux, et réduits au service de nos bras, nous ne pouvons plus ni leur ôter leur couverture, ni nous en donner une, ni cultiver nos terres. Ces terres sont autant leur patrimoine que le nôtre. Quel titre nous autoriserait à nous les approprier ? Les campagnes abandonnées se couvrent de broussailles. L'anarchie et la confusion font de la terre un séjour affreux. Tout y est sans règle ; on y jouit de rien en sûreté ; et l'homme, en conséquence de la nouvelle réforme, se trouve trop heureux, pour conserver ses jours, de courir philosophiquement avec les pourceaux à la glandée[110].

La Harpe affirme même que c'est précisément pour empêcher une prolifération de ce genre que les animaux eux-mêmes, grâce à un sage

---

109 *De la cruauté religieuse*, Londres, s. n., 1769, p. 37.
110 *Le Spectacle de la nature*, Paris, Estienne, 1755, t. 5, p. 71-73.

décret de la Providence, se dévorent mutuellement. C'est ainsi que peut se maintenir « l'ordre physique du globe ». Mais qu'en est-il de notre éventuel devoir envers nos bêtes ? N'est-il pas condamnable de leur faire du mal ? La Harpe admet que « les maltraiter gratuitement est une cruauté, puisqu'elles sont sensibles », mais il nous serait impossible de les épargner, car nous n'avons d'autres choix que de nous nourrir de leurs chairs et de nous habiller de leur peau. Les hommes sages doivent donc se garder de toute sensiblerie. Et d'ailleurs, « à quoi revient cette compassion de la mort des brutes, qui n'ont pas même l'idée de la mort » ?

La Harpe est loin d'être le seul carniste à entreprendre de minorer le tort subi par les animaux que l'on chasse, pêche ou égorge. Penseurs catholiques et matérialistes athées s'y attellent aussi de concert. Après avoir reconnu que les bêtes pouvaient ressentir la douleur, un théologien comme Legendre est contraint de recourir à de périlleux sophismes pour innocenter Dieu et les hommes. Il affirme que les notions de malheur et de bonheur ne dépendent pas directement de la présence ou de l'absence de souffrances physiques. Pour lui, la conscience de l'état prime sur l'état : « Les bêtes étant incapables de prévoyance, de réflexion et de pensée, elles ne sont réellement heureuses ou malheureuses. » En donnant un sens élargi et inattendu au fameux *O fortunatos nimium* de la deuxième des *Géorgiques* de Virgile, il entend prouver que « les bêtes, en souffrant ne sont pas malheureuses[111]. » François Aubert, dans ses *Entretiens sur la nature de l'âme des bêtes*, fait à peu près le même raisonnement et assure que les bêtes connaissent plus de joies que de peines ; elles meurent au moment précis où la souffrance l'emporte en elles sur toute autre chose[112]. Diderot, qui se penche lui aussi sur la question, distingue « attrait du plaisir » et « plaisir » : les animaux sentent le premier, admet-il, mais ne connaissent pas le second, car s'ils « étaient capables de cette même sensation que nous nommons *plaisir*, il y aurait une cruauté inouïe à leur faire du mal[113] ».

111 *Traité de l'opinion*, Paris, Briasson, 1735, t. 2, p. 273.

112 *Entretiens sur la nature de l'âme des bêtes*, Colmar, s. n., 1756, p. 249-250 : « Il n'y a de malheur, proprement dit, que quand les souffrances sont telles qu'une créature a lieu de se plaindre de son existence. Or il n'en est pas ainsi des bêtes. Qui pourrait pénétrer leur intérieur, trouverait que la mesure des biens surpasse celle des maux ; et que le degré de douleur qui pourrait rendre leur existence malheureuse, est précisément ce qui la détruit. »

113 *Encyclopédie*, article « Bête, animal, brute », t. 2, p. 214.

La Harpe conclut son réquisitoire contre l'abstinence de viande en suggérant que Roucher, Rousseau et les autres avocats du végétarisme, ne sont que d'hypocrites donneurs de leçons. Ces poseurs végétariens résisteraient en effet fort mal à l'attrait d'une table recouverte des viandes les plus délicieuses. « Quand on se permet d'insulter si violemment l'espèce humaine parce qu'elle mange de la chair, écrit-il, il faudrait ce me semble, être conséquent et prêcher d'exemple[114]. »

Prêcher le végétarisme est-il devenu une sorte de posture, ainsi que l'affirme La Harpe ? Oui, peut-être. La longue réfutation qu'il éprouve le besoin d'écrire montre le relatif intérêt pour l'éthique végétarisme dans les dernières années du XVIIIᵉ siècle. Alors que le temps n'est plus aux explications théologiques, c'est en des termes biologiques, juridiques et même écologiques que la question végétarienne se pose désormais.

CONCLUSION

En traversant les rues de Paris, regardant et écoutant tout, selon ma coutume, j'ai entendu un mot sublime d'une femme du peuple. Un garçon boucher, armé de son bâton noueux, voulait accélérer la marche tardive d'un veau qui, arraché à la mamelle de sa mère, faible, ne pouvait avancer, la femme lui crie : *Tue-le, barbare, mais ne le frappe point*[115].

Les mots de cette femme, ou du moins ce qu'en rapporte Mercier, traduisent un état des mentalités qui correspond beaucoup à celui du

---

114 Il poursuit de la sorte : « Si, lorsque Roucher était assis aux meilleures tables de Paris, quelqu'un se fût avisé de lui dire : "Arrête, homme vorace, arrête : ta furie, / Des tigres, des lions, passe la barbarie" [ce sont les propres vers de Roucher], qu'aurait-il répondu ? Quelle excuse aurait-il pu lui rester, quand on lui aurait montré la table couverte des meilleurs légumes, et le buffet orné des plus beaux fruits ? Je crois qu'il eût été réduit à dire que cela était bon pour faire une tirade de vers, car il n'aurait pas même eu la ressource de quelques prédicateurs : *Faites ce que je vous dis, et non pas ce que je fais.* » (*Ibid.*, p. 903.)

115 *Tableau de Paris*, t. 1, chapitre 369 : « Tueries », p. 1022. Jacques Delille dit à peu près la même chose lorsqu'il prêche le végétarisme dans *La Pitié* puis se résigne à réclamer seulement un traitement moins inhumain des animaux de boucherie : « Dès longtemps l'habitude a vaincu la nature ; / Mais elle n'en a pas étouffé le murmure. / Soyez donc leurs tombeaux, vivez de leur trépas, / Mais d'un tourment sans fruit ne les accablez pas : / L'Éternel le défend ; la Pitié protectrice / Permet leur esclavage et non pas leur supplice. » (Vienne, Sammer, 1803, p. 6.)

XXIe siècle : nous acceptons la mort des bêtes, tout en répugnant à l'idée qu'elles puissent souffrir, surtout qu'elles puissent souffrir inutilement[116]. Devant la boutique des bouchers, en plein cœur de la ville, Mercier et quelques autres font une expérience étrange sur la nature de l'être humain, sur sa nature biologique et morale. L'auteur du *Tableau de Paris* admet d'une part qu'il faut tuer pour vivre. Il reconnaît que notre physiologie, carnivore, réclame que nous tuions des êtres pour en consommer les chairs. La nature, affirme-t-il, « est malheureusement forcée d'être barbare[117] ». Mais Mercier ressent aussi que l'égorgement d'un bœuf ou d'un agneau est une chose mauvaise, contraire à nos aspirations les plus profondes. Telle est la troublante spécificité de l'espèce humaine, à la fois impitoyable par nécessité et compatissante par penchant. Mercier ne cherche pas à résoudre cette étrange aporie : il se contente de réclamer aux autorités publiques de les déplacer hors des murs de la ville. Cette politique de l'aveuglement volontaire est assumée pleinement dans un souci d'édification de la population parisienne. Il serait certes préférable que les boucheries n'existassent point du tout, comme dans ces contrées heureuses où l'on ne songe pas un instant à tuer les animaux et où le droit naturel même s'étend jusqu'à eux. Ces lieux sont rares, parfois perdus, souvent fantasmés. Ils excitent la curiosité des savants et nourrissent l'imagination des écrivains.

---

116 Voir notamment les travaux de Noélie Vialles, qui constate ceci : « carnivores paradoxaux, nous jugeons suspecte une besogne nécessaire. » (*Le Sang et la chair*, Paris, Édition de la MSH, 1987, p. 5.)

117 *Tableau de Paris*, t. 2, chapitre 749 : « Tueries », p. 720. Il évoque cependant ailleurs « cet instinct de la nature qui nous dit de préférer les fruits et les végétaux au gibier et à la volaille » (t. 2, chapitre 673 : « Montreuil », p. 493).

LÀ-BAS ET NULLE PART

La géographie végétarienne

Désigner le végétarisme comme le « régime de Pythagore » permet de mettre en évidence son antiquité et de rappeler le prestige qu'il avait dans l'Antiquité. Mais cette formule trahit aussi, en quelque sorte, son caractère intempestif. Au XVIII\ᵉ siècle, du moins jusque dans les années 1760, l'abstinence de viande est évoquée au mieux comme un idéal peu susceptible de devenir un jour la norme dans nos sociétés ; au pire, on la dépeint comme une chose ridicule et peut-être même dangereuse. Les tenants du végétarisme qui souhaitent voir leurs contemporains changer leurs habitudes manquent cruellement d'exemples modernes à exalter. Parmi les nations européennes, il n'est guère de végétariens, sinon les moines et les moniales qui s'abstiennent de viande par mortification. Mais ailleurs ? Y a-t-il des végétariens sous d'autres cieux que les nôtres ? Pour trouver des exemples vivants de végétarisme moral, il faut tourner ses regards vers l'Orient, en particulier vers la péninsule indienne. La diète essentiellement végétale des prêtres hindous est alors très célèbre. Elle fascine et déroute les explorateurs et les missionnaires européens, ainsi que leurs lecteurs. Pour tous, l'Inde est même la patrie du végétarisme. Il existe donc une double tradition végétarienne, antique et brahmanique. Celle-ci inspire aussi beaucoup les auteurs d'utopies, qui prolongent les réflexions que faisait déjà Thomas More au sujet de la viande et de la boucherie. À moins peut-être que tout cela ne signale en fait son caractère proprement chimérique.

L'INDE, PATRIE DU VÉGÉTARISME

Au XVIIIᵉ siècle, l'Inde est en Europe sur le devant de la scène économique et politique ; elle est aussi l'un des théâtres où se joue la guerre de Sept Ans. Si elle nourrit moins les imaginaires français que la Perse et la Chine, l'Inde est néanmoins célèbre pour ses produits d'exportation comme les toiles et surtout les épices (le poivre, la cannelle, le gingembre, la cardamome, etc.). En règle générale cependant, les Français connaissent très mal la civilisation indienne. Au fil des années, ces lacunes seront en partie comblées par la multiplication des récits de voyage et les incontournables *Lettres édifiantes et curieuses* des Jésuites[1]. « C'est de ces missionnaires, explique Diderot, que nous tenons le peu de lumières sur lesquelles nous puissions compter[2]. » Peu à peu, les travaux d'historiens comme l'abbé Raynal ou l'abbé Guyon rendent le public cultivé plus familier des Indes orientales[3]. De tels ouvrages font même naître un certain engouement pour les Indiens et leur culture[4]. Les philosophes disent éprouver une sympathie naturelle pour ce peuple paisible qui résiste à l'évangélisation et subit la convoitise des marchands européens[5]. Cet intérêt pour l'Inde se traduit par la représentation d'« opéras indiens » ou la parution de contes et de romans – une vingtaine au total – dont l'action se déroule en Inde[6]. Leurs auteurs privilégient généralement les éléments les plus exotiques :

---

1   *Lettres édifiantes et curieuses*, Paris, Auguste Desrez, 1839, t. 2 (dorénavant *LEC*).

2   *Encyclopédie*, article « Malabares », t. 9, p. 921.

3   Claude-Marie Guyon, *Histoire des Indes orientales anciennes et modernes*, Paris, Veuve Pierres, 1744. Guillaume-Thomas Raynal, *Histoire philosophique et politique des établissements et du commerce des Européens dans les deux Indes*, Amsterdam, s. n., 1772.

4   Quelques auteurs cependant se montrent extrêmement critiques à l'égard des Brahmanes. C'est le cas de Bernardin de Saint-Pierre dans *La Chaumière indienne* et de Pierre Gaveaux qui composa l'opéra *Le Paria* en 1792.

5   Malgré tout, même les meilleurs « spécialistes » de l'Inde en ont une connaissance très approximative ; l'indianisme naît à proprement parler au tournant du siècle avec les travaux d'Anquetil-Duperron. Voir notamment sa *Description historique et géographique de l'Inde* (Berlin, Spener, 1786-1791) et *L'Inde en rapport avec l'Europe*, Paris, Lesguilliez, 1798. Anquetil-Duperron est également le premier à avoir traduit le *Zend-Avesta*. Lorsque paraissent ces ouvrages, le grand public, en France du moins, s'est paradoxalement désintéressé de l'Inde.

6   Voir à cet égard l'ouvrage de Jackie Assayag, *L'Inde fabuleuse*, Paris, Kimé, 1999, p. 39-53 notamment.

la division en castes, l'exclusion des parias, le polythéisme, le sacrifice des veuves, la foi dans la transmigration des âmes, le port du lingam (objet symbolisant un phallus), le respect témoigné aux vaches et enfin le régime végétarien des prêtres – les fameux « brames » [brahmanes]. Le végétarisme indien suscite, parmi les Européens, bien des questions sur son fondement éthique et ses racines anthropologiques. Les contempteurs de ce mode de vie soulignent presque toujours son caractère bizarre et ridicule et insistent sur ses manifestations les plus extrêmes.

« ME FEREZ-VOUS MANGER DE CETTE GROSSE BÊTE ? »

La viande coûte cher dans la France du XVIIIᵉ siècle et se trouve surtout sur les tables de la haute noblesse ou de la bourgeoisie. C'est presque le contraire qui se produit en Inde. Le végétarisme scrupuleux des hautes castes étonne les voyageurs français, qui comprennent mal que les élites sociales se privent de nourritures carnées pour assurer ou maintenir leur prestige auprès du peuple. Cet exotisme alimentaire est largement rapporté et commenté. Paulinus de Saint-Bartholomé prend soin de raconter à son lecteur en quoi exactement consiste un « dîner de Brame » : « un plat de riz cuit et séché, relevé par de petits citrons fermentés dans une sauce qu'on fait avec du poivre, du gingembre, de la moutarde, des herbes ou des fruits crus, frits ou cuits[7]. » Dans ses *Essais historiques sur l'Inde*, Laflotte rapporte, comme la plupart de ses compatriotes, les restrictions alimentaires que s'imposent les prêtres : « Les brames, les pénitents et les lettrés ne mangent ni viande ni poisson, pas même des œufs ; leur nourriture ordinaire est le laitage, les légumes et les fruits[8]. » Tandis que la plupart des voyageurs rapprochent les motivations des brahmanes de celles de Pythagore, quelques observateurs plus attentifs assurent que les scrupules des prêtres indiens ne se bornent pas au règne animal[9]. Le Père Cœurdoux fait remarquer

---

7   Paulinus de Saint-Bartholomé, *Voyage aux Indes orientales*, Paris, Tourneisen, 1808, t. 1, p. 111.

8   Laflotte, *Essais historiques sur l'Inde*, Paris, Hérissant le fils, 1769, p. 282. Voir également Gabriel Dellon, qui énumère les différentes castes : « La plus remarquable de toutes est celle des Bramenes, Bramenis, ou Bragmanes ; ce sont des prêtres, obligés d'observer inviolablement l'usage de ne rien manger qui ait eu ou qui puisse avoir vie, ne se nourrissant que de légumes, de fruits, et de laitages, et ne buvant rien qui puisse enivrer. » (*Nouvelle relation d'un voyage fait aux Indes orientales*, Amsterdam, Paul Marret, 1699, p. 60.)

9   Voir par exemple Robert Challe, *Journal d'un voyage fait aux Indes orientales*, Rouen, Jean-Baptiste Machuel, 1721, t. 2, p. 178 ; Luillier, *Nouveau voyage aux grandes Indes*, Rotterdam,

que leurs interdits alimentaires touchent aussi certaines plantes : « Des végétaux qui font le fond de leur nourriture, ils en ont encore retranché celles des racines, qui forment une tête en terre comme les oignons[10]. »

Les brahmanes ne sont pas les seuls en Inde à retrancher la viande de leur alimentation. Les jaïns, les banians (ou « baniyans », caste de marchands itinérants) et les « *sanyasins* » (« renonçants ») s'imposent quelquefois des mortifications plus sévères encore. Les Jésuites rapportent avoir rencontré un pénitent qui « ne mangeait à midi que du riz et des légumes, [...] le soir il se contentait de boire un peu d'eau, s'occupant tout le reste de la journée à réciter les louanges de ses faux dieux[11] ».

Les autres castes ne pratiquent pas le végétarisme, ou de manière moins stricte. Les voyageurs comprennent que les restrictions alimentaires des individus témoignent de leur place dans la société indienne. Un tabou semble toutefois universellement partagé : exception faite des parias et des musulmans, la viande de vache ou de buffle est en effet absolument proscrite. Dressant la liste des interdits indiens, Perrin explique par exemple que « le premier et le plus essentiel, c'est de s'abstenir de manger de la viande de bœuf. Nous verrons d'ailleurs que la désobéissance à cette loi serait regardée comme un sacrilège. Au reste, cet usage est observé rigoureusement d'un bout de l'Inde à l'autre[12] ». Très curieux de connaître les raisons de cette abstinence, Perrin mène une sorte d'expérience ethnologique. Il entreprend de forcer l'un de ses domestiques indiens à manger de la chair d'une vache : « J'aperçus que la vue de cette viande lui donnait des mouvements compulsifs. Il me disait en pleurant : "Hé quoi ! seigneur, me ferez-vous manger de cette grosse bête ?" Aussi je lui retirai le morceau de la main, et ne voulus pas l'exposer à se faire du mal, en le mangeant contre son inclination[13]. »

Avant Louis Dumont, le Père Cœurdoux est sans doute le premier à avoir vu dans les notions de « pur » et d'« impur » les raisons véritables des tabous alimentaires et de la répartition en castes[14]. Le contact avec

Jean Hofhout, 1726, p. 63 ; G. Dellon, *op. cit.*, p. 60.

10 *Op. cit.*, p. 47.
11 *LEC*, lettre du P. Le Caron, 20 novembre 1720, p. 578.
12 Jean-Charles Perrin, *Voyage dans l'Indostan*, Paris, 1807, t. 1, p. 308.
13 *Ibid.*, p. 308-309.
14 Cœurdoux, *Mœurs et coutumes des Indiens*, Paris, Publication de l'École française d'Extrême Orient, 1987, p. 139-140. Selon lui, Pythagore et les voyageurs modernes auraient trop hâtivement associé végétarisme hindou et foi en la métempsycose : « Cette abstinence de

un aliment, un objet réputé impur, voire avec tout être qui a touché ou mangé quelque chose d'impur, comprend-il, est source de souillure. La viande, de vache surtout, est impure. Les liqueurs alcooliques sont impures. Le cuir est impur, parce qu'il est une partie du cadavre d'une bête. Ceux qui portent ou travaillent le cuir font ainsi l'objet du mépris de la plupart des Indiens et a fortiori des prêtres ou des pénitents. Sonnerat rapporte en quelle piètre estime on tient celui qui exerce la profession de cordonnier : « Le cordonnier est de la caste la plus vile et le plus pauvre de tous les artisans [...] À raison de ce qu'ils travaillent le cuir, parce qu'ils mangent de la viande, les cordonniers sont méprisés des autres Indiens, et regardés comme les derniers des hommes. Leurs cahutes sont dans des quartiers séparés, hors des villes et des aldées[15]. »

Les Européens qui vivent en Inde ne songent guère à abandonner leurs mœurs. Ils boivent du vin, mangent de la viande et portent du cuir. Toutes ces actions les rendent proprement infréquentables. Sans en prendre toujours la mesure, ils font l'objet du mépris et du dégoût de la population indienne. Un chrétien ne saurait ainsi être toléré à la table d'un hindou, de haute caste surtout, parce que sa présence souillerait irrémédiablement sa nourriture. Luillier fait l'expérience de ce rejet...

> Avant que de faire cuire leur riz, ils font un cerne au milieu duquel ils allument du feu : comme ils savent que nous mangeons toutes sortes de viandes, ou plutôt de tout ce qui a vie, ils nous croient, et toutes les nations qui vivent comme nous, si impurs, que quand nous passons au milieu de ce cerne, leur riz, fût-il prêt à manger, ils le jetteraient pour en faire cuire d'autre dans une nouvelle panelle, ayant la coutume de n'en faire jamais servir une deux fois[16].

Quelques années plus tôt, Challe recueille à bord de son navire deux Indiens qui viennent de faire naufrage. La discussion qu'il a avec eux

---

la viande chez les Indiens est fondée sur deux principes. Le premier est la crainte de se souiller. Le second est l'horreur du meurtre. » Voir les chapitres II et VI d'*Homo hierarchicus* de René Dumont (Paris, Gallimard, 1966). Voir également Sylvia Murr, *L'Indologie du Père Cœurdoux*, Paris, EFEO, 1987.

15 Pierre Sonnerat, *Voyage aux Indes orientales et à la Chine*, Paris, Froulé-Nyon, Barrois, 1782, t. 1, p. 185-186. Voir également Cœurdoux, *op. cit.*, p. 44 : « Le cuir est censé impur par les brahmes ; plusieurs cependant portent des papouches, surtout en voyage. S'ils vont à cheval les rênes de la bride et les courroies des étriers sont garnies d'étoffe : des bottes et surtout des gants, sont aux yeux des brahmes des objets risibles ; et ils traitent de gens grossiers ceux qui n'ont pas d'horreur de ces restes de cadavres. »

16 Luillier, *op. cit.*, p. 64.

achève de le convaincre que le racisme anti-européen était étroitement lié à la question alimentaire : « La première chose qu'ils ont demandée en portugais [...], c'est qu'ils suppliaient que personne ne touchât à leur manger ni à leurs plats. Ces misérables nous tiennent impurs, et se laisseraient mourir de faim, plutôt que de manger de ce qu'un chrétien aurait touché. Ils ne font pourtant point de difficulté de nous louer leurs femmes et leurs filles[17]. »

Ces crimes contre la pureté valent aux Européens le surnom injurieux de « Prangui » (ou « Franqui ») et leur coûtent d'être régulièrement assimilés aux parias, et désignés parfois à la vindicte publique[18]. Les Jésuites se désolent de cette épouvantable réputation qui entrave considérablement leur mission évangélisatrice[19]. « Ce qui les frappe particulièrement, note le Père Martin, c'est que les Franquis, ainsi qu'ils les nomment, mangent de la chair, chose si horrible parmi eux, qu'ils regardent comme des personnes infâmes ceux qui le font[20]. » Pendant longtemps donc, l'essentiel des conversions opérées par les missionnaires concerne la population des hors-castes qui trouvent dans le christianisme une manière d'échapper à la condition peu enviable que leur réservent leurs compatriotes. Mais cette fréquentation des parias ne fait que nourrir le mépris dans lequel les tiennent la plupart des

---

17 Challe, *op. cit.*, t. 2, p. 238.

18 *LEC*, lettre du P. Calmette, p. 599-600 : « Prangui est le nom que les Indiens donnèrent d'abord aux Portugais et par lequel ceux qui n'ont pas d'idée des différentes nations qui composent nos colonies désignent assez communément les Européens. Quelques-uns font venir ce mot de Para-angui, qui signifie, dans la langue du pays, habit étranger. Il paraît plus vraisemblable que c'est le mot de Franqui que les Indiens, qui n'ont pas la lettre F, prononcent à l'ordinaire par un P, et que ce mot Prangui n'est autre chose que le nom que l'on donne aux Européens à Constantinople, et qu'apparemment ce sont les Maures qui l'ont introduit ici. »

19 Sonnerat, *op. cit.*, p. 102 : « Ils s'écrient que les chrétiens sont des infâmes, qui mangent de la vache et boivent du vin : ils ajoutent qu'ils sont encore plus détestables que les Parias ; et il n'en faut pas davantage pour arrêter un indien qui aurait le désir de se faire chrétien. »

20 *LEC*, lettre du P. Pierre Martin au P. de Villette, 30 janvier 1699, p. 259. Voir également la lettre du P. Le Caron, 15 octobre 1718, p. 527 et la lettre du P. de Bourzès, 21 septembre 1713, p. 442. Foucher d'Obsonville écrit à propos du tabou dont la viande de vache fait l'objet : « Les Européens, surtout les premiers qui s'établirent dans l'Inde, jugèrent d'abord toutes ces observances ridicules, ou même idolâtres et criminelles ; en conséquence, quelquefois ils ont paru se faire une espèce de plaisir de manger de cette viande, qui y est généralement assez mauvaise ; précisément pour prouver toute leur horreur de superstitions aussi abominables. » (*Essai philosophique sur les mœurs de divers animaux étrangers*, Paris, Couturier, 1783, p. 138.)

hindous. Un grand nombre de missionnaires choisissent donc de taire ou de cacher leurs origines ; aux populations indiennes peu habituées à rencontrer des étrangers, ils dissimulent qu'ils viennent d'Europe[21]. Mais, bien vite, ils sont contraints de faire davantage pour bénéficier du prestige dont jouissent les membres des hautes castes. Souffrant en effet fâcheusement de la comparaison avec les brahmanes, ils décident d'abandonner la diète carnée[22].

Cette stratégie d'adaptation des missionnaires aux mœurs indigènes, l'*accommodatio*, avait été adoptée en Inde par l'Italien Roberto de Nobili. Inspiré de Matteo Ricci, un jésuite italien qui, à la fin du XVIe siècle, avait adapté son christianisme pour mieux convertir les Chinois, Nobili prit le parti de se comporter et de s'habiller comme un renonçant hindou, en abandonnant la consommation de vin et de viande, et même les chaussures en cuir, au profit de sabots de bois. Il s'agissait de renoncer aux aspects les moins essentiels d'un christianisme heurtant trop les populations indigènes[23]. Malgré l'opposition d'une partie de sa hiérarchie, Nobili réussit à étendre ce modèle du renonçant aux missionnaires du Madurai (ou Maduré) qui le suivirent[24]. Les jésuites français adoptent cette stratégie d'autant plus volontiers que la plupart

---

21 *LEC*, lettre du P. Bouchet au P. ***, p. 532.

22 *LEC*, lettre du P. Le Caron à ses sœurs, 20 novembre 1720, p. 578. « Le riz, quelques légumes et de l'eau font toute notre nourriture ; cette austérité est absolument nécessaire en ces contrées, sans quoi il ne serait pas possible d'y établir la religion. Les castes honorables ne vivent que de riz et de légumes, et on a le dernier mépris pour ceux qui usent d'autres aliments. » Voir également les lettres du P. Mauduit au P. Le Gobien (1er janvier 1702, p. 316), du P. Tachard à M. le comte de Crécy (4 février 1703, p. 326), du P. Bouchet au P. *** (sans date, p. 528) ou du P. Pierre Martin au P. le Gobien, (1er juin 1700, p. 263 et 270) qui s'étonne de l'attachement obstiné des Indiens au polythéisme : « Quand nous les pressons, ils se contentent de répondre froidement qu'ils ne peuvent abandonner leur religion pour prendre celle d'une caste aussi basse et aussi méprisable que celle des Franquis. »

23 Sur ces questions, voir Savarimuthu Rajamanickam, *The First Oriental Scholar*, Tirunelveli, De Nobili Research Institute, 1972 et surtout Inès Zupanov, « Le Repli du Religieux. Les missionnaires jésuites du XVIIe siècle entre la théologie chrétienne et une éthique païenne », *Annales HSS*, Paris, novembre-décembre 1996 (6), p. 1201-1223.

24 *LEC*, lettre du P. Pierre Martin au P. le Gobien, 1er juin 1700, p. 263 : la mission du Madurai fondée par De Nobili « s'accomod[a] aux coutumes du pays, soit pour l'habit, la nourriture et la demeure, soit pour les autres usages qui ne sont point contraires à la foi et aux bonnes mœurs. » Voir également Gérard Colas : « Vie légumineuse et pensée travestie. À propos de l'adaptation des Jésuites en Inde aux XVIIe et XVIIIe siècles », Jackie Assayag (dir.) : *Altérité et identité. Islam et christianisme en Inde*, Paris, édition de l'EHESS, 1997, p. 199-220.

des Indiens, notamment dans les terres, ne savent que très peu de choses de la langue, des mœurs, de la couleur de peau des étrangers et même de leurs compatriotes vivant loin d'eux. Profitant de cette ignorance, les missionnaires français affirment venir d'autres régions de l'Inde, généralement du nord. Ils garantissent surtout qu'ils ne sont pas des *Franquis* en faisant valoir leur végétarisme et leur sobriété[25].

De telles pratiques ne sont pas du goût des supérieurs hiérarchiques de la Compagnie ; Rome intervient même à plusieurs reprises pour encadrer strictement l'« accommodation ». Les Jésuites qui adoptent le stratagème de Nobili, et notamment les Jésuites français, se heurtent en effet aux réticences de Clément XI et de ses successeurs. C'est ainsi que naît la « querelle des rites malabares ». Dans les *Lettres édifiantes*, les missionnaires justifient leur méthode en soulignant son efficacité. « C'est donc en menant parmi eux une vie austère et pénitente, écrit l'un d'eux, parlant leurs langues, prenant leurs usages, tout bizarres qu'ils sont, et s'y naturalisant, enfin ne leur laissant aucun soupçon qu'on soit de la race des Franquis, qu'on peut espérer d'introduire solidement et avec succès la religion chrétienne[26]. »

Les Jésuites recherchent également l'approbation de Rome en faisant le récit des conversions qu'ils réalisent et des privations qu'ils s'imposent. Ne doivent-ils pas en effet abandonner durant de longues années les nourritures les plus communes et les plus saines, ne renoncent-ils pas à tout ou presque pour la gloire du vrai Dieu ? Un missionnaire aux Indes décrit ainsi à un coreligionnaire, désireux de le rejoindre, les difficultés qui l'attendent :

> Il faut compter d'abord que votre vie sera des plus austères ; vous savez sans doute que la viande, le poisson, les œufs et généralement tout ce qui a vie est interdit à nos missionnaires ; qu'ils ne boivent ni vin ni autre liqueur capable

---

25 Sylvia Murr, « Les Jésuites et l'Inde du XVIIIᵉ siècle : praxis, utopie et préanthropologie », *Revue de l'université d'Ottawa*, 56 (1) : L'ailleurs au XVIIIᵉ siècle : Asie, Amérique, Europe, p. 9-27.

26 *LEC*, lettre du P. Pierre Martin au P. Le Gobien, 1ᵉʳ juin 1700, p. 266. Voir également la lettre du P. Mauduit au P. Le Gobien, 1ᵉʳ janvier 1702, p. 316 : « Un missionnaire de Carnate et de Maduré ne doit point boire de vin ni manger de chair, ni d'œufs, ni de poisson ; toute sa nourriture doit consister dans quelques légumes ou dans un peu de riz cuit à l'eau ou un peu de lait, dont même il ne doit user que rarement. C'est une nécessité d'embrasser ce genre de vie si l'on veut faire quelque fruit, parce que ces peuples sont persuadés que ceux qui instruisent les autres et qui les conduisent doivent vivre d'une vie beaucoup plus parfaite. »

d'enivrer; que leur nourriture consiste dans du riz cuit à l'eau; qu'on y peut joindre quelques herbes fades, insipides, et la plupart fort amères. La manière dont cette sorte de mets s'apprête par les Indiens cause un nouveau dégoût. À la vérité on peut user de lait et de fruits, mais les fruits des Indes n'ont la plupart nulle saveur, et, dans les commencements, on se sent bien de la répugnance à en manger[27].

De tels soupirs se font entendre dans chacune ou presque des *Lettres édifiantes*[28]. Les missionnaires répètent à l'envi que le régime végétarien met leur santé en péril[29]. Prenant leurs lecteurs à témoin de la sainteté de leur démarche, ils assurent qu'ils ne pourraient surmonter l'épreuve du végétarisme sans le secours de la grâce : « il n'y a que la main de Dieu, expliquent-ils, qui puisse nous soutenir dans les travaux de la mission avec des aliments si légers[30]. » Les privations des jésuites sont aussi louables que sont vaines et absurdes celles des brahmanes et des renonçants qui ne cherchent qu'à plaire à de fausses divinités. Leur manie de respecter les bêtes en général et les vaches en particulier relèverait d'une superstition plus perverse encore.

DOUCEUR, ZOOLÂTRIE ET ANTIHUMANISME

La viande de vache fait l'objet d'une interdiction qui va de pair avec respect dont jouissent les bovins. Il est absolument interdit de tuer une vache, un bœuf ou un buffle, notent les voyageurs[31]. Ce tabou concerne

---

27 *LEC*, lettre du P. Bouchet au P. ***, sans date, p. 528. Voir également la lettre du P. Tachard à M. le Comte de Crécy, 4 février 1703, p. 326 : « Les missionnaires qui s'étaient assemblés à Carouvepondi avaient résolu entre eux, en entrant dans cette nouvelle mission, de prendre l'habit et la manière de vivre des sanias brames, c'est-à-dire des religieux pénitents : c'était prendre un engagement bien difficile, et il n'y a que le zèle et la charité apostolique qui en puisse soutenir la rigueur et les austérités ; car, outre l'abstinence de tout ce qui a eu vie, c'est-à-dire de chair, de poisson et d'œufs, les sanias brames ont des coutumes extrêmement gênantes. »

28 Voir par exemple la lettre du P. Mauduit au P. Le Gobien, 1ᵉʳ janvier 1702, p. 316 ou la lettre du P. Tachard à M. le comte de Crécy, 4 février 1703, p. 326.

29 *LEC*, lettre du P. Pierre Martin au P. Le Gobien, 1ᵉʳ juin 1700, p. 295 : « un repas de riz et d'herbes cuites à l'eau, sans pain, sans vin, sans chair, sans poisson, n'est guère capable de soutenir ni de fortifier un homme. »

30 *LEC*, lettre du P. Bouchet au P. ***, sans date, p. 528.

31 *LEC*, lettre du P. de Bourzès à la comtesse de Soudé, 21 septembre 1713, p. 446 : « C'est un crime digne de mort que de tuer un bœuf, une vache ou un buffle ; il n'y a pas encore deux ans qu'on fit mourir deux ou trois personnes de la même famille qui étaient coupables d'un semblable meurtre ; je ne sais si un homicide leur aurait attiré le même supplice. »

les membres de chacune des castes, et même les parias[32]. « Leur respect pour cet animal va jusqu'à l'idolâtrie », résume Laflotte, qui traduit l'impression générale des voyageurs européens. Luillier remarque aussi avec étonnement que « ces païens vénèrent tellement les vaches que c'est un crime parmi eux d'en tuer, et même de toucher à une qui aurait été tuée[33]. » Le respect pour ces animaux est souvent accompagné de superstitions risibles, note-t-on. Certains rapportent que les vaches sont représentées sous forme de statues auxquelles on parle et adresse des vœux. D'autres, comme Perrin, se plaisent à raconter que le plus grand honneur pour les Indiens est de mourir en tenant dans sa main la queue d'un bovin[34].

Pourquoi les vaches jouissent-elles en Inde de ce statut si particulier ? Un certain nombre de voyageurs formulent des hypothèses. Le Père Cœurdoux estime que « la superstition a part à cette défense » de les tuer. « Mais je crois, poursuit-il, qu'il faut en attribuer l'origine à l'intérêt qu'on a à la conservation des animaux qui servent presque seuls pour le labourage et le transport des marchandises et qui fournissent le laitage[35]. » Ce point de vue est partagé par Foucher d'Obsonville. D'après lui, les Européens se scandalisent à tort de l'excès de considération dont jouissent les bovins, « croyant y reconnaître tous les indices d'un vrai culte national et fanatique ». Ces animaux jouissent certes de singuliers égards en Inde, mais « il faut convenir qu'ils ne peuvent être sérieusement l'objet du plus léger soupçon de culte ». Foucher propose d'étudier ces matières « avec plus d'impartialité » ; il fait tout d'abord remarquer que « le lait, le beurre, le caillé, l'urine et la bouse de vache, sont, selon les Indiens, les cinq choses plus nécessaires à l'homme[36] ». Les trois premières forment une grande part de la nourriture des Indiens, et

---

32 Voir par exemple Jean-Charles Perrin, *op. cit.*, t. 1, p. 307.

33 Luillier, *op. cit.*, p. 63.

34 Perrin, *op. cit.*, t. 2, p. 24 : « Rien au monde n'est si heureux qu'une pareille mort, selon la doctrine des brames : tous les dieux du pays courent au-devant de ce nouveau saint ; c'est à qui l'aura, pour le conduire au plus haut du ciel. »

35 Cœurdoux, *Mœurs et coutumes des Indiens*, Paris, Publication de l'École française d'Extrême Orient, 1987, p. 47. Cœurdoux revient un peu plus loin sur la question végétarienne (p. 139-140) : une « raison qui engage tant d'Indiens à ne jamais manger de viande, c'est la crainte du meurtre qu'il faudrait commencer par commettre avant de s'en nourrir, crainte qui en quelques-uns va jusqu'à épargner les plus vils et les plus incommodes des insectes, qui infectent les hommes et les animaux ».

36 Foucher d'Obsonville, *Essai philosophique sur les mœurs de divers animaux étrangers*, Paris, Couturier, 1783, p. 115.

notamment des prêtres. La bouse constitue un engrais précieux tandis que l'urine des bovins aurait des propriétés lustrales. C'est donc tout naturellement que les Indiens marquent leur reconnaissance aux bovins, à l'occasion surtout d'une fête annuelle au cours de laquelle les vaches sont couronnées de fleurs et laissées totalement en liberté[37].

Pour Jean-Charles Perrin, la protection juridique dont bénéficient les vaches et les bœufs s'explique également par leur grande utilité : « il est certain que ces animaux étant chargés seuls de tous les ouvrages domestiques pour lesquels l'homme a besoin d'être aidé, leur espèce s'anéantirait bientôt, si leur vie n'était pas sous la sauvegarde des lois religieuses[38]. » Plus réservé au sujet de la douceur du peuple indien que ne l'est Foucher d'Obsonville, Perrin considère que la fête annuelle qu'ils accordent aux vaches est une exception qui met clairement en évidence l'hypocrisie hindoue : les autres jours de l'année, explique-t-il, le peuple brutalise les vaches et s'abstiennent seulement de les tuer.

Les membres des hautes castes et les renonçants feraient montre au contraire d'un respect sincère et profond pour les bêtes, y compris les poissons et les insectes. Les voyageurs français soulignent surtout les mœurs des banians. Le premier à rapporter leurs singulières coutumes est l'auteur des *Voyages de Jean Struys* : « En marchant, ils prennent bien garde que ce ne soit pas sur les bêtes, et quand ils en voient qui courent risque d'être écrasées, ils les portent bien loin de là, et les mettent doucement à terre de peur de les incommoder[39] ». À la fin du XVIIe siècle, Robert Challe était déjà frappé du « respect que ces peuples idolâtres ont pour tous les animaux vivants » ; il soulignait « leur zèle et leur superstition sur ce sujet, qui se répand sur les insectes les plus vils, les plus immondes, et les plus méprisables, dont ils ne tuent aucun, et auxquels ils ont soin d'assurer la subsistance[40]. » Les stricts observateurs de la religion hindoue, note Gentil dans ses *Mémoires sur l'Indostan*, s'abstiennent de manger et de tuer les animaux « par le principe qu'une

---

37   Sur cette fête célébrée en l'honneur des vaches, voir également Jean-Charles Perrin, *op. cit.*, t. 2, p. 64.
38   *Ibid.*, p. 64. C'est également l'opinion du P. de Bourzès (*LEC*, lettre à la comtesse de Soudé, du 21 septembre 1713, p. 446).
39   *Les Voyages de Jean Struys*, Rouen, Machuel. 1719, t. 2, p. 225. Il poursuit de la sorte : « Cette grande pitié n'est pas seulement à l'égard des bêtes, elle s'étend à leurs semblables : et bien loin de se battre, si quelqu'un s'emporte contre eux, ils l'écoutent sans répliquer. »
40   Robert Challe, *Journal d'un voyage fait aux Indes orientales*, Rouen, Machuel, 1721, t. 2, p. 178.

créature ne doit jamais ôter la vie à une autre quelque vile qu'elle soit. Tels sont les brahmes, les banians, etc.[41] ».

Cet extrême souci des bêtes scandalise parfois les voyageurs français, surtout lorsqu'il est comparé au mépris dont les parias font l'objet : ces êtres humains ne seraient pour les hindous pas même dignes de pitié ! Cette insupportable contradiction est une offense faite au genre humain, soutient par exemple Sonnerat. « Un Indien, écrit-il, croira faire une bonne œuvre en sauvant la vie à des insectes, des serpents et autres animaux ; tandis qu'il laissera périr un paria plutôt que de lui tendre la main pour le retirer d'un précipice, dans la crainte de se souiller en le touchant[42]. »

Le Père de Bourzès rapporte que les « cavaravadouguer », une caste indienne qui dit descendre d'un âne et par conséquent très attachée à cet animal, « ont souvent moins de charité pour les hommes que pour ces sortes de bêtes : dans un temps de pluie, par exemple, ils donneront le couvert à un âne et le refuseront à son conducteur s'il n'est pas d'une bonne caste[43] ». Aux yeux de ce missionnaire, cette extravagance impardonnable bouleverse la hiérarchie des espèces voulues par Dieu. Les Jésuites, dans leur ensemble, utilisent souvent la dureté de certains hindous pour leurs semblables comme un moyen de souligner l'absurdité de leur végétarisme. Trois autres types d'arguments seront explicitement (bien que parfois très brièvement) avancés contre les fondements religieux et moraux de ce régime : ils portent sur la cohérence théologique des Vedas, la doctrine de la métempsycose et la définition même d'animal.

Au cours de disputes religieuses avec les brahmanes, le Père Bouchet a premièrement recours à certains passages de la littérature védique. Les Jésuites entreprennent très souvent de souligner l'incohérence théologique des textes sacrés de l'hindouisme. Selon la doctrine brahmanique, il est certain que la divinité s'oppose à la consommation de viande et à la mise à mort des animaux : « Mais puisque cela est ainsi, leur disons-nous, comment se peut-il faire que vos dieux aient tant de complaisance pour les sacrifices d'animaux[44] ? »

La réfutation du végétarisme repose ensuite sur la contestation de la croyance en la transmigration des âmes. Tout comme les orphiques

---

41 Jean-Baptiste Gentil, *Mémoires sur l'Indoustan ou empire mogol*, Paris, Petit, 1822, p. 265.
42 Pierre Sonnerat, *op. cit.*, t. 1, p. 99-100.
43 *LEC*, lettre du P. de Bourzès à la comtesse de Soudé, le 21 septembre 1713, p. 446.
44 *LEC*, lettre du P. Bouchet à Monseigneur Huet, p. 483.

et, sans doute, les pythagoriciens, les hindous considèrent l'adoption du végétarisme comme une conséquence morale de la métempsycose. Les disputes avec les brames sont donc l'occasion, pour les Jésuites, de triompher à nouveau de ce dogme[45]. La foi en la transmigration des âmes était en Occident une position qui banalisait dangereusement la résurrection du Christ et la résurrection de la chair, à la fin des Temps. Aussi avait-elle été vigoureusement condamnée par les Pères de l'Église. Les missionnaires veulent à leur tour démontrer l'absurdité de cette croyance et soulignent les bizarreries de la mythologie indienne, ces « fables si grossièrement inventées » rapportées par les Vedas et les Upanishads[46]. Ce mépris de la religion indienne est un choix raisonnable. Jadis plusieurs auteurs fameux de l'Antiquité comme Xénophon ou Jamblique avaient eux aussi rejeté la doctrine pythagoricienne au nom de la vraisemblance, rappelle le Père Bouchet.

Le dernier argument avancé à l'encontre du végétarisme porte sur la question des animalcules. Il s'agit pour les prêtres envoyés en mission de se servir d'une conception moderne et élargie de l'animalité. L'utilisation du microscope a permis de recenser un grand nombre d'êtres jusque-là insoupçonnés. Selon les Jésuites, la découverte de ces animaux minuscules et innombrables rend vaine désormais toute considération morale à l'égard des bêtes. La moindre de nos actions, y compris la consommation de fruits, entraîne inévitablement, quotidiennement, la destruction d'un nombre considérable de petits animaux. Le Père Bouchet rend compte d'une intéressante dispute qu'il eut un jour avec un prêtre indien. Voici comment il s'adressa à l'homme :

> « Vous autres brames, vous êtes infiniment plus coupables que ceux des autres castes qui usent de la viande, car en tuant un mouton, par exemple, ils ne font qu'un meurtre, au lieu que vous, qui arrachez tous les jours une si grande quantité d'herbes que vous faites cuire, ce sont autant de meurtres que vous faites ; d'ailleurs, comme il se trouve plusieurs petits animaux imperceptibles dans l'eau que vous buvez, ce sont encore autant de meurtres

---

45 *Ibid.*, p. 483 : « Nous nous servons encore, à l'égard des Indiens, des mêmes reproches qu'on faisait aux anciens pythagoriciens. »

46 *LEC*, lettre du P. Bouchet à Monseigneur Huet, sans date, p. 484. Voir également la lettre que le Père Le Gac écrit au P. Joseph Le Gac, son frère (sans date, p. 511) à propos de la métempsycose : « On a bien de la peine à les détromper. Ils se fondent principalement sur certaines histoires ridicules dont ils sont infatués ». Parmi les récits de voyageurs, voir notamment Gabriel Dellon, *op. cit.*, p. 60.

que vous commettez. » Ces ridicules conséquences que nous tirons de leur doctrine les couvrent de confusion et leur en font connaître l'absurdité[47].

Bouchet rapporte plus loin comment il a triomphé des arguments d'un autre brahmane « fort entêté de la métempsycose » en lui faisant voir à travers un microscope les tout petits animaux qui se trouvaient dans l'eau dont il venait de boire[48]. On notera toutefois un point d'accord entre les Jésuites et les brahmanes : les uns et les autres s'entendent pour réfuter l'hypothèse cartésienne de l'animal-machine. Pour plaisanter, un missionnaire feint un jour d'adopter la théorie mécaniste afin de contester l'idée de métempsycose soutenue par un prêtre indien. Le jésuite, qui développe en quelques mots le principe de l'automatisme des bêtes, se heurte au mépris de son interlocuteur : « faites-vous réflexion, me dit-il, à ce que nous voyons faire tous les jours aux éléphants et aux singes[49] ? »

ÉLOGES FRANÇAIS DE LA DIÈTE BRAHMANIQUE

Le dédain des voyageurs européens pour le végétarisme hindou est fort répandu, mais il n'est pas universel. Quelques auteurs anglais et français se montrent en effet séduits par cette manière proprement indienne de témoigner du respect aux animaux. Dans ses *Événemens historiques intéressants, relatifs aux Provinces de Bengale et à l'Empire de l'Indostan*, John Holwell expose par exemple favorablement le point de vue des brahmanes et le met en relation avec le plaidoyer végétarien d'Ovide (qu'il cite d'ailleurs dans son intégralité). Il dit regretter que les prêches de certains philosophes antiques en faveur des animaux « ne firent pas plus d'impression sur [leurs contemporains] qu'elles n'en feraient dans notre siècle, quoiqu'on se pique de plus d'humanité[50] ».

---

47 *LEC*, lettre du P. Bouchet à Monseigneur Huet, sans date, p. 483.
48 *Ibid.*, p. 483. Cette objection au végétarisme est également mentionnée par Luke Scrafton, *Reflections on the Government of Indostan*, Londres, G. Kearsley, 1770, p. 9 : « *The Bramins touch nothing that has life ; and if you show them through a microscope the insects on a leaf, invisible to the naked eye, they say it is a deceit, that the objects are in the glass, not in the leaf.* »
49 *LEC*, p. 484.
50 Il ajoutait : « Je ne doute point qu'après avoir lu ce chapitre, on ne continue de tuer les animaux et de les manger tout comme auparavant » *Événemens historiques intéressant, relatifs aux Provinces de Bengale et à l'Empire de l'Indostan*, Amsterdam, Arkstée et Merkus, 1768, t. 2, p. 99.

Parmi les Français, Foucher d'Obsonville dit comprendre la reconnaissance que les Indiens témoignent à leurs vaches et considère qu'ils font preuve d'« humanité » à l'égard de ces individus qui collaborent si étroitement avec eux[51]. Le chevalier de Pagès dit même son admiration pour la douceur hindoue. Il est charmé de voir que, dans les villages indiens, les animaux ne fuient pas à l'approche des humains : « heureux effet, écrit-il, de la coutume de ces peuples, qui ne tuent aucun animal ! » Les habitants des lieux se montrent envers lui étonnamment doux et accueillants.

> Je cherchais la cause de cette douceur qui me frappait, et je fus tenté de la rapporter à l'abstinence de sang et de viande, que ces gens observent régulièrement. Je pensai que l'usage qu'en font les autres hommes pouvait augmenter la violence de leurs passions, et je ne pouvais attribuer qu'à cette raison, la différence de la douceur des traits d'un Gentil à la rudesse de ceux d'un musulman ou d'un chrétien, rudesse dont nous ne nous apercevons pas, par le défaut d'objets de comparaison, mais qui est ici très sensible, même entre deux naturels du même pays[52].

Très influencé par la pensée de Rousseau, Pagès considère en outre que la fréquentation des campagnes et des troupeaux, loin des villes et de leurs perversions, maintient dans un état d'innocence et de bonheur les villageois indiens. Suivant leur exemple, il choisit de renoncer aux nourritures carnées[53]. D'autres, comme Laflotte, constatent que ce régime, tant décrié par les Jésuites, peut convenir à la santé puisque les brahmanes « sont, de tous les Indiens, ceux qui vivent le plus longtemps, et qui jouissent de la meilleure santé[54] ». Après avoir passé de longues années dans le Madurai, Anquetil-Duperron, le premier traducteur du

---

51 *Op. cit.*, p. 132.
52 Pierre-Marie-François de Pagès, *Voyages autour du monde et vers les deux pôles par terre et par mer*, Paris, Moutard, 1782, t. 1, p. 263.
53 « Les réflexions solides que j'avais faites [...] se confirmèrent encore par la façon de vivre et de penser des Brames, que j'imitai sur tout autre point que celui de la religion. J'habitais des jardins, où je menais une vie douce et uniforme ; du riz, des fruits et des herbages que je cueillais et apprêtais moi-même, suffisaient à ma nourriture. » (*Ibid.*, p. 263-266.) Numa Broc souligne l'immense influence de Rousseau sur Pagès (« Un anti-Bougainville ? Le chevalier de Pagès », *L'Importance de l'exploration maritime au Siècle des Lumières*, sous la direction de M. Mollat et E. Taillemite, Paris, CNRS, 1982, p. 109-121).
54 *Op. cit.*, p. 282. Voir également Perrin, *op. cit.*, t. 1, p. 273-274 et sur ces questions, Florence D'Souza, *Quand la France découvrit l'Inde*, Paris, L'Harmattan, 1995, p. 269-275.

Zend-Avesta, adopte lui aussi l'austère régime des prêtres indiens et leur mode de vie au point de devenir un « brame européen[55] ».

Si les missionnaires se plaignent des persécutions dont sont victimes les plus prosélytes d'entre eux, ils louent aussi la douceur, et même la « charité », dont fait preuve en règle générale la population indienne. « On ne voit guère de nation plus charitable envers les pauvres [...]. Ils sont outre cela fort modérés, et rien ne les scandalise tant que l'emportement[56] », note le Père de la Lane. Le Père Bouchet explique quant à lui que : « le commun des Indiens a en horreur le jurement et l'homicide : il est rare qu'ils en viennent à se battre, [...] ils sont naturellement charitables et aiment à assister les indigents[57] ».

Les philosophes français s'enthousiasment souvent de ces descriptions[58]. Dans les *Lettres persanes*, en 1721, Montesquieu peint par exemple un portrait flatteur des habitants de l'Inde[59]. L'éloge de leur bonté « naturelle » permet à certains de critiquer l'entreprise coloniale et évangélisatrice des Occidentaux tandis que les récits de la douceur indienne à l'égard des bêtes trouvent un écho favorable dans la France des Lumières[60]. On se plaît à lire que les descendants des gymnosophistes traitent si bien leurs animaux. On semble se réjouir que cette antique civilisation, la première peut-être, soit si paisible et ait conservé les mœurs alimentaires de l'Éden et de l'âge d'or. Le témoignage de Sonnerat est à cet égard assez emblématique : « Leurs festins, écrit-il à propos des Indiens qu'il a rencontrés, respirent la frugalité, la tempérance et la simplicité des

---

55   Sur le « renoncement au monde d'Anquetil-Duperron, voir notamment Jacques Anquetil, *Anquetil-Duperron, premier orientaliste français*, Paris, Presses de la Renaissance, 2005, p. 232-233.

56   *LEC*, lettre du P. de la Lane au P. Mourgues, 30 janvier 1709, p. 397.

57   *LEC*, lettre du P. Bouchet au P.***, sans date, p. 538.

58   Même si le cas du sacrifice des veuves hante les représentations européennes. Des tragédies comme *La Veuve du Malabar* de Lemierre ou *Les Brames* de La Harpe sont d'ailleurs en partie consacrées à ce thème.

59   Usbek écrit à Rhédi : « Tu sais que j'ai longtemps voyagé dans les Indes. J'y ai vu une nation, naturellement généreuse [...]. J'y ai vu tout un peuple, chez qui la générosité, la probité, la candeur et la bonne foi ont passé de tous temps pour les qualités naturelles. » (*Œuvres complètes de Montesquieu*, Oxford, Voltaire Foundation, 2004, lettre 138, p. 528-529.)

60   Anquetil-Duperron apostrophe ainsi les « paisibles Indiens, antiques possesseurs d'un pays fertile » : « Fallait-il que le bruit de vos richesses pénétrât dans un climat où les besoins factices n'ont point de bornes ! Bientôt de nouveaux étrangers abordent à vos côtes. Hôtes incommodes, tout ce qu'ils touchent leur appartient. » (*Législation orientale*, Paris, Rey, 1778, préface, p. II.)

hommes du premier âge : du biscuit au lait saupoudré de sucre, et des gâteaux cuits dans le beurre ou dans l'huile, sont pour eux des mets délicieux[61]. »

Le prestige des brahmanes est une aubaine pour les rares écrivains qui plaident le végétarisme. Roucher, l'auteur des *Mois*, réclame par exemple que la vertueuse commisération des « brames » envers les animaux ne soit pas raillée...

> Ah ! s'il faut qu'aujourd'hui ne soient plus révérés
> Du Sage de Samos les principes sacrés,
> S'il faut de notre goût réveiller la paresse
> Par des mets qu'assaisonne une fatale adresse,
> Du moins n'insultons pas aux Brames innocents,
> Qui du bœuf, du taureau maîtres reconnaissants,
> Laissent, exempte enfin des soins du labourage,
> Leur vieillesse expirer en un gras pâturage :
> Doux repos, douce mort, qu'ils ont bien mérités[62].

Roucher n'est pas le seul à user du cas indien pour critiquer la boucherie ou la chasse. Lorsqu'il est question des animaux, l'Inde se présente souvent comme une image inversée de l'Occident carnivore. Maupertuis compare à son désavantage « notre Europe » au pays (idéalisé) des brahmanes. Là-bas, des hommes vertueux et compatissants construisent des hôpitaux pour les animaux malades ou blessés, « on n'ose marcher sans prendre les plus grandes précautions de crainte d'écraser le moindre insecte » ; ici, au contraire, « on ne voit que meurtre ; les enfants s'exercent à tuer des mouches ; dans un âge plus avancé, l'on crève un cheval pour mettre un cerf aux abois[63] ». Mercier, qui dénonce régulièrement la cruauté des bouchers, évoque lui aussi ces Indiens qui « excommunient » quiconque a commis le crime de goûter, même par mégarde, la chair d'une bête. « On observe avec surprise, conclut-il, la différence qui se trouve entre l'habitant du Bengale et l'habitant de la rue des Bouchers[64]. »

Jusque dans les années 1780, avant qu'Anquetil-Duperron ne publie ses travaux décisifs sur la civilisation et la littérature brahmanique,

---

61   *Op. cit.*, t. 1, p. 48.
62   Roucher, *op. cit.*, p. 17.
63   Voir *Lettres de Mr de Maupertuis*, Dresde, G. C. Walther, 1752, lettre VI, p. 43.
64   *Tableau de Paris*, t. 1, chapitre 369 : « Tueries », p. 1023.

l'Inde est donc à la mode, comme l'avaient été un peu plus tôt la Perse, la Turquie ou la Chine[65]. L'exotisme indien donne en quelque sorte à comprendre au lecteur français les spécificités culturelles de son propre pays. Au moment où le déplacement du seuil des sensibilités se fait sentir et où la tempérance est prônée, l'Inde est souvent mentionnée par les auteurs des Lumières enclins à la bienveillance à l'égard des bêtes. Tous, cependant, ne sont pas élogieux. En règle générale, ceux qui se montrent les plus favorables au sujet du végétarisme indien n'ont pas quitté l'Europe. Exception faite du chevalier de Pagès, d'Anquetil-Duperron et de quelques autres, peu d'explorateurs adoptent de bon cœur le végétarisme brahmanique. Malgré ces réserves et ces désaccords, le régime des prêtres hindous nourrit les imaginaires d'Européens qui se plaisent à croire que la nature est généreuse sous les chauds climats de l'Orient et que les hommes et les femmes de là-bas se nourrissent de fruits, de légumes, de graines et de laitages. Jouissant de ces aliments simples et savoureux, les peuples orientaux sont vigoureux et bienveillants. L'Inde fantasmée des Occidentaux a, à vrai dire, quelque chose d'utopique.

À LA TABLE DES UTOPIENS

« Le végétarisme, associé au refus de la violence et du sang ou justifié par des arguments philosophiques, fait remarquer Jean-Michel Racault, est un motif fréquent dans les utopies[66]. » Cette présence correspond d'abord à la résurgence du motif antique de l'âge d'or[67]. Le végétarisme

---

65   Les romantiques allemands, Herder en tête, vont accorder une très grande attention au végétarisme des brahmanes, après que les Français se montrèrent moins intéressés par l'Inde. Quelques décennies plus tard, Schopenhauer vantera l'éthique animale des Hindous au détriment des conceptions judéo-chrétiennes. Le premier manifeste allemand en faveur du végétarisme est un roman de Gustav Struve, *Mandaras' Wanderungen*, dont l'action se déroule précisément en Inde. Voir à cet égard l'article de Cécile Vantard : « Le végétarisme oriental-occidental de Gustav Struve », dans Marc Cluet (dir.), *La Fascination de l'Inde en Allemagne. 1800-1933*, Rennes, PUR, 2004.

66   Jean-Michel Racault, *L'Utopie narrative en France et en Angleterre. 1675-1761*, Oxford, Voltaire Foundation, 1991, p. 196.

67   Fénelon s'inspirait aussi de ce motif au moment de peindre l'heureuse Bétique, ce lieu où l'« on ne vit [...] que de fruits ou de lait, et rarement de viande. » (*Les Aventures de*

est par ailleurs un gage d'exotisme, et ce depuis l'*Odyssée* et les *Histoires* d'Hérodote[68]. Enfin, le récit des voyageurs qui rapportent la profusion végétale aux Amériques et en Inde entretient au XVIIIᵉ siècle le fantasme de climats où l'on peut vivre de nourritures délicieuses sans avoir besoin de travailler ou de faire travailler. La question des souffrances infligées aux bêtes lors de l'abattage était en outre explicitement posée dès le XVIIᵉ siècle dans les textes utopiques, notamment par Campanella en 1623 dans sa *Cité du Soleil* et par Veiras en 1675 dans son *Histoire des Sévarambes*. Les Solariens furent un temps végétariens avant de se rendre compte que les plantes pouvaient aussi souffrir. Puisque toutes les souffrances se valent selon eux, il n'est pas utile, jugent les personnages de Campanella, de s'abstenir de tuer les animaux[69]. Quant à Veiras, il éprouve le besoin de préciser que les Sévarambes « ne font point de difficulté de tuer les bêtes pour se nourrir de leur chair » même s'ils ajoutent foi à la transmigration des âmes[70]. C'est qu'ils ne croient pas, à la différence des pythagoriciens, que l'âme d'un homme puisse habiter après sa mort le corps d'une bête. En revanche, dans *L'An 2440* de Mercier, les abattoirs sont devenus invisibles et relégués hors des murs de la ville pour des raisons morales et pédagogiques[71]. Dans d'autres

---

Télémaque, Paris, Delaulne, 1717, p. 166-167.)

68 Les pratiques alimentaires des pays que traverse Hérodote ou des nations mythiques que visite Ulysse au cours de son périple symbolisent l'écart qui sépare ces peuples lointains de la norme grecque. Sur ces questions, voir par exemple François Hartog, *Le Miroir d'Hérodote*, Paris, Gallimard, 2001, p. 224-237.

69 *La Cité du Soleil*, Paris, Vrin, 1981, p. 87 : « Ils se nourrissent de viande, de fromage, de beurre, de miel, de dattes et de différents légumes. À l'origine, ils répugnaient à la viande, car ils considéraient comme un acte de férocité de tuer les animaux. Mais plus ils réfléchirent qu'il n'était pas moins cruel de détruire les plantes qui sont, elles aussi, douées de vie et de sensibilité. Seulement, avec une pareille conception, l'homme en arriverait à manquer des subsistances nécessaires et à mourir de faim. Ils comprirent alors que les créatures inférieures sont destinées à assurer la subsistance des êtres supérieurs, et maintenant, dans leur alimentation, ils utilisent aussi bien la chair des animaux que les plantes et les produits de la terre. Cependant, ils hésitent encore à tuer les chevaux et les bœufs parce que ce sont des animaux utiles. »

70 Denis Veiras, *Histoire des Sévarambes*, Amsterdam, Roger, 1702, p. 118.

71 Mercier réclame, on le sait, la relégation des abattoirs hors de la ville. Son vœu, qui est également celui de nombreux Parisiens, se réalise en effet dans la fiction. Voir *L'An deux mille quatre cent quarante*, Bordeaux, Ducros 1971, p. 217. Le Parisien de l'an 2440 qui sert de cicérone au narrateur l'invite à observer la propreté des rues : « Remarquez (puisque vos yeux sont fixés en terre) que le sang des animaux ne coule point dans les rues et ne réveille point des idées de carnage. L'air est préservé de cette odeur cadavéreuse qui engendrait tant de maladies. La propreté est le signe le moins équivoque de l'ordre

utopies, il ne s'agit pas seulement de rendre invisibles les tueries : il faut qu'elles n'existent plus.

Tout en se soumettant clairement aux lois du genre, les utopies végétariennes du XVIIIe siècle semblent donc une manière de résoudre le problème sociologique du déplacement du seuil des sensibilités. Ces lieux idéaux permettraient ainsi de réaliser le fantasme d'une ville où toute violence, même celle dirigée contre les animaux, aurait disparu. Les auteurs de ce genre d'utopies sont-ils végétariens eux-mêmes, ou du moins tentés de l'être ? Rien n'est moins sûr. Les sociétés idéales dépeintes dans les romans peuvent en effet être disqualifiées par leurs propres auteurs ; elles ne constituent d'ailleurs pas des programmes politiques ou sociaux[72]. C'est même assez souvent le contraire, ainsi que le fait remarquer Raymond Trousson[73].

Les plaidoiries végétariennes que l'on entend prononcer à la table des peuples utopiques sont quoi qu'il en soit l'occasion de faire naître des réflexions débordant largement le cadre étroit des habitudes alimentaires. C'est le cas dans *Le Nouveau Gulliver* de l'abbé Desfontaines, dans la *Basiliade* de Morelly et dans la lettre XXXV d'*Aline et Valcour* de Sade. Indépendamment du problème de leur adhésion aux propos de leurs personnages, chacun de ces trois auteurs aborde la question végétarienne sous un angle particulier. Les questions soulevées par Desfontaines sont d'ordre médical et religieux. Elles sont surtout économiques et anthropologiques pour Morelly alors que chez Sade, l'abstinence de viande et le cannibalisme sont mis en relation de manière fort audacieuse.

---

et de l'harmonie publique ; elle règne dans tous les lieux. Par une précaution salubre, et j'oserais dire morale, nous avons établi les tueries hors de la ville. » Il est vrai que More avait déjà procédé à ce refoulement tant géographique que psychologique en évoquant des raisons hygiéniques et pédagogiques. Voir *Utopie*, Genève, Droz, 1983, p. 76.

72   Jean-Michel Racault met fort justement en garde contre la lecture naïve, ou « historico-sociologique », des utopies de l'âge classique ; lecture selon laquelle les nations peintes avec sincérité par les romanciers sont des programmes de sociétés parfaites qu'il serait souhaitable de voir réalisés à l'avenir. Voir à ce propos *Nulle part et ses environs*, Paris, PUPS, 2003, p. 8-14.

73   Raymond Trousson, *D'Utopie et d'utopistes*, Paris, L'Harmattan, 1998, p. 147-164. À la suite d'une analyse des utopies de Mandeville, Swift, Prévost et Tiphaigne de la Roche, Trousson conclut, p. 164, que « c'est donc bien au siècle des Lumières que naît un courant de défiance et de scepticisme qui nourrira tout un secteur de la pensée utopique contemporaine ».

LÉTALISPON, L'ÎLE DE LA BONNE SANTÉ

Pierre-François Guyot Desfontaines a quitté l'ordre des Jésuites, ses maîtres, pour se lancer dans la carrière des lettres. Il choisit d'abord de se faire journaliste et critique littéraire. Il met à profit sa connaissance de l'anglais pour traduire, quelques mois après leur parution, les *Voyages de Gulliver*. Trois ans plus tard, en 1730, il publie *Le Nouveau Gulliver*, qui raconte les aventures du fils de l'illustre explorateur. Le premier des voyages de Jean Gulliver le mène au beau pays de Babylary[74]. Là, les rôles sexuels sont inversés ; les femmes exercent le pouvoir au sein de la famille et de l'État. Mais cette gynocratie constitue moins une cité idéale que le reflet inversé d'une société européenne souvent tyrannique envers le beau sexe. L'île de Létalispon, qui est la dernière étape des voyages du *Nouveau Gulliver*, relève plus nettement du genre utopique. Le héros y accoste après avoir essuyé une terrible tempête au large des côtes du Chili. Avec Silva, son compagnon d'infortune, il manque ensuite de périr sous les griffes de deux ours. Il est alors recueilli par un jeune homme avenant, Taïfaco[75]. Ce dernier leur apprend qu'ils se trouvent sur une île chérie de la divinité ; grâce à leur rigoureuse tempérance, ses compatriotes et lui jouissent en outre d'une admirable santé et d'une longévité exceptionnelle.

Desfontaines expose les conceptions diététiques de son personnage et met en évidence certains des effets heureux de la sobriété. Il évoque également Cornaro dans une lettre écrite à « l'auteur » par le « docteur Ferruginer », un prétendu médecin. Ce texte placé à la fin du récit constitue une sorte de commentaire des voyages et d'accréditation scientifique de la fiction. Ferruginer mentionne en outre « l'exemple de ces anciens anachorètes, qui, ne se nourrissant que de racines, d'herbes, et de dattes, ont vécu un siècle entier, comme saint Jérôme le rapporte de saint Paul ermite, et de saint Antoine[76] ».

---

74 Pierre-François Guyot est le traducteur en 1727 des *Voyages de Gulliver* de Swift. Il décide d'écrire en quelque sorte la suite en représentant les aventures du fils du célèbre personnage. *Le Nouveau Gulliver* paraît en 1730 et connaît un beau succès puisqu'il sera à son tour traduit en anglais.

75 La présence de ces deux animaux signale la dimension arcadienne de l'île (l'Arcadie étant étymologiquement le « pays des ours ») ; elle offrira plus tard à Taïfaco un argument contre la dévoration de la chair et contre la loi du plus fort dont se targue Gulliver pour justifier la consommation de viande.

76 *Le Nouveau Gulliver*, Amsterdam, 1730, t. 2, p. 188.

La sobriété et la bonne santé des Létalispons sont d'autant plus remarquables que Gulliver venait d'apprendre l'existence de deux îles moins riantes. La première était celle des Médecins, dont les habitants, incompétents et patibulaires, sont toujours enclins à la chicane. On raconte, précise le narrateur, qu'« il y a dans cette île un souterrain qui conduit aux enfers par des chemins très courts[77] ». Ces insulaires tirent l'essentiel de leur fortune des consultations qu'ils donnent à leurs voisins de l'île des Gourmands. Ces derniers vouent au sens propre un culte au dieu Ventre : ils honorent leur dieu en se nourrissant sans interruption de viandes recherchées et d'exquises pâtisseries[78]. Gulliver s'étonnait que ces infatigables mangeurs ne soient pas davantage victimes de leur formidable intempérance. On lui apprit que pour compenser autant que possible les excès de leur diète, les Gourmands mêlent des drogues à leurs mets et subissent régulièrement ce qui ressemble assez à des liposuccions[79].

Létalispon constitue donc clairement un contrepoint de ces allégories de la gourmandise, de la médecine et de leurs effets fâcheux. « Cette nation, écrit Jean Gulliver, rapporte tout à la conservation de la vie, que leur sagesse regarde comme le fondement de tous les biens[80]. » Dans cette île où l'on ne trouve aucun médecin, les gens vivent tous cent vingt ans environ. Mais le déroulement de leur vie est plus étonnant encore puisqu'ils vieillissent jusqu'à l'âge de soixante ans, avant de retrouver progressivement la vigueur de leur jeunesse. Taïfaco semble avoir vingt-huit ans alors qu'il en a en réalité un peu plus de quatre-vingt-dix. Les Létaslipons ne connaissent en outre que très rarement la maladie et suivent scrupuleusement d'excellentes règles de santé. Gulliver se montre très curieux d'en savoir les principes. Ils sont au

---

77 *Ibid.*, t. 2, p. 53.
78 *Ibid.*, t. 2, p. 57. Les Gourmands adorent leur dieu Baratrogulo qui « est assis devant une table, sur laquelle le peuple superstitieux a la dévotion de mettre sans cesse des viandes et des mets de toute espèce, lesquels servent à la nourriture des prêtres de son temple, qui, par leur embonpoint, leur épaisseur, et leur menton à triple étage, ressemblent assez aux chanoines d'Europe ».
79 *Ibid.*, p. 60 : « Pour empêcher, me répondit-il, que leur embonpoint excessif ne leur cause des maladies mortelles, et surtout des apoplexies, ils usent quatre fois chaque année d'une excellente précaution, qui est de se faire dégraisser par d'habiles chirurgiens, lesquels, par de légères incisions dans les parties charnues [...] ont l'art de diminuer la massive épaisseur de leur volume, et les dispensent par ce moyen de l'affreuse nécessité d'avoir recours à l'abstinence. »
80 *Ibid.*, t. 2, p. 91.

nombre de cinq, explique Taïfaco ; le premier regarde la pureté de l'air, le deuxième la nourriture, le troisième les exercices du corps, le quatrième la régularité du sommeil, le dernier la sage économie des passions. Ces préceptes, faut-il le noter, sont très exactement ceux prônés par George Cheyne. Les Létalispons sont en outre parvenus, grâce à la chimie, à extraire de chacun de leurs fruits ce qu'il y a de plus substantiel en eux :

> Ce n'est pas qu'il nous soit absolument défendu de manger les herbes, les légumes, les grains, et les fruits, tels que la nature nous les offre, après les avoir assaisonnés ; mais en ce cas il nous est recommandé de ne point nous en rassasier, et d'éviter la trop grande variété, qui fait que la fermentation est plus difficile, la digestion plus lente, et que le chile, composé de trop de particules hétérogènes, ne peut que difficilement arriver à cette mixtion parfaite, qui est nécessaire à la nourriture de toutes les parties du corps[81].

Le dîner qu'offre Taïfaco aux deux voyageurs est particulièrement digeste. C'est grâce à cet excellent repas qu'ils goûtent ensuite un sommeil profond et réparateur[82]. Le renversement qu'opère l'auteur consiste à exhiber un univers où la tempérance prend le pas sur la gourmandise, où la diététique occupe les esprits au détriment de la passion trop commune de la gastronomie. En comparaison de ces sobres insulaires qui vivent tant d'années, remarque Gulliver, « tous les autres hommes [...] semblent faire des efforts pour abréger leurs jours[83] ». Le renversement est également moral. Au motif diététique initial s'ajoutent des considérations éthiques et métaphysiques. Lors du premier repas que Taïfaco offre à son hôte, la conversation roule, comme on peut s'y attendre, sur les principes philosophiques du végétarisme. Voici le récit qu'en donne Gulliver.

> Quoique je ne puisse dire précisément ce que nous mangeâmes, et que je n'en puisse aucunement définir le goût, je serais fâché néanmoins que le lecteur ignorât que nous fîmes un repas très délicat. Cependant il est certain qu'on ne nous servit aucune viande, parce que ces peuples qui croient à la transmigration des âmes ne donnent jamais la mort à aucun animal, à moins qu'il ne leur soit nuisible ; et en ce cas ils ont horreur de s'en nourrir.

---

81 *Ibid.*, t. 2, p. 94.
82 *Ibid.*, t. 2, p. 88 : « Les aliments épurés que nous avions pris la veille, quoiqu'en grande quantité, à cause de notre appétit extrême, n'excitèrent pendant la nuit aucun tumulte dans notre estomac. »
83 *Ibid.*, t. 2, p. 84.

Ce fut dans ce premier repas même que j'appris leur opinion sur cette matière ; car ayant demandé à Taïfaco de quelle nature étaient les mets excellents qu'il nous présentait, il me répondit que ce n'était que des légumes singuliers qui croissaient dans le pays et qu'on avait l'art d'assaisonner. Nous n'imitons pas, ajouta-t-il les Espagnols et les autres Européens qui se repaissent de la chair des animaux : funeste habitude qui les a en quelque sorte familiarisés avec l'effusion du sang des hommes. Les bêtes n'ont-elles pas une âme ? Quel droit a l'homme de la séparer de leur corps et de s'approprier leur substance pour sustenter la sienne, tandis que la terre libérale lui offre une infinité de grains, de racines et de fruits dont il peut se nourrir légitimement.

Silva écoutait ce discours d'un air dédaigneux et souriait en ignorant. Comme il n'avait aucune teinture des lettres, il trouvait dans les préjugés de son enfance la réfutation complète de la doctrine de Taïfaco. Pour moi, qui, dans ma pre-mière jeunesse, m'étais appliqué à la philosophie, et qui comptais pour rien les idées populaires et nationales si elles n'étaient conformes à la raison naturelle, je crus que la doctrine de notre hôte méritait d'être un peu autrement réfutée[84].

Gulliver expose alors à son hôte les deux principales opinions euro-péennes sur l'âme des bêtes : le mécanisme cartésien, qu'il récuse, et celle, « plus commune aujourd'hui », qui attribue aux bêtes une âme inférieure ne leur permettant pas de délibérer ou de surmonter leurs passions.

Les bêtes, comme vous voyez, sont donc extrêmement inférieures à l'homme, doué d'une âme qui pense, qui réfléchit, qui compare, qui délibère, qui est la maîtresse de toutes ses actions, qui connaît la vertu et le vice, et qui a la liberté de choisir entre l'un et l'autre.

Quand je vous accorderais tout cela, répliqua Taïfaco, je ne vois pas que vous en pussiez rien conclure en faveur du droit que vous vous attribuez de tuer les bêtes et de vous en nourrir. Si les bêtes, lui répartis-je, sont si infé-rieures à nous, elles ne sont pas nos semblables, et par conséquent, rien ne nous engage à les épargner ; c'est par cette raison même, répondit Taïfaco, que vous devez le faire. Il y a une espèce de bassesse à abuser de leur fai-blesse et à vous prévaloir de votre supériorité pour les opprimer. Pourquoi vous comportez-vous envers elles d'une manière, dont vous seriez très fâché qu'elles se comportassent envers vous. Vous détestez ces ours cruels, qui vous ont attaqué près de la forêt d'Arisba, et qui ont été sur le point de vous déchirer, nous les regardons aussi comme nos ennemis et nous ne faisons point difficulté de les tuer quand nous le pouvons, parce qu'il est conforme à la raison de détruire son ennemi. Mais est-il raisonnable d'avoir les mêmes à l'égard de tant de bêtes innocentes, qui ne font aucun mal à l'homme, et surtout à l'égard des oiseaux dont le plumage est aussi agréable à nos yeux que leur chant l'est à nos oreilles ?

84 *Ibid.*, t. 2, p. 73-75.

Je lui répondis que tous les animaux avaient été créés pour l'homme, que par conséquent il lui était permis de les tuer et de s'en nourrir, que la Providence avait établi entre tous les animaux une subordination économique qui faisait que quelques-uns servaient de pâture aux autres, que l'âme de toutes les bêtes périssait avec elles, au lieu que celle de l'homme était immortelle, qu'ainsi elles ne nous ressemblaient proprement que par l'organisation de leurs corps. Taïfaco, en philosophe pythagoricien, voulut alors me prouver que l'âme des bêtes ne périssait point à leur mort. Mais toutes ses raisons me parurent de pures suppositions dénuées de preuves, et je puis dire que je l'ébranlai beaucoup en lui faisant voir que le système de la transmigration des âmes ne pouvait s'accorder avec la sagesse du créateur[85].

Le végétarisme de Taïfaco repose sur des éléments classiques (ou en passe de le devenir) : la viande est mauvaise pour la santé, elle rend féroce, les animaux sont innocents et doués de sensibilité. Sa position est en revanche plus originale lorsqu'il renverse la notion de droit du plus fort en devoir de ne pas abuser les plus faibles. Gulliver, qui insiste sur la distinction ontologique entre les êtres humains et les bêtes puis sur la validité de l'anthropocentrisme, semble l'emporter en discréditant la transmigration des âmes sur laquelle reposait également l'éthique de Taïfaco. Quand bien même Gulliver sort vainqueur de cette joute oratoire, il doit bien admettre que le végétarisme, tout étrange qu'il puisse paraître, n'est pas tout à fait absurde. C'est loin d'être suffisant, bien entendu, pour imaginer qu'il devienne autre chose un jour qu'un objet de curiosité. Les opinions des Létalispons sur les bêtes et la santé « peuvent avoir quelque fondement, conclut Gulliver, mais qui ne courent aucun risque d'être suivies[86] ».

C'est peu ou prou le constat qu'avait tiré Taïfaco lorsqu'il avait séjourné plusieurs mois hors de son île, au Chili. Le Létalispon avait constaté alors l'ampleur du carnisme dans le monde réel et ses conséquences pour les animaux. Taïfaco confie à Gulliver avoir fait l'expérience désobligeante d'être le seul à se nourrir de fruits et de légumes à des tables couvertes de viandes[87]. Cette mise à l'écart s'accompagnait en outre des sarcasmes que faisait naître immanquablement sa sensibilité :

---

85   *Ibid.*, t. 2, p. 76-78.
86   *Ibid.*, t. 1, préface.
87   *Ibid.*, t. 2, p. 140-141 : « Mon nouveau maître (car sans être son esclave, j'étais à lui), me traitant avec distinction, me fit asseoir à sa table. Mais ayant vu qu'on l'avait couverte de viandes de différente espèce, je m'en éloignai, et ne voulus point manger. Je demandai

> J'avais [...] tous les jours devant les yeux le spectacle le plus triste pour un
> cœur létalispon ; je veux dire que je voyais Fernandez et les autres Espagnols
> tuer sans pitié les bêtes les plus aimables, et les manger inhumainement.
> Je tâchais quelquefois, par mes prières, d'empêcher le meurtre de quelque
> animal ; mais au lieu de m'écouter, on se moquait de moi[88].

À la manière des banians, auxquels Desfontaines songe manifestement ici, Taïfaco tenta même de persuader les chasseurs de libérer le
gibier qu'ils avaient pris[89]. En vain, bien entendu. Il est difficile pour
un Létalispon de comprendre ce plaisir de faire du mal aux animaux et
ce goût pour la viande que manifestent les Européens. De ce point de
vue, Jean Gulliver est représentatif de sa nation. Cet appétit pour les
nourritures carnées constitue même l'élément déclencheur de la sortie
de l'utopie. Lorsque lui et Silva confessent à Taïfaco qu'ils ne supportent
plus de se nourrir exclusivement de légumes, celui-ci les autorise à
aller pêcher, à condition qu'ils le fassent très loin des côtes « de peur
que quelqu'un ne [les] voie, et ne soit scandalisé de [leur] action[90] ». Le
Létalispon se laisse convaincre par ces deux Européens lui assurant que
même les moines, qui sont « de saints personnages », ne s'abstiennent
pas de poisson[91]. Cette entorse au régime végétarien va de pair avec un

---

à Fernandez la permission de vivre dans sa maison selon la coutume de mon pays, et de
m'abstenir de manger de la chair des animaux. Il me le permit ; et j'allai aussitôt cueillir dans le jardin des légumes, des racines, et des herbes que j'assaisonnai et mangeai
devant lui. »

88 *Ibid.*, t. 2, p. 141-142.

89 Taïfaco rapporte en effet qu'il connaissait un « chasseur de profession » : « J'allais souvent
chez lui pour tâcher de racheter la vie aux animaux qu'il prenait avec les filets. » (*Ibid.*,
t. 2, p. 146.) Gulliver rappelait plus tôt que les Létalispons « ont horreur de l'effusion,
non seulement du sang humain, mais encore de celui du moindre animal ». (*Ibid.*, t. 2,
p. 119.)

90 Gulliver et Silva avouent en effet à Taïfaco qu'ils se sont lassés du régime végétal :
« D'ailleurs, Silva et moi ne pouvions nous accoutumer aux légumes qui faisaient notre
seule et continuelle nourriture ; et quoiqu'ils fussent apprêtés délicatement, nous en
étions extrêmement dégoûtés. » (*Ibid.*, t. 2, p. 154.)

91 « Nous dîmes donc un jour à Taïfaco que la vie que nous menions dans son pays était trop
austère par rapport à la nourriture ; que les moines et les ermites d'Europe qui étaient
de saints personnages, faisant profession de ne jamais manger de viande, mangeaient
au moins du poisson ; que comme les poissons ne vivaient point dans le même élément
que les hommes, qu'ils n'avoient aucun commerce avec eux, et qu'ils n'étaient point, à
proprement parler, habitants de la terre, il semblait que c'était une charité superflue que
de les épargner ; que si nous continuions de vivre à la manière des Létalispons, et de ne
manger que des légumes, nous mourrions bientôt, parce nous n'étions point accoutumés
dès l'enfance à ce genre de vie. » (*Ibid.*, t. 2, p. 154-155.)

éloignement géographique et symbolique de l'île de la tempérance. En s'éloignant du rivage, Gulliver échappe en quelque sorte à l'attraction qu'exerçait l'univers utopique. Au bout de quelques heures, son canot croise un navire français sur lequel il décide d'embarquer. C'est ainsi que s'achève le séjour sur cette île végétarienne, et peut-être même davantage (si tant est que Desfontaines ait envisagé ces problèmes) puisque le régime des Létalispons exclut également tous les produits d'origine animale. Le romancier ne fait en outre nullement mention d'une quelconque forme d'élevage, comme si les habitants de l'île vivaient dans une sorte d'autarcie végétalienne. Lors du fascinant épisode autour duquel, renversement splendide, l'utopien Taïfaco visite le monde réel, il n'est fait nulle mention de son désir de manger du fromage ou des œufs. L'élevage, sur Létalispon, a donc été aboli ou n'a même jamais sans doute existé : les Létalispons vivent à l'écart du reste des animaux. C'est tout le contraire dans l'œuvre de Morelly, où les bêtes forment avec les êtres humains une heureuse communauté.

ZEINZEMIN, ROI-PHILOSOPHE VÉGÉTARIEN

Étienne-Gabriel Morelly est le philosophe « méconnu des Lumières », pour reprendre la belle formule de Nicolas Wagner[92]. Nous savons en effet extrêmement peu de choses sur sa vie, sinon qu'il est né à Vitry-le-François vers 1717. Morelly est l'auteur anonyme en 1753 du *Naufrage des îles flottantes, ou Basiliade*. Ce récit passe pour être la traduction d'un long poème écrit deux mille ans plus tôt par un poète hindou nommé Pilpaï[93]. Afin de « montrer quel serait l'état heureux d'une société formée selon les principes de son excellente morale », cet antique poète aurait raconté la geste d'un roi-philosophe légendaire régnant sur un continent dont la description ressemble fort à celles de l'âge d'or ou aux paysages féneloniens de la Bétique[94]. Le « Continent » sur lequel règne Zeinzemin est une terre heureuse dont les habitants adoptent de vertueux principes moraux et politiques. Ce sont ces mêmes principes

---

92 Nicolas Wagner, *Morelly, le méconnu des Lumières*, Paris, Klincksieck, 1978.

93 *Naufrage des îles flottantes, ou Basiliade du célèbre Pilpai, poème héroïque*, Messine, 1753.

94 *Ibid.*, t. 1, p. XXXVI de la préface : « Pilpai a eu en vue de montrer quel serait l'état heureux d'une société formée selon les principes de son excellente morale : le contraste de ses peintures fait sentir l'énorme différence qu'il y a de ses leçons à celles de la plupart des législateurs. » Sur l'importance du modèle fénelonien dans la *Basiliade*, voir Jean-Michel Racault, *L'Utopie narrative en France et en Angleterre, op. cit.*, p. 205-214.

que Morelly défend dans le *Code de la nature*, un essai paru ultérieurement[95]. Selon lui, l'abolition de la propriété privée, la légalisation du divorce et la mise en commun de la production sont quelques-unes des réformes pouvant permettre à une société de se prémunir du fanatisme, des inégalités sociales et des guerres[96]. Au large de ce « Continent » utopique se trouvent plusieurs « îles flottantes » symbolisant les errances de la superstition et du vice.

Zeinzemin emprunte ses traits à la fois aux pythagoriciens et aux brahmanes, ainsi que Morelly prend soin de le préciser à de nombreuses reprises. Ce sage roi, on s'en doute, a fait adopter à ses sujets un régime végétarien[97]. Morelly décrit longuement leurs « repas champêtres » autour de tables garnies d'une « copieuse variété de fruits délicieux[98] ». Leurs animaux vivent paisiblement à leurs côtés : les bêtes de somme font l'objet de soins attentifs et ne sont jamais sacrifiées[99]. On ignore tout de l'art de la chasse[100]. Quand il voyage hors de son pays, Zeinzemin se présente aux étrangers comme un adepte et même un apôtre du végétarisme. Au cours d'un épisode dont se souvient peut-être Voltaire dans *La Princesse de Babylone*, il explique à ses hôtes pourquoi il ne mangera pas

95 *Le Code de la nature, ou le véritable esprit de ses lois*, Paris, « partout, chez le vrai sage », 1755. Pendant longtemps, la critique a hésité à attribuer à Morelly la paternité de *La Basiliade* et du *Code de la nature* ; elle avait même considéré un temps que Diderot était l'auteur de ce dernier essai. Sur ce doute, et pour une présentation générale du roman, voir Nicolas Wagner, *op. cit.*, p. 172-212.

96 Voir Nicolas Wagner, *ibid.*, p. 238-245.

97 *Op. cit.*, t. 1, p. 9. Morelly écrit en note : « Pilpai était de la secte des Bramines, Philosophes Indiens, qui observent cette abstinence ; et l'on prétend que ce fut chez eux que Pythagore l'adopta. » Voir également t. 2, p. 298.

98 *Ibid.*, t. 1, p. 8. Gilbert Chinard a le premier mentionné l'influence de l'ouvrage de Garcilaso de la Vega sur Morelly. Ce dernier s'est en effet inspiré de la mythologie inca dépeinte dans les *Commentaires royaux ou Histoire des Incas du Pérou* pour son tableau des origines mythologiques du « Continent ». Voir l'introduction de Gilbert Chinard à son édition du *Code de la Nature*, Paris, 1950, Abbeville, F. Paillard, p. 47.

99 *Ibid.*, t. 1, p. 8-9 : « Le bœuf, en échange des secours qu'il prêtait au laboureur, en recevait un ample salaire, et semblait partager avec son maître les fruits de son travail : libre, après ses services, il n'avait point à craindre que par la plus noire ingratitude, un barbare couteau versât son sang pour remercier la Divinité d'une récolte abondante. Non, ces peuples ne s'étaient jamais imaginé que l'on pût honorer l'Auteur de la vie par la destruction cruelle de quelque être vivant. »

100 *Ibid.*, t. 1, p. 10 : « Les oiseaux, dont les chants variés charment les fatigues des divers travaux, dont leurs amours et leur industrie nous annoncent les saisons, n'avaient point à redouter les atteintes de ces funestes machines auxquelles une ingénieuse méchanceté a trouvé le secret de donner des ailes. Le fer n'était point aiguisé pour ces usages meurtriers. »

le poisson qu'ils s'apprêtent à lui servir. La scène est aussi une occasion, pour Morelly, d'exposer les raisons du végétarisme de son héros.

> Il faut, dit Zeinzemin, que je vous délivre d'une inquiétude que vous cause votre générosité. Je suis d'un Pays où l'on a en aversion toute nourriture préparée aux dépens de la vie des animaux : ce n'est point précisément que nous croyions que ce qui nous anime, en quittant notre corps, en aille habiter d'autres ; si ce principe de vie change ainsi de demeure, il est vraisemblable qu'il n'en prend point d'une espèce différente de celle qu'il habitait : nous ne prétendons point non plus examiner pourquoi la Divinité permet que quelques animaux en dévorent d'autres ; nous observons seulement que ses intentions sont que tout animal pacifique se contente, pour subsister, d'herbes, de fruits, ou de racines : si cela est, disons-nous, certainement l'homme, que la raison doit éloigner de toute cruauté, et même de ce qui en a l'apparence, ne doit point, pour soutenir sa vie, l'attacher à des êtres qu'il voit, comme lui, sensibles à la douleur, et chérir leur conservation. La principale raison de notre abstinence est donc d'éloigner de nous toute ombre d'action dénaturée ; d'ailleurs, la terre ne nous fournit-elle pas abondamment une délicieuse subsistance, et beaucoup plus salutaire que la corruption qui suit presque immédiatement la mort des animaux ? Ces deux destructrices ne doivent-elles pas s'accompagner jusques dans les entrailles de ceux qui se repaissent de leur chair ? et ne semblent-elles pas, en abrégeant les jours du meurtrier, venger l'être vivant qui vient dépérir sous ses coups ? La plupart des plantes et des racines, au contraire, contiennent des sucs doux et onctueux qui donnent de la force et de la souplesse à nos organes ; le goût et l'odorat nous avertissent de leurs qualités bienfaisantes et leur insensibilité nous dit qu'elles sont faites pour se prêter, sans regret, à la conservation des autres êtres. Je ne blâme point cependant un usage que la nécessité et l'habitude paraissent autoriser chez vous ; mais il me semble que la nature doit trouver cette nécessité fâcheuse.
> Les hôtes trouvèrent ce raisonnement plein de sagesse[101].

À la différence de Desfontaines, Morelly prend tout d'abord soin de distinguer le végétarisme de son héros de la foi en la transmigration des âmes, auquel devraient pourtant l'inciter à croire son brahmanisme et son pythagorisme. Cette précaution permet à Morelly de crédibiliser l'éthique de Zeinzemin et lui donner une assise rationnelle. Comme souvent dans la *Basiliade*, l'éthique se fonde sur une observation attentive de la nature et sur la bienveillance. Notre nature nous enjoint d'écarter toute forme de cruauté et nous fait préférer les végétaux ; la nature elle-même nous indique que les créatures les plus douces sont les créatures

---

101 *Ibid.*, t. 2, p. 245-247.

frugivores. La conclusion qu'il faut tirer de ces deux constats s'impose d'elle-même.

Des motifs physiologiques secondent et confirment ensuite l'adoption morale du végétarisme. Par une sorte de contagion le cadavre de la bête consommée précipite, en effet, la mort de celui qui s'en repaît. Alors que l'argumentation physiologique était peu fouillée chez Desfontaines, Morelly renvoie avec précision aux lettres de Wallis et de Tyson pour prouver que notre nature biologique réclame des nourritures issues du règne végétal[102].

Zeinzemin, son personnage, est en revanche moins affirmatif lorsqu'il s'agit d'expliquer pourquoi la nature est le théâtre de l'entredévoration des espèces animales. Il ne veut pas se prononcer sur ce mystère et n'en tire par prudence aucune conclusion métaphysique. Cette suspension du jugement correspond à la leçon contenue dans l'épisode qui précède immédiatement le dîner chez les pêcheurs. Le roi vertueux s'était en effet rendu dans le temple de la Vérité où il apprit qu'il était vain de vouloir percer ces énigmes métaphysiques excédant si manifestement les capacités de l'entendement humain[103]. La loi de destruction généralisée des espèces (que Zeinzemin réduit à l'existence de « quelques animaux » carnivores) en est une. En vertu d'une sagesse toute sceptique, Zeinzemin ne cherche guère à en connaître les raisons ; il se borne à soutenir que la consommation du cadavre des animaux, à moins d'être absolument nécessaire, est à la fois dangereuse et immorale. Telle était la leçon dispensée par Ovide ou Plutarque. Morelly ne se satisfait toutefois pas de répéter ce qui a été jadis si bien dit. De manière plus originale, le végétarisme qu'il prône participe d'une éthique de la collaboration entre les humains et certains animaux. Il envisage une société vertueuse qui utilise des bêtes sans les tuer ni les maltraiter. Ni l'exploitation animale ni plus généralement la domestication ne devrait selon lui être abolie puisque nous avons absolument besoin des animaux, juge-t-il, pour nos seconder dans nos travaux. Ce dernier point est capital. Morelly prend

---

102 *Ibid.*, t. 2, p 171 : Avant de renvoyer aux *Philosophical Transactions*, Morelly précise : « J'ai déjà remarqué que Pilpai, suivant l'usage des Bramines, fait observer à son héros et à ses peuples l'abstinence de la chair des animaux ; j'ajouterai que cela est conforme à l'état naturel de l'homme, qu'il n'est point fait pour être un animal carnassier. D'habiles anatomistes mêmes ont reconnu que ses organes ne sont point conformés comme ceux des animaux voraces. »
103 *Ibid.*, t. 2, p. 238-239.

soin d'expliciter l'origine et les fondements de cette dépendance mutuelle à travers une fable qu'il mêle aux aventures de Zeinzemin. Un des personnages de la *Basiliade* retrace la genèse mythique du « Continent ». À travers le récit de l'Homme primordial et de sa sœur, il s'agit surtout de retracer l'histoire des premiers âges de l'humanité[104]. Morelly estime que l'être humain se nourrit d'abord de végétaux dont il améliora le goût grâce à des expériences culinaires répétées[105]. Leurs descendants comprirent ensuite les bénéfices qu'ils pouvaient tirer de ces animaux qui semblaient tant se plaire en leur compagnie[106]. Bien vite, les uns et les autres formèrent une communauté reposant sur la collaboration et la symbiose (et non pas sur l'asservissement des uns<). Les bêtes perdirent une partie de leur liberté, il est vrai, mais elles gagnèrent une nourriture et une sécurité qu'elles n'avaient pas toujours auparavant. Les hommes bénéficièrent en échange de la force des bœufs, du lait des brebis et de la laine des moutons.

Morelly ajoute-t-il foi à ce système végétarien ? Cela n'est pas impossible dans la mesure où la distance et l'ironie sont en règle générale absentes de son œuvre et qu'il a manifestement mené une enquête sur le sujet. Quoi qu'il en soit des intentions de l'auteur, le « Continent » de *La Basiliade* comme l'île végétalienne de Desfontaines contribuent à faire un peu plus de l'abstinence de viande un lieu commun du genre utopique. Sade le sait fort bien, qui peint la paradisiaque île de Tamoé comme un pays où l'on ne songerait un seul instant à manger des animaux.

---

104 Cette fratrie est la seule qui put rester sur le Continent lorsque les dieux créèrent une multitude d'« îles flottantes » qui accueillirent l'humanité pécheresse (*Ibid.*, t. 1, p. 58-60). Le peuple de Zeinzemin descend donc de ce couple primordial.

105 *Ibid.* t. 1, p. 64-65. Dans un autre de ses ouvrages, il considère également que la première nourriture de l'homme fut végétale : *Essai sur l'esprit humain, ou principes naturels de l'éducation*, Paris, Delespine, 1743, p. 247.

106 *Ibid.*, t. 1, p. 67-68 : « Ceux d'entre les animaux qui se plaisent en la compagnie des hommes, et paraissent en attendre des secours que la Nature leur refuse, viennent se ranger près de ces bienfaiteurs : le Bœuf et la paisible génisse, la timide brebis et le léger chevreau, viennent paître autour de leur demeure ; ils leur laissent partager le lait qu'ils donnent à leurs petits. »

TAMOÉ, ENVERS DU CANNIBALISME

Sade aborde peu le thème végétarien dans son œuvre. Il ne le fait à vrai dire qu'une seule fois, dans *Aline et Valcour*[107]. *Dans ce « roman philosophique »*, Sade se livre également à une réflexion assez approfondie sur la question de l'anthropophagie[108]. Le traitement de ces deux thèmes s'explique probablement par la double source d'inspiration du romancier : *La Nouvelle Héloïse*, dont l'héroïne est « presque pythagoricienne », et *Cleveland*, dans lequel la fille du héros éponyme séjourne un temps parmi un peuple de cannibales américains, les féroces Rouintons. Ces deux thèmes ne sont pas seulement traités conjointement dans le roman, mais forment un diptyque savamment agencé.

Le végétarisme est envisagé d'abord à la faveur du récit des aventures de Sainville, héros d'un long épisode enchâssé dans le roman. Sainville se trouve alors sur une île inconnue du Pacifique, Tamoé, dont les habitants ne se nourrissent que de nourritures végétales. Le pseudo-éditeur du roman avait pris soin d'avertir le lecteur que Tamoé était le « pays des chimères ». Sa description obéit en effet à tous les codes de l'utopie et Sade ne néglige aucun des *topoi* du genre. Tamoé est une île « charmante » à laquelle le personnage accède accidentellement après avoir fait naufrage. Il y découvre un espace clos, parfaitement protégé du monde extérieur et où règne un printemps perpétuel. La nature, généreuse, prodigue spontanément les fruits les plus délicieux[109]. Les

---

107 Jean-Claude Bonnet mentionne également dans *Eugénie de Franval* un pastiche des repas presque végétariens à la Rousseau : « Le Système de la cuisine et des repas chez Rousseau », *Poétique*, n° 22, 1975, p. 250.

108 En cela, il est très influencé par la lecture de Cook, de de Pauw, et de Démeunier qui relataient des cas d'anthropophagie, aux Caraïbes, en Amérique et en Afrique. Sur cette influence, voir les commentaires de Michel Delon dans son édition des œuvres de Sade, Paris, Gallimard, 1990, t. 1, p. 1263. Sade propose lui-même plusieurs hypothèses au sujet de l'origine de cette pratique.

109 *Ibid.*, p. 612 : « Cette île nous paraissait charmante, quoique toute environnée de rochers, et dans notre horrible état, nous savourions au moins l'espoir flatteur de pouvoir réparer nos maux, dans une contrée si délicieuse. » Voir également p. 687 : « J'y vis en abondance l'arbre du fruit à pain, qui leur donne une nourriture semblable à celle que nous formons avec nos farines, mais plus délicate et plus savoureuse. J'y observai toutes les autres productions de ces îles délicieuses du Sud, des cocotiers, des palmiers, etc., pour racines, l'igname, une espèce de choux sauvage, particulière à cette île, qu'ils apprêtent d'une manière fort agréable, en le mêlant à des noix de cocos. » L'influence de Fénelon dans la peinture de ce lieu idyllique a été mise en évidence par Philippe Roger, « la Trace de Fénelon », *Sade. Écrire la crise*, Paris, Belfond, 1983, p. 158-166.

insulaires sont beaux, doux et accueillants et font au personnage de Sade la plus agréable des impressions. Rien ne lui rappelle mieux l'âge d'or que « les mœurs douces et pures de ce bon peuple ». « Chacune de leurs maisons charmantes, raconte-t-il, me parut le temple d'Astrée[110]. » Sur Tamoé, personne ne tombe malade ; l'on y vit en outre plus longtemps que partout ailleurs grâce à un régime frugal, constitué essentiellement de végétaux. Sainville décrit en ces mots le premier repas auquel le convie Zamé, le roi-philosophe de l'île : « Il n'y parut [...] aucune sorte de viande : tout le repas consistait en une douzaine de jattes d'une superbe porcelaine bleue du Japon, uniquement remplies de légumes, de confitures, de fruits et de pâtisserie. »

À table, les discussions portent bien vite sur la nourriture servie et Zamé, après avoir critiqué le faste des tables européennes, expose à Sainville les raisons de son végétarisme :

> Ce n'est point par aucun principe religieux que nous nous abstenons de viande, c'est par régime, c'est par humanité : pourquoi sacrifier nos frères quand la nature nous donne autre chose ? Peut-on croire, d'ailleurs, qu'il soit bon d'engloutir dans ses entrailles la chair et le sang putréfiés de mille animaux divers ; il ne peut résulter de là qu'un chyle âcre, qui détériore nécessairement nos organes, qui les affaiblit, qui précipite les infirmités et hâte la mort. Mais les comestibles que je vous offre n'ont aucun de ces inconvénients : les fumées que leur digestion renvoie au cerveau sont légères, et les fibres n'en sont jamais ébranlées. Vous boirez de l'eau, mon convive, regardez sa limpidité, savourez sa fraîcheur ; vous n'imaginez pas les soins que j'emploie pour l'avoir bonne. Quelle liqueur peut valoir celle-là ? En peut-il être de plus saine ?... Ne me demandez point à présent pourquoi je suis frais malgré mon âge, je n'ai jamais abusé de mes forces ; quoique j'aie beaucoup voyagé, j'ai toujours fui l'intempérance, et je n'ai jamais goûté de viande... Vous allez me prendre pour un disciple de Crotone ; vous serez bien surpris, quand vous saurez que je ne suis rien de tout cela, et que je n'ai adopté dans ma vie qu'un principe, travailler à réunir autour de soi la plus grande somme de bonheur possible, en commençant par faire celui des autres[111].

Comme chez Morelly, l'argumentation de Zamé en faveur du végétarisme ne repose absolument pas sur des principes religieux ; il se distingue même ici d'un pythagorisme que Sade semble réduire à la foi en la transmigration des âmes. Et comme chez Desfontaines, le

---

110 *Ibid.*, p. 698. Voir également p. 614.
111 *Ibid.*, p. 618-619.

régime végétarien n'est pas le résultat d'une volonté de se mortifier puisque les insulaires attribuent aux végétaux des vertus gustatives et médicinales. Le végétarisme de Zamé relève donc et de la diététique et de la morale : l'abstinence de viande permet une digestion plus facile ; les légumes, une fois transformés par l'estomac, engendrent, ainsi que le soutenait déjà Hecquet, un chyle plus propre à nourrir le corps. Ce repas s'accompagne non pas de vin qui pourrait rendre le sang trop âcre et troubler les esprits, mais d'une eau claire, qu'il n'est pas si aisé de se procurer au XVIIIᵉ siècle. Les arguments moraux qu'il avance reposent quant à eux sur l'idée qu'il existe une parenté du vivant et que les animaux sont « nos frères ».

Il ne faut pas se méprendre, toutefois : cette apologie de la tempérance et de l'éthique végétariennes par Sade doit être vue, d'abord et avant tout, comme un élément constitutif de « la meilleure parodie de l'utopie classique », selon le mot de Georges Benrekassa[112]. Les arguments physiologiques avancés sont en effet sommaires. Quant aux raisons éthiques, elles relèvent déjà du poncif. On ne saurait réduire tout à fait cependant le végétarisme de Tamoé à un simple jeu littéraire ; ce régime est l'occasion pour Sade de proposer une réflexion originale sur le spécisme. La compassion qui est prêchée sur l'île de Tamoé est aussi radicale que la violence régnant dans un lieu contre-utopique traversé quelques pages plus tôt : le royaume de Butua[113]. Ce pays est peuplé par les effroyables Jagas. Les mœurs féroces qu'on prêtait aux Hottentots étaient bien connues au XVIIIᵉ siècle. Sade choisit de surenchérir dans la monstruosité en brossant le portrait du « peuple le plus cruel et le plus dissolu de la terre[114] ». Les Jagas infligent à leurs prisonniers d'atroces sévices. Ils vont plus loin encore dans l'abomination : friands de chair

---

112 Georges Benrekassa, *Le Concentrique et l'excentrique. Marges des Lumières*, Paris, Payot, 1980, p. 117.

113 Sur le contraste entre Tamoé et Butua, voir par exemple Yves Giraud, « La Ville du bout du monde (Sade, *Aline et Valcour*), *Studi di Letteratura francese*, XI, 1985, p. 85-100.

114 *Op. cit.*, p. 554. Dominique Lanni explique pourquoi Sade a arrêté son choix sur les Jagas : « S'il a préféré inscrire un épisode de son roman chez les Jagas plutôt que chez les Hottentots, sans doute est-ce pour surenchérir librement dans la monstruosité. En cette fin de siècle, les mœurs des Hottentots, décrites avec force détails par les voyageurs, les historiens, les savants, ne suscitent plus les haut-le-cœur d'antan. » (*Roman et philosophie au crépuscule des Lumières : Les Jagas de ben Mâacoro et l'anti-utopie de Butua dans la « lettre trente-cinquième » d'*Aline et Valcour *de Sade*, consultable en ligne sur le site internet d'Africultures.)

humaine, ils ont en quelque sorte institutionnalisé l'anthropophagie en installant des « boucheries publiques où l'on s'en fournit en tout temps[115] ».

Catriona Seth fait remarquer que la société des Bohémiens que fréquentera un temps Léonore représente une heureuse synthèse entre le pays des Jagas et l'île de Zamé. Seuls les Bohémiens « font la part des choses ». Ils égorgent seulement les créatures qui méritent de l'être, les animaux, « à l'inverse des gens de Butua et de Tamoé qui les [les hommes et les animaux] confondent dans leurs systèmes excessifs, mais inverses de cannibalisme ou de végétarisme[116] ». Ces systèmes sont excessifs, donc, impossibles à mettre en pratique ou inhumains, mais n'en sont pas moins les deux seuls à être parfaitement cohérents. Chez Sade, le végétalisme et l'anthropophagie constituent les deux faces d'une même médaille, celle de l'antispécisme, ce refus a priori de traiter différemment des individus sur la base de l'espèce à laquelle ils appartiennent[117]. Il n'est pas bien raisonnable de vouloir toujours épargner un homme simplement parce qu'il est un homme ni de s'autoriser à massacrer des poules simplement parce qu'elles sont des poules. Voilà ce dont l'entretient Sarmiento, un Portugais qui fut fait prisonnier à Butua et qui en adopta bien vite les coutumes. Depuis qu'il a renoncé aux préjugés européens, Sarmiento juge absurde l'idée que les êtres humains seraient le chef-d'œuvre de la nature et que l'univers entier n'a été créé que pour les agréer[118] :

> Rien n'est créé pour nous ; misérables créatures que nous sommes, sujets aux mêmes accidents que les autres animaux, naissant comme eux, mourant comme eux, ne pouvant vivre, nous conserver et nous multiplier que comme eux, nous nous avisons d'avoir de l'orgueil, nous nous avisons de croire que c'est en faveur de notre précieuse espèce que le soleil luit, et que les plantes croissent. Ô déplorable aveuglement ! convainquons-nous donc que la nature

---

115 *Ibid.*, p. 592.

116 Catriona Seth, « Rassembler une ménagerie », Catriona Seth et Michel Delon (dir.), *Sade en toutes lettres*, Paris, Desjonquères, 2004, p. 191.

117 Sur cette question, voir l'article de Jean-Baptiste Jeangène Vilmer, « Sade antispéciste », *Les Cahiers antispécistes*, Lyon, n° 32, mars 2010, p. 65-82.

118 C'est une idée qu'il critique au sein même de cet épisode. Pour lui le sacrifice humain est la preuve de notre orgueil d'espèce : « Cette idée, que l'immolation de l'homme était le sacrifice le plus pur qu'on put offrir à la divinité, était le fruit de l'orgueil ; l'homme se croyant l'être le plus parfait qu'il y eût au monde, imagina que rien ne pouvait mieux apaiser les dieux, que le sacrifice de son semblable. » (*Op. cit.*, p. 584.)

se passerait aussi bien de nous, que de la classe des fourmis ou de celle des mouches[119].

S'il admet par ailleurs que la nature a soumis les animaux aux hommes, Sarmiento ne considère pas qu'il soit légitime de les dominer pour la seule raison qu'ils sont des animaux. Nous ne les assujettissons pas au nom de la supériorité ontologique de l'espèce humaine, mais parce qu'ils sont moins forts que nous, tout aussi légitimement qu'au royaume de Butua, les Jagas ont le droit de dominer leurs femmes et leurs prisonniers. Le rapport de force ne s'exerce pas d'espèce à espèce, mais d'individu à individu (ou de groupe à groupe). L'égalité au sein du genre humain est une chimère qui n'a jamais existé et qui n'existera probablement jamais[120]. Au royaume de Butua, les femmes sont traitées comme des bêtes de somme, c'est-à-dire maltraitées, parce que leurs maris ont assez de force pour le faire. Elles sont attelées à des charrues ou à des herses et sont battues par eux lorsqu'elles s'écroulent de fatigue[121]. En Europe, les hommes asservissent, tuent et dévorent bien les animaux. Ne font-ils pas valoir leur force contre leur faiblesse ? Et se comportent-ils autrement avec les Nègres esclaves ? Pourquoi donc épargner les femmes plutôt que les Nègres, plutôt que les bœufs ?

La loi du plus fort, qu'assume pleinement Sarmiento, est une loi universelle qui s'applique donc au sein des espèces et entre les espèces. À l'inverse, la bienveillance que prône Zamé doit se manifester à l'ensemble des êtres animés, qu'ils soient humains ou non. L'antispécisme professé par les deux personnages de Sade est une conséquence logique du matérialisme. Sade considère que nous ne différons des bêtes que par une organisation particulière des atomes qui nous constituent. Si l'on admet le postulat selon lequel l'être humain est un animal comme

---

119 *Ibid.*, p. 588-589.
120 « Ô Sainville, je ne te verrai donc jamais philosophe ! Où prends-tu que les hommes soient égaux ? » (*Ibid.*, p. 569.)
121 Sainville décrit ainsi le calvaire d'une Jaga : « Une de ces malheureuses hersait un champ où son mari voulait semer du maïs, attelée à une charrue lourde ; elle la traînait de toutes ses forces sur une terre grasse et spongieuse qu'il s'agissait d'entrouvrir. Indépendamment de ce travail pénible où succombait cette infortunée, elle avait deux enfants attachés devant elle, que nourrissait chacun de ses seins ; elle pliait sous le joug ; des sanglots et des cris s'entendaient malgré elle, sa sueur et ses larmes coulaient à la fois sur le front de ses deux enfants... Un faux pas la fait chanceler... elle tombe... je la crus morte... son barbare époux saute sur elle, armé d'un fouet, et l'accable de coups pour la faire relever... » (*Ibid.*, p. 600-601.)

les autres, qu'il n'est pas a priori de hiérarchie entre les espèces, seules deux attitudes sont alors moralement légitimes : soit il faut manger les hommes comme nous mangeons les bêtes ; soit il faut s'abstenir de manger les bêtes comme nous nous abstenons de manger les hommes. Voilà, si l'on pouvait faire fi de nos habitudes, la seule alternative philosophiquement recevable. Si les propos tenus par Sarmiento ont quelque chose d'absolument révoltant, il faudrait bien admettre qu'ils ont la logique de leur côté : « Ne comprends pas dans la corruption morale l'usage de manger de la chair humaine, déclare-t-il à Sainville. Il est aussi simple de se nourrir d'un homme que d'un bœuf. Dis si tu veux que la guerre, cause de la destruction de l'espèce, est un fléau ; mais cette destruction faite, il est absolument égal que ce soient les entrailles de la Terre ou celles de l'homme qui servent de sépulcre à des éléments désorganisés. »

L'auteur appuie dans les notes la position de son personnage : « L'anthropophagie n'est certainement pas un crime ; elle peut en occasionner, sans doute, mais elle est indifférente par elle-même[122]. » Comment comprendre alors l'habitude européenne consistant à se nourrir de toutes sortes de cadavres à l'exception notable de ceux des êtres humains ? Sade répond sans originalité que l'habitude est la reine du monde, qu'elle a même davantage d'emprise sur nous que la nature. Sourd aux raisons de Sarmiento et victime, en quelque sorte, de ses préjugés, Sainville assure préférer manger la viande de singe qu'on lui propose également[123]. Puis, apercevant des mets végétariens, il se ravise, et refuse finalement la chair de cet animal (mais il est vrai aussi qu'elle est « dure » et guère appétissante, et que l'évidente proximité anatomique du singe contribue au dégoût du jeune homme) : « Laisse là ton singe, dis-je à mon hôte en apercevant un plat de gâteaux et de fruits qu'on nous préparait sans doute pour le dessert. Fais ton abominable souper tout seul, et dans un coin opposé le plus loin que je pourrai de toi ; laisse-moi m'alimenter de ceci, j'en aurai beaucoup plus qu'il ne faut. »

---

122 *Ibid.*, p. 569.
123 Sarmiento reproche à Sainville de mépriser les mets qu'on lui sert : « Eh que diable veux-tu que je te donne à souper, dès que tu ne veux pas te nourrir de ce dont tout le monde mange ?... J'ai bien là un vieux singe, mais il sera dur ; je vais ordonner qu'on te le fasse griller. – soit, je mangerai sûrement avec moins de dégoût la culotte ou le râble de ton singe, que les carnosités des sultanes de ton roi. » (*Ibid.*, p. 561-562.)

S'abstenant à la fois de viandes humaine et animale, Sainville donne ici raison à Sarmiento : zoophagie et anthropophagie ne diffèrent fondamentalement en rien. Le personnage de Sade prend donc le parti de l'abstinence générale de chair à la manière des habitants de l'île de Tamoé. Du reste, depuis qu'il est arrivé dans cet affreux royaume de Butua, et avant même d'être capturé, Sainville s'était toujours nourri de végétaux, comme s'il voulait contrebalancer les monstruosités anthropophages qu'il voyait se produire devant lui[124].

CONCLUSION

Dans un contexte assez propice à la réapparition de discours favorables au végétarisme, le souvenir de l'âge d'or, le prestige de Pythagore et des prêtres hindous, l'existence fictionnelle de nations végétariennes concourent à faire de ce régime étrange une chose envisageable. Certains le présentent même comme un idéal auquel on devrait tendre, même si les populations semblent peu disposées à sacrifier leur goût pour la viande et que l'on ne prête pas aux fruits de l'Europe les vertus de ceux des pays chauds. Les exemples végétariens, bien que passés, lointains ou imaginaires montrent aussi à quel point l'abstinence de viande n'est pas réductible à des questions de préférences culinaires ou de traditions gastronomiques. Quand il n'est pas traité simplement comme un *topos* littéraire, le végétarisme est toujours envisagé dans des perspectives diététiques, morales, sociales et religieuses. On voit en lui la conséquence

---

124 Après la tempête qui l'a jeté sur les côtes africaines, Sainville doit se nourrir : « Excédé de fatigue et de besoin, mon premier empressement dès que je fus à terre, fut de cueillir quelques racines et quelques fruits sauvages dont je fis un excellent repas. » (*Ibid.*, p. 550.) Il assiste ensuite avec horreur à un premier acte de torture et d'anthropophagie de la part de Jagas. Une fois qu'ils eurent fini leur monstrueux festin et qu'ils furent parti, Sainville sort de sa cachette et explique : « Si j'avais eu le même goût que ce peuple féroce, j'aurais encore trouvé sur l'arène, de quoi faire un excellent repas ; mais une telle idée, quelle que fût ma disette, fit naître en moi tant d'horreur, que je ne voulus même pas cueillir les racines dont je me nourrissais, dans les environs de cet horrible endroit. » (*Ibid.*, p. 552.) Catriona Seth fait justement remarquer que Léonore mangera quant à elle des singes lorsqu'elle fuira Butua : « Nous fûmes huit jours avant que d'arriver à Benguelé, ne mangeant que quelques singes tués à la chasse. » (*Ibid.*, p. 799.). Voir Catriona Seth, *op. cit.*, p. 189.

pratique de concepts peu orthodoxes tels que la transmigration des âmes ou le droit des bêtes à ne pas être tuées. Si la première de ces théories se voit absolument rejetée par les hommes et les femmes des Lumières, la seconde est examinée plus attentivement, en particulier par ceux qui s'inscrivent dans le sillage de Locke. Ces derniers mesurent parfois les conséquences morales et théologiques immenses que peut recouvrir l'abstinence de viande. Cela est vrai surtout de Voltaire. Si le Patriarche de Ferney défend, avec passion parfois, le vertueux régime de Pythagore et ses conséquences heureuses pour les animaux, il comprend aussi que le végétarisme peut lui être très utile dans sa lutte idéologique. Tout est bon pour critiquer l'anthropocentrisme, l'Église et le Dieu des chrétiens.

VOLTAIRE
ET LES « CADAVRES DÉGUISÉS »

Jusqu'à une date très récente, les pages que Voltaire consacre au végétarisme n'ont guère retenu l'attention des critiques[1]. Ces passages, dispersés, ne représentent bien sûr qu'une part minime de sa production. Considérés isolément, ils pourraient être mis sur le compte du badinage ou de la plaisanterie. Mais lorsqu'on les rassemble et les compare, il devient très clair que Voltaire prend la question végétarienne au sérieux. Les problèmes moraux qu'il décèle dans la consommation de viande ne portent pas seulement sur les souffrances endurées par les bêtes de boucherie : ils recoupent chez lui des préoccupations philosophiques plus larges et plus anciennes. La mise à mort des animaux et leur dévoration lui permettent notamment d'envisager sous un angle neuf l'origine du mal ou la place de l'homme dans le cosmos.

Pour la plupart d'entre elles, les mentions du végétarisme sont tardives dans l'œuvre voltairienne ; elles apparaissent très rarement avant l'année 1762. Jusqu'à cette date, Voltaire vante sans ambiguïté le bonheur que procurent les nourritures carnées. Il se montre même sarcastique à l'endroit de ceux qui s'en abstiennent. À partir de 1762, l'éthique végétarienne occupe en revanche une belle place dans sa production philosophique et littéraire. Le philosophe l'évoque ainsi de manière élogieuse dans plusieurs de ses essais ou fictions ; c'est le cas notamment du *Traité sur la tolérance* (1763), du *Dialogue du Chapon et la poularde* (1763), des *Aventures indiennes* (1766), de *La Princesse de Babylone* (1768), des *Lettres d'Amabed* (1769), du pamphlet *Il faut prendre un parti* (1775) ou encore de plusieurs articles des *Questions sur l'Encyclopédie* (1770-1772).

Il est impossible de saisir les causes exactes de cet intérêt soudain pour la question végétarienne. Il existe probablement un faisceau de

---

1   L'expression « cadavre déguisé », pour désigner la viande, est de Voltaire. Voir *La Princesse de Babylone*, IV (*OCV*, t. 66, p. 122).

raisons. On remarquera tout d'abord que Voltaire a été toute sa vie obsédé par la question des régimes, étant donné qu'il souffre depuis sa jeunesse de terribles maux de ventre. C'est au début des années 1760 qu'il commence à s'intéresser de près à la religion et aux mœurs des brahmanes qu'il étudie le manuscrit de Meslier et s'inspire de certaines des réflexions que le curé matérialiste faisait sur les bêtes et sur Dieu. Voltaire lit enfin la même année le traité de Porphyre, qu'il évoque de manière élogieuse dans la longue note du chapitre XII du *Traité sur la tolérance*, premier passage qu'il consacre au régime végétal.

Depuis lors, les plaidoyers du grand homme en faveur des bêtes ne sont pas discrets ou allusifs, mais fermes et même emportés, ainsi qu'en témoigne cet extrait d'*Il faut prendre un parti*.

> Il n'est que trop certain que ce carnage dégoûtant, étalé sans cesse dans nos boucheries et dans nos cuisines, ne nous paraît pas un mal, au contraire, nous regardons cette horreur, souvent pestilentielle, comme une bénédiction du Seigneur et nous avons encore des prières dans lesquelles on le remercie de ces meurtres[2].

Les critiques mentionnent rarement ces pages éloquentes ; quand ils le font, c'est souvent de manière embarrassée. Le cas le plus saisissant est celui de la réception du *Dialogue du Chapon et de la poularde*. Dans le volume de La Pléiade consacré aux *Mélanges*, les éditeurs ne commentent guère les principes et les enjeux de cette claire apologie du végétarisme et se contentent de proposer une brève note sur Porphyre. Ce silence rappelle celui qui accompagne les notes du dialogue dans l'édition Moland des *Œuvres Complètes*. En 1939, Raymond Naves, dans son édition critique des *Dialogues et anecdotes philosophiques* de Voltaire explique quant à lui que le *Chapon et la poularde* est une « facétie » et qu'il n'est donc pas très « sérieux[3] ». Édouard Guitton évite de parler du cœur du propos voltairien et préfère mentionner le débat sur l'âme des bêtes[4]. Plus récemment, André Magnan parle de dialogue « étrange[5] ».

2   *Il faut prendre un parti*, *Œuvres complètes de Voltaire*, édition Th. Besterman (dorénavant *OCV*), t. 74B, p. 38.

3   Voir les *Dialogues et anecdotes philosophiques* de Voltaire, édition de Raymond Naves, Paris, Garnier, 1939, p. 493.

4   Édouard Guitton est l'auteur d'une édition critique des *Romans et contes* de Voltaire (Paris, Livre de Poche, Pochothèque, 1994). Sur le *Dialogue du chapon et de la poularde*, voir les notes p. 931-932.

5   Jean-Marie Goulemot, André Magnan et Didier Masseau (dir.), *Inventaire Voltaire*, Gallimard, 1995, p. 141 (article « Bestiaire »).

Stéphane Pujol est le seul à voir dans ce texte une réflexion théologique et morale sur le droit des hommes à disposer de la vie des bêtes : « il y a plusieurs manières de lire cet étonnant dialogue, écrit Pujol, et la plus simple n'est peut-être pas la plus sotte[6] ».

Avant lui, Renato Galliani est le premier, en 1981, à consacrer un article à la question du végétarisme dans l'œuvre voltairienne. Il assure que Voltaire, au moment de son installation à Ferney, était devenu végétarien après sa découverte de l'œuvre de Porphyre[7]. Dans un ouvrage consacré au thème alimentaire dans l'œuvre du philosophe, Christiane Mervaud évoque à son tour l'hypothèse d'un végétarisme voltairien. Mais elle l'écarte nettement à la faveur d'une lecture croisée des *Lettres d'Amabed* et de *Candide* (1759) et assure que « Voltaire ne prêche pas en faveur du végétarisme[8]. » Le célèbre eldorado dépeint dans les chapitres XVII et XVIII de *Candide* constitue en effet un lieu de délices carnées[9]. Il contredirait l'évocation positive du végétarisme de plusieurs des *Lettres d'Amabed*. Il prouverait qu'il n'y a pas de cohérence végétarienne chez Voltaire, que le régime sans viande n'est qu'un motif tout à fait secondaire et une simple concession à l'exotisme. Or, *Candide* a été rédigé plusieurs années avant tous les textes que Voltaire consacre à cette question. Après la parution du *Traité sur la tolérance*, Voltaire ne présente plus jamais les personnages positifs de ses fictions comme des mangeurs de viande et plus jamais ses essais ne feront l'apologie de la viande. À trois exceptions près, cependant. La première concerne les réquisitoires qu'il dresse contre la pratique du carême imposée par l'Église : Voltaire se désole qu'en période de carême les pauvres n'aient pas le droit de manger les viandes qui leur permettraient pourtant de soutenir leurs forces[10]. La deuxième exception concerne *Le Dîner du*

---

6   *Ibid.*, p. 402 (article « Dialogue du chapon et de la poularde »).

7   « Voltaire, Porphyre et les animaux », *Studies on Voltaire* (dorénavant *SVEC*), 199, Oxford, 1981, p. 128.

8   *Voltaire à table*, Paris, Éditions Desjonquères, 1998, p. 161.

9   *Candide*, XVII, *OCV*, t. 48, p. 185 : « Aussitôt deux garçons et deux filles de l'hôtellerie, vêtus de drap d'or, et les cheveux renoués avec des rubans, les invitent à se mettre à la table de l'hôte. On servit quatre potages garnis chacun de deux perroquets, un contour bouilli qui pesait deux cents livres, deux singes rôtis d'un goût excellent, trois cents colibris dans un plat, et six cents oiseaux-mouches dans un autre. »

10   Voir l'article « Carême » des *Questions sur l'Encyclopédie* (*OCV*, t. 39, p. 504-507) et *Requête à tous les magistrats du Royaume* (*OCV*, t. 71C, p. 282-287). Voir également D13100 (10 janvier 1766).

comte de Boulainvilliers (1767). Un aristocrate libre penseur et un abbé s'entretiennent de théologie au cours d'un dîner. Le dialogue a lieu un vendredi ; lorsque sont servies à table des ailes de perdreaux, la discussion roule aussitôt sur le bienfondé de la pratique du maigre. La comtesse de Boulainvilliers convainc malicieusement l'abbé de manger les viandes et d'admettre que cette prescription religieuse est absurde[11]. Le dernier enfin concerne *La Princesse de Babylone*, qui accorde pourtant une place très importante au thème végétarien : dans la scène à la fois hyperbolique et burlesque qui clôt la fiction, les protagonistes mangent au cours d'un festin « le bœuf Apis rôti », en signe de réjouissances et de triomphe sur la superstition[12]. Exception faite de ces trois passages, qu'on ne peut du reste élever au rang d'apologies de la nourriture carnée, nous croyons pouvoir affirmer que le corpus « végétarien » de Voltaire est homogène à partir de 1762. Le cas de *Candide*, écrit en 1759, ne saurait donc invalider le sens des textes ultérieurs consacrés, au moins en partie, à l'abstinence de viande.

Dans un ouvrage plus récent, Christiane Mervaud elle-même infléchit la position qu'elle défendait dans *Voltaire à table* et consacre plusieurs pages de ses *Bestiaires de Voltaire* à la « souffrance des bêtes ». Elle fait reposer sa démonstration sur un examen des œuvres écrites dans les dernières années de la vie du philosophe. Elle admet alors qu'il plaide en faveur de « la gent animale », qu'il « dénonce les souffrances qu'on lui fait subir » et qu'il s'abandonne même à « des rêveries végétariennes ». Elle maintient en revanche que cette adoption théorique n'aurait rien à voir avec une quelconque pratique personnelle : « Voltaire n'est pas végétarien[13] » affirme-t-elle. Certaines de ses lettres prouvent pourtant sans équivoque qu'il adopte temporairement une diète végétarienne avec l'approbation de Tronchin et pour des raisons surtout diététiques, semble-t-il[14].

Plutôt que d'envisager cette difficile question du régime de Voltaire lorsqu'il séjourne à Ferney, nous nous intéresserons dans ce chapitre au

---

11   Voir *Le Dîner du comte de Boulainvilliers* (*OCV*, t. 63A, p. 358).

12   *La Princesse de Babylone*, XI (*OCV*, t. 66, p. 204).

13   *Bestiaires de Voltaire*, Oxford, *SVEC*, 2006, p. 49-54.

14   « Je ne mange plus de viande » écrit-il à Mme Denis lorsqu'elle se trouve à Paris et lui à Ferney (D15565, 3 avril 1769). Il assure à Tronchin : « Je ne mange ni viande ni poisson » (D21162, 22 avril 1778). Voltaire se dit enfin « encore plus pythagoricien » que son hôte végétarien, Philippe de Sainte-Aldegonde (D21001, 23 janvier 1778).

végétarisme tel qu'il apparaît dans ses œuvres. Nous ne l'examinerons pas dans sa dimension médicale – Voltaire n'évoque que très rarement cet aspect – mais en lien avec le problème de la souffrance des bêtes. Sous sa plume, le végétarisme se présente comme une éthique, une attitude morale à l'égard des animaux destinés normalement à la consommation. Le thème végétarien retient aussi l'attention de Voltaire en raison de la dimension polémique qu'il recouvre. Pour le patriarche de Ferney, la question de la viande dissimule presque toujours le difficile problème de notre rapport aux bêtes. La banalité de la consommation de viande, comprend-il, implique une vision du monde qui n'est pas universelle et qui est surtout proprement chrétienne. Le régime de Pythagore ou des prêtres de l'Inde offre ainsi un troublant contrepoint au droit divin de disposer des animaux et de consommer leurs chairs. Les éloges de l'abstinence végétarienne sont une nouvelle manière d'embarrasser l'Église en insistant sur un sujet qu'elle ne ferait le plus souvent qu'effleurer. Cette relative indifférence des clercs s'explique en grande partie par leur conception de l'animalité. Les positions voltairiennes, on s'en doute, sont au rebours de l'orthodoxie chrétienne.

LES CONCEPTIONS VOLTAIRIENNES
DE L'ANIMALITÉ

Le végétarisme qu'évoque Voltaire dans son œuvre, à partir de l'année 1762, est surtout lié à sa manière d'envisager l'animal. De ce point de vue, sa philosophie s'appuie clairement sur une physique qui brouille la frontière traditionnellement tracée entre les êtres humains et les autres animaux. Cette évolution de la pensée de Voltaire coïncide à peu près avec son arrivée à Ferney. Le fait qu'il élève alors des vaches et des volailles n'est peut-être pas tout à fait étranger à l'intérêt qu'il porte aux animaux comme philosophe et comme naturaliste.

LES ANIMAUX DE FERNEY

L'installation de Voltaire aux Délices, et plus encore à Ferney, lui fait goûter les bonheurs de la vie campagnarde et l'incite même à mener une vie d'«agriculteur[15]». Le philosophe, au pied du mont Jura, dit mener la vie d'un «laboureur» et fustige la vie frivole et artificielle des Parisiens, qui ne savent à peu près rien de la nature et sont même ignorants du cycle des saisons[16]. Voltaire, lui, veut tout comprendre et se prend bien vite de passion pour l'horticulture, le maraîchage et l'élevage. Il entend également tirer le plus grand profit de ses propriétés qu'il aménage sur le modèle des métairies. Les Délices et Ferney lui servent en effet de terrain d'expérimentations agronomiques et zootechniques[17]. Lorsque son état lui permet de quitter son lit, Voltaire consacre une partie de ses après-midi à visiter ses serres et ses étables. Ces dernières lui donnent la possibilité de mettre en application les techniques modernes d'élevage ou de mettre à l'épreuve ses propres théories. «Le philosophe cham-pêtre», ainsi qu'il aime se nommer, est concerné au premier chef par les nombreuses épizooties qui sévissent alors[18]. Aussi sollicite-t-il les avis des meilleurs spécialistes de son temps et notamment de Claude Bourgelat, l'auteur célèbre de *L'Art vétérinaire* et du *Mémoire sur les maladies contagieuses du bétail*[19]. Au bout de quelques années, Voltaire est heureux d'inviter ses amis à venir goûter les productions de sa terre, en particulier ses primeurs, son lait et la chair des poulardes qu'il fait engraisser[20].

---

15 C'est en effet avec le terme «agriculteur» qu'il se désigne lui-même dans de très nom-breuses pièces de sa correspondance : D10807 (21 novembre 1762), D11369 (16 août 1763), D11481 (3 novembre 1763), ou encore D15679 (7 juin 1769).

16 Voir par exemple D10825 (3 décembre 1762), D11358 (13 août 1763) ou D15509 (10 mars 1769).

17 Sur ce point, voir Christiane Mervaud, *Voltaire à table, op. cit.*, p. 38-42. Voltaire décrit à Pierre-Samuel Dupont de Nemours sa «métairie» (D15679, 7 juin 1769).

18 Sur l'épidémie dont a été victime son bétail, voir D13387 (3 juillet 1766).

19 *L'Art vétérinaire, ou Médecine des animaux*, Paris, Hérissant, 1767. Voltaire lui écrit le 18 mars 1775 (D19378). Voir également D20004 (17 mars 1776) : «Vous vous attendrissez sur les maux de l'espèce animale, qui sont presque aussi grands que ceux de l'espèce humaine.»

20 Il promet par exemple au prince de Brunswick et à plusieurs autres invités de marque un déjeuner délicieusement frugal : «Nous leur donnerons [à nos invités] du lait de nos vaches, du miel de nos abeilles, et des fraises de notre jardin.» (D13399, 5 juillet 1766.) Il annonce qu'il fera engraisser des poulets pour ses visiteurs (D18029, 20 novembre 1772). Il invite également Cramer, son éditeur, à venir manger à Ferney un «bon chapon au riz». (D12747, date non précisée.)

Comme la plupart des paysans d'alors, le patriarche de Ferney possède également des ruches dont il tire du miel et de la cire[21]. Dans sa maison, vivent enfin des animaux de «compagnie», notamment un chien, des canaris et un singe[22]. Plusieurs des tableaux que Jean Huber consacre à Voltaire rendent compte de sa vie paysanne et de sa proximité avec les bêtes de Ferney. Là, l'animal n'est pas seulement un sujet de spéculations métaphysiques : il fait l'objet de considérations économiques concrètes, d'observations quotidiennes, voire d'enquêtes naturalistes *in vivo*. C'est à cette époque qu'il mène une série d'expériences anatomiques sur les escargots dont plusieurs de ses ouvrages rendent compte[23].

De telles expériences sont dans l'air du temps ; comme beaucoup de philosophes, Voltaire se pique de percer les mystères de la Création, tout en se gardant bien de proposer des systèmes généraux[24]. Il publie à cette époque un traité scientifique sur les *Singularités de la nature* (1768) contenant ses commentaires sur les découvertes récentes, en particulier celles de Trembley sur les polypes d'eau douce ou de Bonnet sur la parthénogenèse des pucerons. Voltaire brûle de participer à ces débats passionnants. Il rend compte de ses propres observations, conteste publiquement celles de Réaumur et ridiculise les conclusions que tire Needham de ses expériences sur les «anguilles[25]». Quand il en vient à considérer l'origine des diverses espèces d'animaux, sa position est clairement orthodoxe. Il n'accorde aucune foi aux hypothèses de Buffon ou de Maillet qui optent – plus ou moins discrètement – pour l'évolutionnisme. Voltaire est fixiste. Les animaux, comme les êtres humains, ont selon lui toujours existé sous la forme qu'on leur connaît et que leur donna

---

21 Sur les ruches de Voltaire, voir par exemple D15910 (20 septembre 1769).

22 Sur les canaris de Voltaire, voir la lettre que Georg Wilhelm de Hesse-Darmstadt écrit à sa femme Louise à propos de son séjour à Ferney (D19623, 22-27 août 1775). À propos du singe de Voltaire, voir Gavin de Beer et André-Michel Rousseau, *Voltaire's British Visitors*, SVEC, Genève, 49, 1967, p. 95.

23 Voir *Les Colimaçons*, I (*OCV*, t. 65B, p. 127), *Les Singularités de la nature*, IV (*OCV*, t. 65B, p. 205-207) ou encore la *Rétractation nécessaire d'un des auteurs des Questions sur l'Encyclopédie* (*OCV*, t. 43, p. 528-529). Il sollicite par ailleurs directement l'avis de plusieurs savants, notamment celui de Spallanzani (D20133, 20 mai 76).

24 Voir Jacques Roger, *op. cit.*, p. 465.

25 Sur la critique que Voltaire fait des travaux de Needham, voir notamment *Les singularités de la nature*, XX (*OCV*, t. 65B, p. 266-270). Sur la critique de Réaumur, voir l'article «Abeilles» des *Questions sur l'Encyclopédie* (*OCV*, t. 35, p. 39-46).

originellement le Créateur[26]. La présence d'une même espèce végétale (ou animale) sur des continents différents s'expliquerait non pas par le jeu des migrations et de l'évolution, mais par le polygénisme[27]. Il embrasse également cette doctrine pour expliquer la présence de l'être humain, sous ses « différentes races », à la surface du globe[28].

Malgré ces opinions pour le moins tranchées, Voltaire revendique hautement une grande prudence dans l'interprétation qu'il donne de phénomènes naturels. Il confesse même bien souvent son ignorance. Il se dit aussi stupéfait par la beauté et la merveilleuse sophistication de la physiologie animale. La constitution d'une créature apparemment aussi anodine que l'huître soulève en lui un vif enthousiasme[29]. Voltaire a l'âme trop philosophique toutefois pour se borner au travail de naturaliste. La physiologie d'un mollusque, par exemple, est l'occasion pour lui de poser une multitude de questions sur la différence entre les règnes, sur la notion d'espèce, sur le concept même d'animalité.

PARTAGE DE LA SENSATION
ET CRITIQUE DU DUALISME CARTÉSIEN

Avec la découverte des polypes d'eau douce, se pose presque immédiatement la question de la classification biologique de ces êtres[30]. Voltaire incline à les ranger au sein du règne végétal puisqu'ils ne possèdent aucun des caractères propres à l'animalité. Lorsqu'il évoque la question animale, Voltaire reste en effet plus fidèle que jamais à la philosophie de Locke. Pour lui, comme pour l'auteur de l'*Essai sur l'entendement humain*, c'est la « sensation » (ou le « sentiment », ces deux termes étant synonymes sous sa plume) qui caractérise fondamentalement le règne

---

26   Voltaire admet toutefois que plusieurs espèces ont disparu. Voir l'article « Homme » des *Questions sur l'Encyclopédie* (*OCV*, t. 42A, p. 268).

27   Voir l'article « Chien » des *Questions sur l'Encyclopédie* : « Il est bien vraisemblable que chaque race fut toujours ce qu'elle est, sauf le mélange de quelques-unes en petit nombre. » (*OCV*, t. 40, p. 54.)

28   Voir notamment l'article « Homme » des *Questions sur l'Encyclopédie* (*OCV*, t. 42A, p. 268-271) ou le *Traité de métaphysique* (*OCV*, t. 14, p. 420-423). Voir également l'*Essai sur les mœurs*, II, Paris, Classiques Garnier, 1990, t. 1, p. 6.

29   *Des singularités de la nature* (*OCV*, t. 65B, p. 208-209) : « Quelle énigme ! On les mange par centaines sans faire la moindre réflexion sur leurs singulières propriétés. »

30   Sur la remise en cause des découvertes de Trembley par Voltaire, voir Jacques Roger, *op. cit.*, p. 194-195.

animal et permet en conséquence de le définir[31]. Voltaire suggère qu'on ne devrait « accorder la qualité d'animal qu'aux êtres qui feraient toutes les fonctions de la vie, qui manifesteraient du sentiment, des désirs, des volontés, et des idées[32]. » La sensation est le propre de l'animalité, tandis que les végétaux ne jouissent que de la faculté sensitive : « Nous pensons que pour être réputé animal il faut être doué de la sensation. Que l'on commence donc par nous faire voir que ces polypes d'eau douce ont du sentiment, afin que nous leur donnions parmi nous droit de bourgeoisie[33] ». Voltaire proclame enfin à l'égard des bêtes : le « sentiment leur est si essentiel, que si vous supprimez l'idée de sentiment, vous anéantissez l'idée d'animal[34]. »

Les cartésiens n'étaient pas de cet avis, bien sûr. En règle générale, Voltaire ne goûte guère la philosophie de Descartes, la chose est connue : son système est même selon lui « un tissu d'imaginations erronées et ridicules[35] ». L'article « Cartésianisme » des *Questions sur l'Encyclopédie* repose d'ailleurs sur une longue énumération des « erreurs » du prétendu grand homme. La litanie s'achève et culmine par une condamnation sans appel de sa théorie de l'animal-machine[36]. Dans l'article « Bêtes » du *Dictionnaire philosophique* (1764) sa critique du mécanisme est plus virulente encore et laisse deviner une sincère indignation[37]. Tout est ainsi bon pour discréditer l'hypothèse de l'automatisme. Si elles n'étaient effectivement que des machines, suggère-t-il, il ne serait pas illogique que les êtres humains en soient d'autres[38]. Voltaire mentionne aussi dans certains de ses textes que même l'Église juge la position cartésienne hétérodoxe, quand bien même il rappelle ailleurs avec force que

---

31 C'est dans une pièce de sa correspondance qu'il exprime le mieux sans doute son attachement à l'empirisme, en l'occurrence D19774 (4 décembre 1775).

32 *Des singularités de la nature*, III (*OCV*, t. 65B, p. 203-204).

33 Article « Polypes » des *Questions sur l'Encyclopédie*. Voltaire écrit quelques lignes plus loin : « Nous avons examiné ce jeu de la nature avec toute l'attention dont nous sommes capables. Il nous a paru que cette production appelée polype ressemblait à un animal beaucoup moins qu'une carotte ou une asperge. » (*OCV*, t. 42B, p. 445-446) La primauté accordé à la sensation ou au sentiment est répétée dans l'article « Mouvement » des mêmes *Questions sur l'Encyclopédie* (*OCV*, t. 42B, p. 271-276).

34 Article « Mouvement » des *Questions sur l'Encyclopédie* (*OCV*, t. 42B, p. 273).

35 Article « Secte » du *Dictionnaire philosophique* (*OCV*, t. 36, p. 519).

36 *OCV*, t. 39, p. 514.

37 Article « Bêtes » du *Dictionnaire philosophique* (*OCV*, t. 35, p. 411-415).

38 Voir *Il faut prendre un parti*, VII (*OCV*, t. 74B, p. 22-23).

ces critiques religieuses sont aussi absurdes que l'hypothèse mécaniste elle-même[39].

À l'inverse de Descartes, et à l'exemple de Locke et de Hume, Voltaire accorde aux animaux une pensée, conséquence nécessaire de la sensation[40]. Leur raison, soutient-il, est « raison bornée, mais réelle[41] ». S'il récuse fermement le principe de la *scala naturae*, cette chaîne des êtres créés, le patriarche de Ferney défend l'idée d'un continuum entre les hommes et les animaux. Les bêtes ont de la mémoire, des idées, une volonté en proportion du nombre et de l'acuité de leurs sens. Telle était l'opinion de Gassendi, de Condillac ou, plus récemment, de Leroy[42]. Mais il s'agit surtout d'un constat que tout le monde peut tirer[43]. On ne saurait sérieusement douter que l'écart entre les animaux et nous n'est donc pas de nature, mais seulement de degré. Grâce au sentiment, il existe même une forme de parenté unissant toutes les espèces animales, depuis les individus les plus vils jusqu'aux êtres les plus sublimes[44]. Dans les *Lettres de Memmius* (1771), son narrateur explique ainsi que « tous les animaux ont du sentiment comme moi », que « les animaux ont les mêmes facultés que nous », et qu'en somme « l'homme a reçu plus de talents du grand Être et rien de plus[45]. » La position de Voltaire à ce sujet n'a pas varié depuis l'époque des *Lettres philosophiques* (1733)[46]. Indépendamment en effet des évidentes similarités biologiques, comme les fonctions végétatives, un grand nombre des dispositions que nous avons tendance à regarder comme proprement humaines sont en réalité

---

39 *Le Philosophe ignorant* (*OCV*, t. 62, p. 37) : « Au lieu d'en faire voir l'extravagance, on le traita d'impie : on prétendit que ce système répugnait à l'Écriture sainte. »

40 Hume consacre la neuvième section de son *Enquête sur l'entendement humain* à « la raison des animaux » et y évoque « le raisonnement expérimental lui-même, que nous partageons avec les bêtes et dont dépend toute la conduite de la vie ». (Paris, Vrin, 2008, p. 277.)

41 Voir *Les Adorateurs*, dialogue dans lequel Voltaire évoque « cette faculté qui est la raison des bêtes, raison aussi inférieure à la nôtre qu'un tournebroche l'est à l'horloge de Strasbourg ; raison bornée, mais réelle. ». (*OCV*, t. 70B, p. 283.)

42 Voltaire a en effet lu Leroy ; ses théories sur la perfectibilité des animaux rejoignent les vues du philosophe. Voir notamment D15483 (22 février 1769) et D15910 (20 septembre 1769).

43 *Traité sur la tolérance*, XII (*OCV*, t. 56C, p. 193). Voir également *Le Philosophe ignorant*, VI (*OCV*, t. 62, p. 36).

44 Article « Sensation » du *Dictionnaire philosophique* : « Un pouvoir divin éclate dans la sensation du dernier des insectes comme dans le cerveau de Newton. » (*OCV*, t. 36, p. 528.)

45 *Lettres de Memmius à Cicéron*, XIII et XVI (*OCV*, t. 72, p. 249 et p. 261).

46 *Lettres philosophiques*, XIII, « Sur M. Locke ». (*Œuvres complètes de Voltaire*, Paris, Garnier, édition Louis Moland, 1877-1885 (dorénavant *M*), t. 22, p. 126.)

le lot commun des êtres animés[47]. Tel est le cas de la mémoire[48], de l'imagination[49], du rêve[50], de la jalousie[51] ou de la curiosité[52]. Les bêtes sont également douées de perfectibilité ainsi que le soutenait Leroy[53]. Inversement, fait remarquer Voltaire, les animaux n'ont pas l'exclusivité des comportements instinctifs : les nouveau-nés, par exemple, ne tètent-ils pas spontanément leur mère, sans que personne ne leur ait appris[54] ? Quant aux guerres, dont on croyait que l'homme avait le triste monopole, elles se rencontrent aussi parmi les bêtes[55]. Même la liberté, enfin, ne serait pas l'apanage de l'espèce humaine, assure-t-il[56]. Si nous rejetons si vivement l'idée d'une continuité entre l'être humain et les animaux, si nous nions à ce point l'évidence, c'est parce que nous répugnons absurdement à nous comparer à eux.

Une autre raison, métaphysique cette fois, devrait nous convaincre que nous ne bénéficions nullement d'une essence singulière. La nature, qui est l'ouvrage de l'Être suprême, ne peut souffrir en effet aucune exception. Une exception serait la preuve de l'imperfection des lois divines ; elle prouverait que les lois générales ne sont pas immuables. « Tous les êtres, sans aucune exception, martèle donc le philosophe, sont soumis aux lois éternelles ». Toute pensée, animale et humaine, provient des sens, selon un principe édicté par le Créateur : « Ce serait

---

47 C'est le cas de la digestion. Voir par exemple l'article « Déjection » des *Questions sur l'Encyclopédie* (*OCV*, t. 40, p. 357).

48 Voir les *Dialogues d'Évhémère* (*OCV*, t. 80C, p. 172) et l'article « Passions » des *Questions sur l'Encyclopédie* (*OCV*, t. 42B, p. 375). Voir enfin *Les Adorateurs* (*OCV*, t. 70B, p. 282).

49 Voir l'article « Imagination » des *Questions sur l'Encyclopédie* (*OCV*, t. 42A, p. 367) : « Les bêtes en ont comme vous [la mémoire], témoin votre chien qui chasse dans ses rêves. »

50 Voir l'article « Songes » du *Dictionnaire philosophique* (*OCV*, t. 36, p. 532).

51 Voir l'article « Envie » des *Questions sur l'Encyclopédie* (*OCV*, t. 41, p. 135).

52 Voir l'article « Curiosité » des *Questions sur l'Encyclopédie* : « La curiosité est naturelle à l'homme, aux singes, et aux petits chiens. Menez avec vous un petit chien dans votre carrosse, il mettra continuellement ses pattes à la portière pour voir ce qui se passe. Un singe fouille partout, il a l'air de tout considérer. » (*OCV*, t. 40, p. 346-347.)

53 Voir *Les Adorateurs* : « Plusieurs animaux ont le don de perfectionner leur instinct. Il y a des singes, des éléphants qui ont plus d'esprit que d'autres, c'est-à-dire plus de mémoire, plus d'aptitude à combiner un nombre d'idées. [...] Presque tous les quadrupèdes et les reptiles mêmes perfectionnent, en vieillissant, leur instinct jusqu'aux bornes prescrites. » (*OCV*, t. 70B, p. 282.)

54 Voir l'article « Instinct » des *Questions sur l'Encyclopédie* (*OCV*, t. 42A, p. 446). Voir aussi D13207 (12 mars 1766).

55 Voir l'article « Bien » contenu dans les « ajouts posthumes » rassemblés par la Voltaire Foundation dans son édition des *Œuvres complètes* (*OCV*, t. 34, p. 191).

56 Voir l'article « Liberté » des *Questions sur l'Encyclopédie* (*OCV*, t. 42B, p. 45).

une étrange contradiction, une singulière absurdité que tous les astres, tous les éléments, tous les végétaux, tous les animaux, obéissent sans relâche irrésistiblement aux lois du grand Être, et que l'homme seul pût se conduire par lui-même[57]. »

Voltaire ne se contente pas de combler le fossé séparant tradition-nellement l'humanité des autres animaux ; de manière plus audacieuse encore, il conteste que la notion de différences spécifiques ait quelque pertinence que ce soit pour classer les individus ou les hiérarchiser. Il serait bien plus judicieux de prêter attention aux dispositions indivi-duelles, soutient-il. Comme celles-ci varient parfois prodigieusement au sein d'un même groupe biologique, la notion même d'espèce devient un critère parmi ces autres que sont l'âge, les éventuelles infirmités, les capacités individuelles, etc. Un individu ne saurait donc se réduire à l'espèce à laquelle il appartient[58]. La seule appartenance à l'espèce humaine, par exemple, ne garantit pas absolument à un individu d'être plus intelligent que tous les membres des autres espèces animales, assure Voltaire. Il en vient même à poser cette terrible question :

> « Quel est le chien de chasse, l'orang-outang, l'éléphant bien organisé qui n'est pas supérieur à nos imbéciles que nous renfermons, à nos vieux gourmands frappés d'apoplexie, traînant les restes d'une inutile vie dans l'abrutissement d'une végétation interrompue, sans mémoire, sans idées, languissant entre quelques sensations et le néant ? Quel est l'animal qui ne soit pas cent fois au-dessus de nos enfants nouveau-nés[59] ? »

Peut-être en effet ne sommes-nous pas ontologiquement supérieurs aux autres créatures. Peut-être ne jouissons-nous pas d'une dignité particulière accordée a priori. N'existe-t-il pas cependant un propre de l'homme ? Quel serait-il ? N'y aurait-il pas quelques facultés au moins qui nous distinguassent des bêtes ? Elles sont importantes, certes, mais peu

---

57   *Il faut prendre un parti*, VII (*OCV*, t. 74B, p. 23).

58   La notion d'espèce apparaît même parfois chez Voltaire comme une catégorie aux contours flous, comme le met en évidence l'exemple des monstres. Voir notamment l'article « Monstre » des *Questions sur l'Encyclopédie* (*OCV*, t. 42B, p. 264).

59   *Les Adorateurs* (*OCV*, t. 70B, p. 285-286). Voir également les *Lettres de Memmius à Cicéron*, XVI (*OCV*, t. 72, p. 261). Ces pages sont peut-être inspirées d'une formulation non moins forte de Locke dans l'*Essai sur l'entendement humain* à propos d'un vieillard ayant perdu une grande partie de l'usage de ses sens : « Jusqu'où une telle personne (malgré tout ce qui est revendiqué à propos des principes innés) est-elle supérieure par sa connaissance et ses capacités intellectuelles à une coque ou à une moule, je vous laisse y réfléchir. » (Paris, Vrin, 2001, p. 241-242.)

nombreuses : « De la raison, des mains industrieuses, une tête capable de généraliser des idées, une langue assez souple pour les exprimer ; ce sont là les grands bienfaits accordés par l'Être suprême à l'homme, à l'exclusion des autres animaux[60]. » Dans un autre article des *Questions sur l'encyclopédie*, il ajoute deux autres aptitudes : la capacité de rire et de pleurer[61]. Voltaire ne mentionne aucunement en revanche la possession d'une âme spirituelle. Il conteste aussi que les bêtes aient une âme sensitive, contrairement à ce qu'enseigne la tradition. Il est vrai que le concept même d'âme n'est pour lui que le fruit de l'imagination des théologiens.

L'ÂME DES BÊTES, UNE IDÉE CREUSE

Pour Voltaire, l'âme des bêtes est l'une de ces « idées creuses » dont s'est emparée la métaphysique[62]. La question pourtant ne laisse pas de l'intéresser au plus haut point, puisqu'il l'aborde à de nombreuses reprises dans les années 1760 et rend compte avec minutie des vifs débats qu'avait suscités ce difficile problème[63]. Quand il lui faut aborder la question de l'âme, Voltaire se fonde ordinairement sur la définition issue des écoles aristotélicienne et thomiste. Cette conception lui semble malgré tout absolument vaine. Les autres aussi d'ailleurs, car toutes reposent sur des fondements chimériques, ainsi qu'il entreprend de le démontrer dans un passage des *Lettres de Memmius*. La dernière hypothèse envisagée (« il n'y a point d'âme ») a clairement sa préférence[64]. Outre qu'il s'agit

---

60   Article « Homme » des *Questions sur l'Encyclopédie* (*OCV*, t. 42A, p. 267).

61   Article « Rire » des *Questions sur l'Encyclopédie*. À propos des larmes, Voltaire ajoute néanmoins une nuance d'importance : « Le cerf peut laisser couler une humeur de ses yeux quand il est aux abois, le chien aussi quand on le dissèque vivant ; mais ils ne pleurent point leurs maîtresses, leurs amis, comme nous ; ils n'éclatent point de rire comme nous à la vue d'un objet comique. » (*OCV*, t. 43, p. 160.) Dans sa correspondance, il ajoute deux éléments qui nous distingueraient des bêtes : la conscience de notre finitude (D15805, 7 août 1769) et l'amitié (D15859, 31 août 1769).

62   Voltaire intitule la troisième section de l'article « Âme » des *Questions sur l'Encyclopédie* « De l'âme des bêtes et de quelques idées creuses » (*OCV*, t. 38, p. 225).

63   L'âme des bêtes fait aussi l'objet de discussions plus informelles à Ferney. Alors qu'il recevait deux Anglais, le chien de Voltaire s'assit à ses pieds et le regarda avec insistance. Voltaire se tourna vers ses hôtes et leur demanda à brûle-pourpoint si, en Angleterre, l'on aurait accordé une âme à cet animal. Surpris de cette question, ils ne répondirent que par des généralités ; Voltaire affirma être du même avis de Bolingbroke, qui avait écrit sur le sujet. Voir *Voltaire's British Visitors, op. cit.*, p. 72-73.

64   C'est dont témoigne également sa correspondance. Voir notamment D17581 (1er février 1772) et D18323 (19 avril 1773).

du système « le plus simple », Voltaire assure que l'âme est un élément dont on peut faire aisément l'économie au profit « du mouvement, des sensations, des idées, des volontés, etc.[65] ». Toutes ces facultés sont le produit des organes dont l'Être suprême a pourvu les individus sensibles, les animaux et les humains, sans que l'on comprenne comment. « Cette intelligence aura donné à tous les animaux bien organisés des facultés qu'on aura nommées âme ; et nous avons la puissance de penser sans être âme, comme nous avons la puissance d'opérer des mouvements sans que nous soyons mouvement. » Voltaire a pleinement conscience que certains taxeront sa conception de matérialisme et de réduction-nisme mécaniste[66]. Il affirme cependant écarter cette hypothèse tout comme il rejette la doctrine épicurienne. Le philosophe considère que cet agencement particulier de la matière, qui lui permet de penser, résulte manifestement de l'intention d'un Créateur : « Voilà, dit-il, en quoi je diffère de Lucrèce[67]. »

En niant donc que l'humanité puisse jouir d'une substance spirituelle dont elle aurait le monopole, en jugeant même absurde l'idée d'une telle substance, que reste-t-il de la différence ontologique entre l'homme et les autres créatures animées ? Que reste-t-il de l'âme spirituelle ? Peu de choses, sinon une histoire, explique-t-il ; une histoire qui a commencé lorsque les hommes voulurent se distinguer des autres animaux. L'histoire de l'âme que veut écrire Voltaire lui sert à démontrer la fausseté de ce concept. Souvent chez lui, la mise en perspective historique permet de saper la croyance dogmatique. Le terme « âme » désignait originellement le don de la vie, qui échoit aux hommes comme elle échoit aux bêtes. Elle n'était pas encore ce concept métaphysique qu'elle est devenue. Dans l'Antiquité, la vie se confondait en effet avec le sang. Le verser, avait-on constaté, c'était donner la mort. Le sang « fait la vie », explicite Voltaire dans les *Questions sur l'Encyclopédie*[68]. C'est pour cette raison, comprend-il, que les juifs en interdirent jadis la consommation : « Le sang est la source de la vie, et par conséquent du sentiment. Privez un animal de tout son sang, tous ses organes restent sans action. C'est donc avec très grande raison que l'Écriture dit en cent endroits que l'âme,

---

65 *Lettres de Memmius*, XIV (*OCV*, t. 72, p. 258).
66 *Ibid.* : « J'ai peur, je l'avoue, que ce système ne fasse de l'homme une pure machine. »
67 C'est Memmius, l'ami de Cicéron, que fait parler ici Voltaire.
68 Article « Fièvre » des *Questions sur l'Encyclopédie* (*OCV*, t. 41, p. 395).

c'est-à-dire ce qu'on appelait l'âme sensitive, est dans le sang ; et cette idée si naturelle a été celle de tous les peuples[69]. »

Ce pacte primordial serait une preuve solide que les Hébreux ne faisaient pas de différence entre les hommes et les bêtes : « les animaux sont presque toujours traités dans la loi juive à peu près comme les hommes », note Voltaire, qui accumule les références aux Écritures et conclut : « Tout cela prouve évidemment que les hommes et les bêtes étaient regardés comme deux espèces du même genre[70]. » Cette sagesse première ne perdura pas, puisque « ensuite notre orgueil nous a fait une âme à part, et nous a fait imaginer une forme substantielle pour les autres créatures[71] ». La supériorité d'essence dont nous nous targuons n'est rien d'autre, en définitive, qu'une chimère complaisamment entretenue par la vanité. Constatant que toutes nos facultés sont communes aux animaux, un personnage de Voltaire demandait d'où pouvait bien venir cette fantaisie de nous distinguer des bêtes en nous attribuant une âme que nous leur refusons. Son interlocuteur répondait que c'était probablement par orgueil[72].

Pour Voltaire, du moins dans les années 1760 et 1770, tout converge donc vers l'idée d'une fraternité unissant humains et animaux : la différence entre eux et nous n'est que de degré et non pas de nature, il n'y a pas d'exception humaine, l'âme spirituelle n'existe pas. La supériorité métaphysique des êtres humains n'est qu'une imagination naïve et ridicule. Cette méprise semble entretenue par une autre erreur : l'idée selon laquelle le monde, le monde tout entier, n'a été créé que pour l'être humain.

L'ANTHROPOCENTRISME OU LA TÉLÉOLOGIE CARNIVORE

En accordant aux hommes le monopole de l'âme spirituelle, la théologie leur fit croire que Dieu avait créé l'univers pour eux seuls et que les

---

69 *Traité sur la tolérance*, XII, note b (*OCV*, t. 56C, p. 193).

70 Notes du *Marseillais et le lion*, *OCV*, t. 66, p. 758. Voir également les notes de *La Bible enfin expliquée*, « Genèse » (*OCV*, t. 79A, p. 127).

71 Voir l'article « Âme », du *Dictionnaire philosophique* (M, t. 17, p. 152-153). Ce passage ne se trouve ni dans le *Dictionnaire philosophique* ni dans les *Questions sur l'Encyclopédie* ni même dans les « ajouts posthumes » rassemblés dans les *OCV*.

72 *Les Oreilles du comte de Chesterfield* (*OCV*, t. 76, p. 167) : « Peut-être c'est par vanité. Je suis persuadé que si un paon pouvait parler, il se vanterait d'avoir une âme, et il dirait que son âme est dans sa queue »

animaux n'existaient qu'afin de les servir. Il suffit d'un peu d'honnêteté et de bon sens, assure le philosophe, pour juger absurde cette conception d'un « univers uniquement fait pour l'homme, roi des animaux et image de Dieu, auquel, ajoute-t-il malicieusement, on voit bien qu'il ressemble comme deux gouttes d'eau[73] ». Il n'y a pas d'espèce élue, pas davantage qu'il n'y a d'ailleurs de peuple élu. Le refus de croire à l'élection divine d'une espèce particulière se mêle même assez souvent, chez Voltaire, à la dévalorisation de ces « animaux » répugnants et ridiculement présomptueux que sont les êtres humains. L'article « Ignorance » des *Questions sur l'Encyclopédie* fait ainsi entendre des accents misanthropes. Certes, les hommes et les femmes sont des êtres pensants, mais leur ignorance, leur laideur et leurs misères devraient les convaincre qu'ils n'ont nullement la préférence du Créateur. Pourquoi s'enorgueillir de ce qui est en réalité le lot commun de bien des créatures douées de sensations ? Nous procréons, rappelle Voltaire, et déféquons comme les bêtes : « Les souris, les taupes, ont aussi leurs deux trous, pour lesquels elles n'ont jamais fait de pareilles extravagances. Qu'importe à l'Être des êtres qu'il y ait des animaux comme nous et comme les souris, sur ce globe qui roule dans l'espace avec tant d'innombrables globes[74] ! » Les réquisitoires contre l'humanisme ont pour ambition revendiquée de faire choir les hommes de cette position flatteuse où les fables métaphysiques les avaient indûment placés. Dieu, auteur du monde et des lois générales qui le régissent, se désintéresse du sort des individus, y compris humains[75].

L'anthropocentrisme repose en bonne part sur deux grands postulats : la place centrale occupée par la Terre dans l'univers et l'idée que les bêtes sont destinées à être utilisées par les membres de l'espèce humaine.

---

73 *L'Homme aux quarante écus* (*OCV*, t. 66, p. 379). Pour Voltaire, au contraire, c'est bien l'homme qui attribua à la divinité des caractéristiques proprement humaines. Voir par exemple *De l'âme, par Soranus* : « Les hommes, comme tous les philosophes de l'Antiquité l'ont dit, firent Dieu à leur image. C'est pourquoi le premier Anaxagore, aussi ancien qu'Orphée, s'exprime ainsi dans ses vers : "Si les oiseaux se figuraient un dieu, il aurait des ailes ; celui des chevaux courrait avec quatre jambes." » (*OCV*, t. 76, p. 257.)

74 *Les Ignorances* (*OCV*, t. 60A, p. 167).

75 Tel était le sens des propos presque conclusifs du derviche dans *Candide* : « Mon Révérend Père, dit Candide, il y a horriblement de mal sur la terre. — Qu'importe, dit le derviche, qu'il y ait du mal ou du bien ? Quand sa Hautesse envoie un vaisseau en Égypte, s'embarrasse-t-elle si les souris qui sont dans le vaisseau sont à leur aise ou non ? » (*OCV*, t. 48, p. 257.)

Voltaire conteste vigoureusement cette double affirmation. Il rappelle que le système solaire ne représente qu'une insignifiante portion de l'univers et soutient que les animaux n'étaient nullement subordonnés aux êtres humains lors des premiers âges du monde. Ces deux types d'arguments sont employés tantôt séparément, tantôt conjointement, comme c'est le cas dans *Le Philosophe ignorant* (1766) ou les notes du *Marseillais et le lion* (1768).

Se référant continuellement à Galilée et surtout à Newton, Voltaire voit d'abord dans l'héliocentrisme un démenti flagrant de l'anthropocentrisme. Il va plus loin encore et se plaît à mentionner l'insignifiance des humains, ces insectes abandonnés, perdus dans l'univers et rampant à la surface d'un « petit tas de boue[76] ». L'existence très probable de créatures extraterrestres, déjà évoquée par Locke, ainsi que l'infinité des mondes annihilent enfin selon lui toute idée d'exceptionnalité humaine[77].

Le second argument sur lequel Voltaire fait reposer son anti-anthropocentrisme est la place qu'occupaient les hommes relativement aux bêtes aux premiers âges du monde. Il lui semble évident qu'à ces époques primordiales, les animaux n'étaient pas destinés par Dieu à servir de nourritures aux hommes, malgré ce qu'apprend le récit de la Genèse[78]. Voltaire s'inspire, entre autres choses, d'arguments qu'employaient certains philosophes païens contre l'anthropocentrisme chrétien. Celse, l'auteur du *Discours véritable*, rappelait par exemple que les bêtes avaient originellement l'habitude de dévorer les humains, ce qui implique que c'est nous qui sommes de manière paradoxale *naturellement* destinés

---

76 *Micromégas, Romans et contes*, Paris, Gallimard, 1979 (dorénavant *RC*), p. 20. Voir également le *Poème sur le désastre de Lisbonne*, dans lequel les hommes sont présentés comme des « atomes tourmentés sur cet amas de boue », *Mélanges*, éd. J. Van den Heuvel, Paris, Gallimard, 1961 (dorénavant *Mél.*), p. 308 ; ou l'article « Catéchisme chinois » du *Dictionnaire philosophique* (*OCV*, t. 35, p. 441).

77 Voir John Locke, *Essai sur l'entendement humain*, Paris, Vrin, (Livres I et II), p. 190. Sur l'existence des extraterrestres chez Voltaire, voir *le Philosophe ignorant* (1766) : « Je soupçonne, j'ai même lieu de croire que les planètes qui roulent autour des soleils innombrables qui remplissent l'espace sont peuplées d'êtres sensibles et pensants ; mais une barrière éternelle nous sépare, et aucun de ces habitants des autres globes ne s'est communiqué à nous. » (*OCV*, t. 62, p. 31.) À propos des réflexions sur l'animalité et l'éventuelle vie extraterrestre, voir Nathaniel Wolloch, *Subjugated animals. Animals and Anthropocentrism in Early Modern European Culture*, Amherst, Humanity Books, 2006, p. 73-98.

78 *Cf. Genèse*, IX, 2-3.

aux requins ou aux ours[79]. Dans les *Questions sur l'Encyclopédie*, Voltaire revient à plusieurs reprises sur ce problème de la destination des bêtes. Mais ces questionnements sont plus anciens chez lui. Parmi les absurdités que soutenait Pangloss, par exemple, il y avait cette idée que la cause finale des animaux était l'estomac des êtres humains – le maître à penser de Candide n'en était bien sûr que plus ridicule[80]. À l'époque de *Candide*, Voltaire ne se donne pas la peine de réfuter ce risible finalisme alimentaire. Quelques années plus tard, il entend en revanche en démontrer activement la fausseté[81]. Voltaire sait que plusieurs nations, notamment l'Inde, sont végétariennes. Ce seul exemple permet de nier que les animaux soient partout et de toute éternité destinés à être pêchés, égorgés, mangés par les êtres humains. La consommation de viande relèverait plutôt d'une sorte d'effet indirect, ce que Voltaire appelle un « produit éloigné » des causes finales[82]. Il est aussi certain que la bouche « est faite pour manger », qu'il est absurde de conclure que les animaux sont nés pour être dévorés par les êtres humains : « Les moutons n'ont pas sans doute été faits absolument pour être cuits et mangés, puisque plusieurs nations s'abstiennent de cette horreur[83]. » La consommation de viande n'est pas une pratique universelle, ni par conséquent une loi de la nature, comme le sont la gravité ou la rotation des planètes. La consommation de viande est un accident, et non une cause finale. Si, tirant profit de notre ingéniosité, « nous nous sommes avisés d'inventer des ciseaux et des broches, de tondre avec les uns la laine des moutons et de les faire cuire avec les autres pour les manger, que peut-on en

---

79   Voir le *Traité d'Origène, ou Défense de la religion chrétienne contre les accusations des païens*, Amsterdam, Desbordes, 1700, p. 178 : « Si l'on dit que nous sommes les rois des animaux, parce que nous les prenons à la chasse, et que nous en faisons nos repas, pourquoi ne sera-ce pas plutôt nous, qui serons faits pour eux, puisqu'ils nous prennent aussi et qu'ils nous mangent ? » Voir également *Le Philosophe ignorant* (*OCV*, t. 62, p. 32).

80   Voir *Candide* : « Les cochons étant faits pour être mangés, nous mangeons du porc toute l'année. » (*OCV*, t. 48, p. 120.)

81   Jacques Roger (*op. cit.*, p. 737-738) a montré que Voltaire, quelques décennies plus tôt, avaient sur ces questions une opinion diamétralement opposée.

82   Voir l'article « Causes finales » des *Questions sur l'Encyclopédie* (*OCV*, t. 39, p. 536-550). Refusant le providentialisme tout autant que l'antifinalisme des matérialistes athées, Voltaire soutient que tout phénomène a une cause, sans pour autant que celle-ci soit nécessairement une cause finale. Voir l'article « Causes finales » des *Questions sur l'Encyclopédie* (*OCV*, t. 39, p. 549). Colas Duflo distingue ce « finalisme général » propre à Voltaire de ce que l'on pourrait appeler un « finalisme généralisé ». Voir *La Finalité dans la nature de Descartes à Kant*, Paris, Puf, 1996, p. 77.

83   Article « Causes finales » des *Questions sur l'Encyclopédie* (*OCV*, t. 39, p. 549).

inférer autre chose sinon que Dieu nous a faits de façon qu'un jour nous deviendrions nécessairement industrieux et carnassiers[84] ? » La consommation de viande, cette conséquence lointaine des lois naturelles, doit d'autant moins être considérée comme une preuve de la validité de l'anthropocentrisme que nous avons besoin des artifices culinaires pour digérer la chair de volailles et de mammifères « qui n'étaient pas faits pour être [notre] pâture[85] ».

Pour Voltaire, en effet, l'espèce humaine ne naquit pas mangeuse de viande, sa nature est végétarienne ; et végétarienne elle sortit des mains de son Créateur. La consommation de chair n'est ni plus ni moins qu'une « habitude affreuse, devenue chez nous nature[86] ». Voilà l'argument fameux qu'avançait Plutarque dans le *De Esu carnium* ; l'originalité de Voltaire est d'en tirer des conséquences d'ordre quasi métaphysique.

L'anthropocentrisme est une très vieille idée, remontant au moins aux stoïciens. Comment se fait-il que l'on ait pu donner dans cette erreur si longtemps ? Le philosophe examine la question et fait d'abord remarquer que tout le monde est spontanément enclin à considérer son environnement comme un moyen pour ses fins. Ce qui vaut pour les individus vaut pour les communautés. Avant de jouir des découvertes astronomiques modernes, l'humanité était en effet incapable d'envisager le monde, notamment le mouvement des astres, indépendamment de sa subjectivité d'espèce[87]. Une telle méprise pourrait tout aussi être le fait

---

84 Voltaire oppose ces « accidents » aux lois générales édictées par l'Être suprême. (*Ibid.*, p. 549.)

85 C'est ce que le lion du *Marseillais et le lion* affirme à ce représentant de l'espèce humaine : « Toi-même as fait passer sous tes chétives dents / D'imbéciles dindons, des moutons innocents, / Qui n'étaient pas formés pour être ta pâture. / Ton débile estomac, honte de la nature, / Ne pourrait seulement, sans l'art d'un cuisinier, / Digérer un poulet. » (*OCV*, t. 66, p. 750.)

86 *Il faut prendre un parti*, XV (*OCV*, t. 74B, p. 39).

87 Dans *Des Génies* (*OCV*, t. 45B, p. 335), Voltaire se livre à une expérience de pensée qui le conduit à adopter le point de vue d'un philosophe des époques primitives, encore victime des préjugés religieux et, conséquemment, anthropocentristes : « Imaginons-nous que nous sommes des gens d'esprit qui commençons à raisonner sur notre être, et à observer les astres : la terre est sans doute immobile au milieu du monde ; le soleil et les planètes ne tournent que pour elle, et les étoiles ne sont faites que pour nous ; l'homme est donc le grand objet de toute la nature. Que faire de tous ces globes uniquement destinés à notre usage, et de l'immensité du ciel ? Il est tout vraisemblable que l'espace et les globes sont peuplés de substances ; et puisque nous sommes les favoris de la nature, placés au centre du monde, et que tout est fait pour l'homme, ces substances sont évidemment destinées à veiller sur l'homme. »

d'autres créatures. Les êtres qui peuplent le monde le font à l'échelle de leur espèce. Le penseur anthropocentriste est celui qui considère à tort que son échelle de monde *est* le monde. La fiction, qui permet de multiplier les perspectives et les subjectivités, offre un moyen à Voltaire de corriger cette erreur. Le philosophe procède de la sorte dans le très célèbre *Micromégas*, mais aussi dans le *Discours en vers sur l'homme* (1737) ou le *Sermon prêché devant des puces* (sans date)[88]. Un article des *Questions sur l'Encyclopédie* offre une belle synthèse des réflexions de Voltaire sur ce sujet :

> Il faut se défier de l'idée que tout a été fait pour l'homme. Il y a des gens qui prétendent que le gazon n'est vert que pour réjouir la vue. Les apparences pourtant seraient que l'herbe est plutôt faite pour les animaux qui la broutent, que pour l'homme, à qui le gramen et le trèfle sont assez inutiles. Si la nature a produit les arbres en faveur de quelque espèce, il est difficile de dire à qui elle a donné la préférence : les feuilles, et même l'écorce, nourrissent une multitude prodigieuse d'insectes ; les oiseaux mangent leurs fruits, habitent entre leurs branches, y composent l'industrieux artifice de leurs nids ; et les troupeaux se reposent sous leurs ombres [...]. Jouissons de ce que nous avons, et ne croyons pas être la fin et le centre de tout[89].

« LA COMMISÉRATION QUE NOUS DEVONS AVOIR POUR LES ANIMAUX »

Nous ne sommes pas seuls, sur Terre, à avoir des sensations, c'est-à-dire à pouvoir subir des torts. Ce n'est donc pas seulement envers les hommes et les femmes que nous aurions des responsabilités ou des devoirs. Dans *La Princesse de Babylone*, Amazan plaide précisément le végétarisme au nom de la parenté des êtres sensibles, tandis que son merveilleux

---

88   Voir *Micromégas*, *RC*, p. 36-37. Voir également des *Discours en vers sur l'homme* (1737) : « Un jour quelques souris se disaient l'une à l'autre : / "Que ce monde est charmant ! quel empire est le nôtre ! / Ce palais si superbe est élevé pour nous ; / De toute éternité Dieu nous fit ces grands trous : / Vois-tu ces gras jambons sous cette voûte obscure ? Ils y furent créés des mains de la Nature." » Voltaire présente ensuite des volailles, un âne puis enfin un homme enfin qui tous imaginent que le monde a été organisé pour eux (*OCV*, t. 17, p. 515-516). Voir enfin *Le Sermon prêchés devant des puces* (*OCV*, t. 81, p. 349).

89   Article « Calebasse » des *Questions sur l'Encyclopédie* (*OCV*, t. 39, p. 497-498).

phénix s'étonne de l'inconséquence de ces humains qui ont refusé de voir que « nous étions leurs frères, et qu'il ne fallait cuire et manger que les méchants[90] ».

LE « CARNAGE DÉGOÛTANT »
ET LA TENTATION VÉGÉTARIENNE

C'est au cœur du *Traité de la tolérance* que Voltaire évoque pour la première fois notre devoir de « commisération » envers les animaux[91]. À partir de cette date, il évoque assez régulièrement la difficile question de la souffrance des bêtes, sans qu'une hiérarchie des malheurs entre les leurs et les nôtres soit toujours clairement perceptible. Dans *Il faut prendre un parti*, il suggère par exemple que la conscience de la finitude – un propre de l'homme – est le pire des maux tandis qu'il affirme dans les *Lettres de Memmius* que « les animaux sont encore plus misérables que nous : assujettis aux mêmes maladies, ils sont sans aucun secours ; nés tous sensibles, ils sont dévorés les uns par les autres[92] ». Lorsque l'un des interlocuteurs de l'*A, B, C* (1768) plaint la « funeste condition » des êtres humains, un second lui objecte : « Celle des perdrix est pire : les renards, les oiseaux de proie, les dévorent ; les chasseurs les tuent, les cuisiniers les rôtissent[93]. » Une chose est sûre cependant : le malheur des bêtes, lorsqu'il est causé par les êtres humains, arrache à Voltaire des plaintes amères. Le philosophe est désespéré de constater que nous menons souvent contre elles une sorte de guerre sans merci[94]. Trois pratiques sont particulièrement visées par lui : la vivisection, la chasse et la boucherie.

La critique de la vivisection va souvent de pair, chez Voltaire, avec la dénonciation du cartésianisme. Les partisans du mécanisme justifient cette pratique en arguant du fait que les bêtes ne ressentent pas la douleur. C'est là une insulte au bon sens. Dans le célèbre article « Bêtes »

---

90 *La Princesse de Babylone* (*OCV*, t. 66, p. 99-100).

91 « Il faut convenir, explique-t-il alors, qu'il y a de la barbarie à les faire souffrir. » (*Traité sur la tolérance*, XII, note b (*OCV*, t. 56C, p. 193).

92 *Il faut prendre un parti*, XVI, *OCV*, t. 74B, p. 40 ; *Lettres de Memmius à Cicéron*, V (*OCV*, t. 72, p. 234).

93 *L'A, B, C* (*OCV*, t. 65A, p. 303). Voir également *Le Système vraisemblable* (non daté) (*M*, t. 31, p. 165) : « les autres animaux, dont la multitude surpasse infiniment celle de notre espèce, souffrent encore plus que nous. »

94 Voir *Essai sur les mœurs*, *op. cit.*, t. 1, p. 818.

du *Dictionnaire philosophique*, il laisse éclater sa colère contre les adeptes de ce genre d'expérience. Quant aux chasseurs, ils sont régulièrement taxés dans son œuvre d'ivrognerie et de grossièreté. Mylord What-then, l'insensible chasseur anglais de *La Princesse de Babylone*, traque ainsi les renards, accompagné de « quelques ivrognes du voisinage[95] ». Voltaire reproche également aux amateurs de chasse de maltraiter ces chiens qu'on exténue à courir contre les sangliers ou les chevreuils et qu'on abandonne lorsqu'ils sont vieux au fond des chenils. « On les a forcés, à coups de fouet, note un des personnages de *La Princesse de Babylone*, d'aller à la chasse et d'être les complices du meurtre » d'autres animaux[96].

Ces critiques contre la chasse et la vivisection, on le sait, sont assez courantes au XVIIIe siècle ; Voltaire se montre plus audacieux lorsqu'il vitupère contre les principes mêmes de l'élevage et de la boucherie. C'est en des termes particulièrement durs en effet qu'il condamne « ce carnage dégoûtant, étalé sans cesse dans nos boucheries et dans nos cuisines » ou « cette horreur, souvent pestilentielle[97] ». Probablement influencé par le *Traité de la piété* de Théophraste cité par Porphyre, Voltaire retrace l'histoire de la boucherie et du sacrifice qui lui est inhérent[98]. À l'origine, les prêtres offraient des nourritures innocentes aux dieux, suivant en cela l'inclination première de leur physiologie végétarienne. « La barbarie d'immoler des animaux innocents et utiles ne s'introduisit que lorsqu'il y eut des prêtres qui voulurent s'engraisser de ce sang[99]. » Ces mauvais prêtres inaugurèrent alors la mise à mort des animaux : « ils les égorgeaient eux-mêmes ; ils devinrent bouchers et cruels » au point même de sacrifier des enfants ou des jeunes filles[100]. Ruisselant du sang des bêtes, le temple constitua depuis lors un « lieu d'infection abominable » qui aurait propagé « la peste » sans le secours des aromates et de l'encens[101].

---

95   *La Princesse de Babylone* (*OCV*, t. 66, p. 163). Dans sa correspondance, Voltaire fait également part de son mépris pour les chasseurs. Voir par exemple D13569 (19 septembre 1766).
96   *La Princesse de Babylone*, III (*OCV*, t. 66, p. 101).
97   *Il faut prendre un parti*, XV (*OCV*, t. 74B, p. 38).
98   Porphyre cite de très longs passages de ce traité dans le livre II de son traité *De l'abstinence*.
99   Article « Bouffon, burlesque, bas comique » des *Questions sur l'Encyclopédie* (*OCV*, t. 39, p. 444-445).
100 Voir l'article « Idole, idolâtre, idolâtrie » du *Dictionnaire philosophique* (*OCV*, t. 36, p. 224) dans lequel Voltaire rappelle également que « les premières offrandes furent des fruits ».
101 Article « Climat » des *Questions sur l'Encyclopédie* (*OCV*, t. 40, p. 134).

Ces puanteurs se font sentir encore dans les échoppes des bouchers d'aujourd'hui, ces «maisons de carnage [...] où l'on vend tant de cadavres[102]». Cette habitude de manger de la viande est fort répandue ; elle nous paraît ordinaire et même tout à fait anodine. «Qu'y a-t-il pourtant de plus abominable, demande Voltaire dans *Il faut prendre un parti*, que de se nourrir continuellement de cadavres[103] ? » Nous touchons là aux manifestations les plus nettes de sa condamnation de la nourriture carnée. Ces déclarations sont empreintes de révolte et d'une troublante misanthropie. Elles n'ont d'équivalent sans doute que les paroles de colère de la poularde qui souhaite la mort de celui qui la mangera lorsque paraît le «vilain marmiton de cuisine avec son grand couteau[104] ».

Cette poularde a appris de son compère chapon que la loi carnivore n'était jadis pas reçue par tous en Occident. Malgré le grand attrait dont jouit la chair des animaux, malgré le poids écrasant de l'habitude, malgré la sanctification de la pratique carnivore, quelques sages nous ont fait «honte de notre sanglante gloutonnerie» en prêchant, explique Voltaire, et même en adoptant, le végétarisme[105]. Voilà ce qu'est «cette doctrine humaine[106] », «cette admirable loi par laquelle il est défendu de manger les animaux nos semblables[107] ». C'est aussi cette loi que s'était imposée l'illustre Newton, dont Voltaire avait rencontré la nièce lors de son séjour en Angleterre. Dans un chapitre des *Éléments sur la philosophie de Newton* (1738) consacré à la religion naturelle, Voltaire mentionne que le savant Anglais avait adopté un régime tendant au végétarisme :

> Il y a surtout en l'homme une disposition à la compassion aussi généralement répandue que nos autres instincts ; Newton avait cultivé ce sentiment d'humanité, et il l'étendait jusqu'aux animaux ; il était fortement convaincu avec Locke, que Dieu a donné aux animaux (qui semblent n'être que matière) une mesure d'idées, et les mêmes sentiments qu'à nous. Il ne pouvait penser que Dieu, qui ne fait rien en vain, eût donné aux bêtes des organes de sentiment, afin qu'elles n'eussent point de sentiment.

---

102 *Essai sur les mœurs, op. cit.*, t. 1, p. 233.
103 *Il faut prendre un parti*, xv (*OCV*, t. 74B, p. 38).
104 «Que ne puis-je donner au scélérat qui me mangera, s'exclame-t-elle, une indigestion qui le fasse crever ! » (*Dialogue du chapon et la poularde, Mél.*, p. 684.)
105 *Il faut prendre un parti* xv (*OCV*, t. 74B, p. 39).
106 Article «Viande» des *Questions sur l'Encyclopédie* (*OCV*, t. 43, p. 471).
107 *Aventure indienne, RC*, p. 281.

Il trouvait une contradiction bien affreuse à croire que les bêtes sentent et à les faire souffrir. Sa morale s'accordait en ce point avec sa philosophie ; il ne cédait qu'avec répugnance à l'usage barbare de nous nourrir du sang et de la chair des êtres semblables à nous, que nous caressons tous les jours, et il ne permit jamais dans sa maison qu'on les fit mourir par des morts lentes et recherchées pour en rendre la nourriture plus délicieuse.

Cette compassion qu'il avait pour les animaux se tournait en vraie charité pour les hommes. En effet, sans l'humanité, vertu qui comprend toutes les vertus, on ne mériterait guère le nom de philosophe[108].

Quarante ans plus tard, Voltaire partage ces tendances végétariennes de Newton. L'absence de frontière ontologique entre nous et les bêtes, la proximité des physiologies humaine et animale, la ruine de l'anthropocentrisme et, plus que tout, le sentiment d'horreur qui naît ou devrait naître spontanément du spectacle de la mise à mort de créatures sensibles devraient, selon lui, nous conduire tous à adopter un régime végétal. Et pourtant, personne ou presque ne s'y résout. Comment se fait-il que la compassion, ce sentiment si naturel, soit étouffée au point que l'on ait de l'appétit pour les « cadavres déguisés[109] » ?

LA COMPASSION ET LA CRUAUTÉ

« L'homme n'est pas si méchant qu'on le dit[110]. » Il y a en lui une tendance à faire le bien, à se montrer désintéressé, à se préoccuper du sort des êtres démunis et vulnérables. Cette bonté du genre humain est tangible : n'y a-t-il pas dans toutes les grandes villes d'Europe des hôpitaux pour soigner les personnes malades, ainsi que le rappelle Voltaire ? Cette bonté de l'homme serait le résultat d'une « loi naturelle », assure le philosophe, une loi consistant à ne pas faire souffrir autrui et à ne pas se réjouir de ses souffrances[111]. Cette « disposition à la pitié » n'est pas innée, soutient-il ; elle n'en est pas moins universelle puisqu'elle apparaît avec la raison et se développe avec elle. Pitié et rationalité permettent conjointement de contrebalancer les plus dangereux penchants de notre espèce. « Ces deux présents de Dieu, écrit-il, sont le fondement de la société civile[112]. »

---

108 *Éléments de la philosophie de Newton*, I, 5 (*OCV*, t. 15, p. 222-223).
109 Formule employée dans *La Princesse de Babylone* (*OCV*, t. 66, p. 122).
110 Article « Charité » des *Questions sur l'Encyclopédie* (*OCV*, t. 40, p. 28). Voir également l'article « Méchant » du *Dictionnaire philosophique* (*OCV*, t. 36, p. 346).
111 Voir *L'A, B, C* (*OCV*, t. 65A, p. 250).
112 Article « Conscience » des *Questions sur l'Encyclopédie* (*OCV*, t. 40, p. 191-192).

Cette loi de la compassion doit-elle s'appliquer seulement aux êtres humains ? À cet égard, Voltaire n'est pas clair. Dans les *Questions sur l'Encyclopédie*, la morale se présente explicitement comme une loi de sauvegarde de notre espèce[113]. Ailleurs, dans le *Traité sur la tolérance*, par exemple, « la commisération que nous devons avoir pour les animaux » repose sur le fait que nous partageons avec eux le sentiment[114]. Nulle part cependant, Voltaire ne développe cette thèse. Il se borne en général à faire remarquer que nous pouvons nous mettre à la place des bêtes souffrantes et que notre répugnance à voir leurs tourments serait « naturelle[115] ».

Comment comprendre, dès lors, la présence trop réelle de la cruauté dans le monde ? La méchanceté et le plaisir de faire du mal n'invalident-ils pas l'universalité de ce présent de Dieu qu'est la pitié ? Voltaire répond en avançant tout d'abord que la cruauté peut être l'effet d'une curiosité si forte qu'elle prend momentanément le pas sur la compassion. Il lave ainsi du soupçon de sadisme les enfants qui maltraitent les animaux ou tous ceux qui se pressent aux exécutions publiques[116]. La curiosité n'opère pas, toutefois, chez ceux qui saignent régulièrement les bœufs dans les tueries ou tiennent enfermés des lapins dans des clapiers. Y a-t-il une façon de percer ce mystère quotidien du refoulement de la compassion ? Voltaire avance une hypothèse : l'absence de parole chez les bêtes freinerait considérablement en nous l'identification et la pitié[117].

La troisième hypothèse que soulève Voltaire concerne le poids de l'habitude. Il semble y accorder davantage de crédit. Ce n'est que l'usage en effet qui peut expliquer que nous cessions « d'être touchés de l'affreuse mort des bêtes destinées pour notre table ». L'habitude a le redoutable

---

113 Voir l'article « Du Juste et de l'injuste » du *Dictionnaire philosophique (OCV*, t. 36, p. 281-282).

114 *Traité sur la tolérance*, XII, note b (*OCV*, t. 56C, p. 193).

115 Voir *Il faut prendre un parti* : « Nous n'avons jamais pu avoir l'idée du bien et du mal que par rapport à nous. Les souffrances d'un animal nous semblent des maux, parce que étant animaux comme eux, nous jugeons que nous serions fort à plaindre, si on nous en faisait autant. Nous aurions la même pitié d'un arbre, si on nous disait qu'il éprouve des tourments quand on le coupe. » (*OCV*, t. 74B, p. 37-38.) Voltaire évoque « l'horreur naturelle d'égorger un animal » dans le *Traité sur la tolérance*, XII, note b (*OCV*, t. 56C, p. 193).

116 Voir l'article « Curiosité » des *Questions sur l'Encyclopédie* (*OCV*, t. 40, p. 346) : « Quand les petits garçons et les petites filles déplument leurs moineaux, assure le philosophe, c'est purement par esprit de curiosité. » Sur les liens entre la curiosité et la violence, voir également *L'A, B, C* (*OCV*, t. 65A, p. 251).

117 Voir l'article « Viande » des *Questions sur l'Encyclopédie* (*OCV*, t. 43, p. 473).

pouvoir d'endurcir les cœurs humains dès le plus jeune âge. Les enfants, note-t-il, font généralement montre d'effroi et de peine lorsqu'ils voient pour la première fois un adulte tuer une poule ou un cochon ; mais ces sentiments laissent bientôt place à l'indifférence et même à une joie méchante[118]. « Les hommes n'ont jamais de remords des choses qu'ils sont dans l'usage de faire », explique à sa commère poularde le chapon[119]. Même la vision de dizaines de cadavres amoncelés sur les tables des festins ou sur les étaux des marchés ne heurte plus notre sensibilité[120]. Ce triste spectacle, qui devrait légitimement nous bouleverser, aiguise même notre appétit.

Il faut ajouter ici que la force de la coutume en matière de nourriture est renforcée par les subterfuges de la gastronomie. La gourmandise, entretenue en effet par les prouesses des cuisiniers, contribue à étouffer nos tendances végétariennes. Les deux héros végétariens des *Lettres d'Amabed* en font l'expérience. Ces deux hindous, Adaté et Amabed, suivent l'inclination de la nature et la loi religieuse de leur pays aussi longtemps qu'ils y demeurent. Après plusieurs mésaventures, ils doivent quitter l'Inde pour se rendre à Rome. Emprisonnées, privées de nourriture et violées par un cruel jésuite, Adaté et sa suivante sont contraintes de manger la viande qu'on leur présente, sous peine de mourir de faim. Leur tortionnaire refuse en effet de leur donner des plats végétariens. Les deux jeunes femmes doivent surmonter leur répugnance et se font carnivores le temps d'un repas :

> On nous a servi une tourte de pigeonneaux, une poularde, et deux perdrix, avec un seul petit pain ; et, pour comble d'outrage, une bouteille de vin sans eau. C'est le tour le plus sanglant qu'on puisse jouer à deux femmes comme nous, après tout ce que nous avions souffert ; mais que faire ? je me suis mise à genoux : « Ô Birma ! ô Vistnou ! ô Brama ! vous savez que l'âme n'est point souillée de ce qui entre dans le corps ; si vous m'avez donné une âme, pardonnez-lui la nécessité funeste où est mon corps de n'être pas réduit aux légumes ; je sais que c'est un péché horrible de manger du poulet ; mais on nous y force. [...] Nous nous sommes mises à table : qu'il est dur d'avoir des plaisirs qu'on se reproche[121] !

---

118 Voir *Il faut prendre un parti* (*OCV*, t. 74B, p. 38).

119 *Dialogue du chapon et la poularde* (*Mél.* p. 680).

120 *Il faut prendre un parti* (*OCV*, t. 74B, p. 38).

121 *Les Lettres d'Amabed*, « cinquième lettre d'Adaté au grand Brame Shastasid » (*RC*, p. 495). Voir également la « sixième lettre d'Adaté », p. 496, où celle-ci évoque les « perdrix, que j'ai eu la lâcheté de manger. »

Malgré les plaintes qu'elles profèrent, malgré leurs récriminations, il semble bien que les jeunes filles apprécient la bonne chère qu'on leur sert en prison. Les raffinements de la gastronomie l'emportent, au moins pour un temps, sur l'aversion morale et le dégoût. Cela est plus évident dans les lettres suivantes, lorsque Amabed a retrouvé sa bien-aimée et dîne avec elle et en compagnie de dignitaires de l'Église. Ils se trouvent elle et lui à la table d'une princesse romaine qui s'étonne fort de leur répugnance à manger les plats de viande. Leurs résistances sont toutefois vaincues par un cardinal qui couvre leurs assiettes «d'ailes de gelinottes»…

> La princesse a bu à notre santé et à notre salut. On nous a pressés avec tant de grâce, on a dit tant de bons mots, on a été si poli, si gai, si séduisant, qu'enfin, ensorcelés par le plaisir (j'en demande pardon à Brama), nous avons fait, Adaté et moi, la meilleure chère du monde, avec un ferme propos de nous laver dans le Gange jusqu'aux oreilles, à notre retour, pour effacer notre péché. On n'a pas douté que nous ne fussions chrétiens[122].

Dans *Voltaire à table*, Christiane Mervaud voit dans ce passage la preuve que «Voltaire ne prêche pas en faveur du végétarisme» puisque, selon elle, «les deux Indiens succombent sans résistance à l'attrait des plaisirs[123]». Certes, Amabed souligne combien étaient appétissantes les viandes de ce festin romain; il confesse également volontiers le plaisir qu'il a pris à les déguster. Son attitude et celle d'Adaté sont toutefois plus ambivalentes que ne l'affirme Christiane Mervaud et l'on ne saurait réduire cet extrait au récit d'une révélation gastronomique ou d'un déniaisement[124]. Amabed précise en effet que leur aversion physique, morale et religieuse n'est vaincue qu'au prix d'une très forte incitation sociale. La culpabilité qu'ils éprouvèrent rétrospectivement se trouve renforcée par le dégoût ressenti un peu plus tard lorsqu'ils entrent dans les coulisses de cette soirée somptueuse. La lettre qui suit immédiatement le récit du dîner romain explicite leur malaise : «Dans les cuisines, le sang et la graisse coulaient, écrit Amabed; les peaux des quadrupèdes, les plumes des oiseaux et leurs entrailles pêle-mêle amoncelées, soulevaient le cœur, et répandaient l'infection[125].»

122 *Ibid.*, «douzième lettre d'Amabed», p. 513.
123 *Voltaire à table, op. cit.*, p. 161.
124 *Ibid.*, p. 161 : «Leur innocence n'était que de l'ignorance, une pureté par défaut de tentation [...]. La culture triomphe.»
125 *Lettres d'Amabed*, «treizième lettre d'Amabed», *op. cit.*, p. 514.

Les Indiens ont ainsi l'âme trop compatissante pour jouir sans remords de la fête carnivore et étouffer toute pitié à l'égard des animaux. Ils n'ont pas encore contracté cette dureté propre aux mangeurs de viande, aux bouchers et à « tous les métiers qui sont fondés sur le malheur d'autrui[126] ». L'épisode du festin romain recèle un autre détail d'importance : le fait que ce soit un prélat qui contraigne ou encourage les hindous à consommer de la viande. Il ne s'agit pas seulement d'associer le christianisme à la concupiscence ou au luxe. L'attitude de ce cardinal, qui tranche avec la modestie et le végétarisme d'Amabed, traduit l'indifférence que manifeste l'Église en général à l'endroit des animaux. Et pourtant, rappelle souvent le philosophe, Dieu nous avait fait passer un pacte avec les bêtes...

L'ALLIANCE ROMPUE AVEC LES BÊTES

Voltaire constate que l'attitude des chrétiens envers les nourritures carnées relève à la fois d'une indifférence manifeste pour les bêtes et de la satisfaction de bénéficier du droit divin de les tuer. Avec le bénédicité, qui prélude au repas, et l'action de grâce, qui l'achève, la religion médiatise quotidiennement leur rapport à la viande, rappelle-t-il[127]. Ailleurs, le philosophe souligne que les chrétiens rejettent l'animal hors de la sphère du sacré dès les premiers siècles de l'Église, alors que les Hébreux lui accordaient une place non négligeable dans leur pratique alimentaire et religieuse[128]. Depuis saint Paul, la manière de traiter les bêtes, destinées ou non à la boucherie, n'a nulle conséquence sur le Salut. Voltaire devine que le désintérêt de l'Église à leur égard est lié à leur neutralité théologique depuis l'abolition des règles de la kashrout[129]. Afin d'embarrasser

---

126 Article « Homme » des *Questions sur l'Encyclopédie* : « Il y a des professions qui rendent nécessairement l'âme impitoyable ; celle de soldat, celle de boucher, d'archer, de geôlier, et tous les métiers qui sont fondés sur le malheur d'autrui. » (*OCV*, t. 42A, p. 276.)

127 Voir *Il faut prendre un parti* (*OCV*, t. 74B, p. 39).

128 Cela n'empêche pas Voltaire de mentionner les cruautés qu'ont exercées les Hébreux sur les animaux. Dans la *Profession de foi des théistes*, il écrit : « À l'égard de leurs cérémonies, y a-t-il rien de plus dégoûtant, de plus révoltant, et en même temps de plus puéril ? N'est-il pas bien agréable à l'être des êtres de brûler sur une pierre des boyaux et des pieds d'animaux ? Qu'en peut-il résulter qu'une puanteur insupportable ? Est-il bien divin de tordre le cou à un oiseau, de lui casser une aile, de tremper un doigt dans le sang, et d'en arroser sept fois l'assemblée ? » (*OCV*, t. 65C, p. 143.)

129 Dans l'article « Viande » des *Questions sur l'Encyclopédie*, il rappelle l'abolition par Paul des tabous alimentaires juifs et la vision de Pierre au début des *Actes des apôtres* (*OCV*,

l'Église, le philosophe joue donc de la non-coïncidence des conceptions chrétiennes et juives et veut considérer que le christianisme, entre autres méfaits, est le principal responsable du malheur des bêtes.

Voltaire aime aussi à rappeler que l'attitude des chrétiens envers les animaux contrevient aux premiers commandements de la *Genèse*. Le philosophe n'évoque pas seulement l'alliance que Yahvé conclut avec les êtres humains et les animaux pour démontrer que les Hébreux accordaient une âme à ces derniers. Même si le dieu des juifs enjoint l'humanité à se nourrir, juste après le Déluge, de « tout ce qui a vie et mouvement », Voltaire souligne que notre rapport aux bêtes est explicitement d'ordre contractuel et ne devrait donc pas totalement échapper au questionnement théologique[130] :

> Je vais faire alliance avec vous, et avec votre race après vous, et avec tous les animaux vivants qui sont avec vous, tant les oiseaux que les animaux, ou domestiques, ou de la campagne, qui sont sortis de l'arche, et avec toutes les bêtes de la terre. J'établirai mon alliance avec vous. [...] Dieu dit ensuite : Voici le signe de l'alliance que j'établis pour jamais entre moi et vous, et tous les animaux vivants qui sont avec vous : je mettrai mon arc dans les nuées, afin qu'il soit le signe de l'alliance que j'ai faite avec la terre[131].

Un des termes de cette alliance, la chose est connue, est la défense de consommer le sang des animaux. Voltaire fait souvent allusion à cet épisode biblique qu'il connaît parfaitement puisqu'il le commente dans *la Bible enfin expliquée* (1776) et dans l'article « Genèse » des *Questions sur l'Encyclopédie*. La mention de ce passage est presque systématique lorsqu'il pose le difficile problème de la souffrance animale[132]. Le philosophe en tire des conclusions diverses, qui visent toutes cependant à contredire l'enseignement de l'Église. Dans le *Traité sur la tolérance*, il conclut de cette alliance avec les animaux la nécessité de les traiter avec douceur.

---

t. 43, p. 470).

130 *Genèse*, ix, 3. (Bible de Sacy.)

131 *Genèse*, ix, 9-13. (Bible de Sacy.)

132 Voir *La Bible enfin expliquée* où Voltaire cite et commente ce passage de la *Genèse* dans lequel Dieu autorise les hommes à manger la chair des animaux (*OCV*, t. 79A (1), p. 126-127). Cet épisode est également cité et commenté dans l'article « Genèse » du *Dictionnaire philosophique* (*OCV*, t. 36, p. 168-169). Il est mentionné dans *la Défense de mon oncle* (1767) (*OCV*, t. 64, p. 209), *Le Philosophe ignorant* (*OCV*, t. 62, p. 37) dans *La Princesse de Babylone* (*OCV*, t. 66, p. 100), dans les notes du *Traité sur la tolérance* (*OCV*, t. 56C, p. 193), dans celles enfin du *Marseillais et le lion* (*OCV*, t. 66, p. 758).

En rappelant par ailleurs que l'une des « sept lois de Noé » contenues dans le Talmud interdit de manger le membre d'une bête encore vivante, Voltaire déduit que « Dieu, en permettant que les animaux nous servent de pâture, recommande donc quelque humanité envers eux[133] ». Il tire plaisamment les mêmes conclusions dans une lettre écrite à Bourgelat[134]. Dans *Le Chapon et la poularde*, en revanche, le philosophe modifie intentionnellement l'esprit et la lettre de cette alliance postdiluvienne en l'associant à la prescription édénique du végétarisme. Le ton badin du dialogue encourage probablement cette falsification qui accrédite l'idée que le régime carnivore serait hétérodoxe. La poularde explique à son compère qu'elle avait entendu un prêtre sermonner ses fidèles…

> Il s'écriait que « Dieu avait fait un pacte avec nous et avec ces autres animaux appelés hommes ; que Dieu leur avait défendu de se nourrir de notre sang et de notre chair ». Comment peuvent-ils ajouter à cette défense positive la permission de dévorer nos membres bouillis ou rôtis ? Il est impossible, quand ils nous ont coupé le cou, qu'il ne reste beaucoup de sang dans nos veines ; ce sang se mêle nécessairement à notre chair ; ils désobéissent donc visiblement à Dieu en nous mangeant. De plus, n'est-ce pas un sacrilège de tuer et de dévorer des gens avec qui Dieu a fait un pacte ? Ce serait un étrange traité que celui dont la seule clause serait de nous livrer à la mort. Ou notre créateur n'a point fait de pacte avec nous, ou c'est un crime de nous tuer et de nous faire cuire : il n'y a pas de milieu[135].

Le syllogisme de la poularde, tout éloquent qu'il soit, n'est pas recevable. Si Dieu prescrivit bel et bien un régime végétarien à Adam, Il permet tout aussi explicitement à Noé de consommer la chair des animaux. En outre, leur mise à mort n'est pas « sacrilège » puisque l'alliance conclue entre les hommes et les bêtes permet précisément aux premiers de mangers les seconds (dès lors que le sang n'est pas consommé). C'est donc à dessein que Voltaire détourne un passage des Écritures. Il est vrai aussi qu'il n'y accorde aucune foi. Dans l'article « Genèse » des *Questions sur l'Encyclopédie*, le philosophe livre le fond de sa pensée et montre à quel point l'idée même de ce pacte est tout à fait absurde[136].

---

133 Note du *Traité sur la tolérance* (*OCV*, t. 56C, p. 193).
134 Voir D19378 (18 mars 1775).
135 *Dialogue du Chapon et de la poularde* (*Mél.* p. 682-683).
136 Article « Genèse » (*OCV*, t. 42A, p. 44) : « Mais quelles ont été les conditions du traité ? que tous les animaux se dévoreraient les uns les autres ; qu'ils se nourriraient de notre chair, et nous de la leur ; qu'après les avoir mangés, nous les exterminerions avec rage,

En somme, ici comme ailleurs, Voltaire ne cite les Écritures que pour les ridiculiser ou soutenir que les prêtres ne les respectent que rarement. L'évocation de l'alliance avec les bêtes et des sept lois de Noé est une autre tentative pour critiquer l'Église et son silence sur la question animale. Voltaire sait pourtant bien que l'indifférence à l'égard des animaux n'est pas le seul fait des clercs : « Ni parmi les moines, ni dans le concile de Trente, ni dans nos assemblées du clergé, ni dans nos académies, écrit-il, on ne s'est encore avisé de donner le nom de mal à cette boucherie universelle. On n'y a pas plus songé dans les conciles que dans les cabarets[137]. »

Voltaire reconnaît ailleurs que cette dernière affirmation est quelque peu exagérée. Certes, dans l'Occident chrétien, peu de personnes remettent en cause la légitimité carnivore ; néanmoins d'autres civilisations se sont distinguées par leur compassion à l'égard des animaux. C'est en particulier le cas de la civilisation indienne, bien entendu. Elle aurait précédé toutes les autres, assure le philosophe. Les « brachmanes » ne connaissaient en effet d'autres régimes que le végétarisme. Voltaire ne se contente pas de reprendre les poncifs du siècle sur la douceur des prêtres indiens ; il se livre à une enquête minutieuse sur leur diète et en tire des conclusions tout à fait originales.

LA DIÈTE DES VERTUEUX BRAHMANES

Dans sa correspondance, Voltaire évoque son désir de partir en Inde, et même de s'y installer[138]. Un tel voyage, difficile pour quiconque, s'avère tout à fait impossible pour lui, qui est perpétuellement sujet aux maladies. Le philosophe entretient toutefois avec l'Inde des relations privilégiées, notamment commerciales. Il n'est pas possible de connaître en détail la nature du négoce auquel se livrait le philosophe ; les lettres écrites sur ce sujet sont trop elliptiques et trop peu nombreuses pour s'en faire une

---

et qu'il ne nous manquerait plus que de manger nos semblables égorgés par nos mains. S'il y avait eu un tel pacte, il aurait été fait avec le diable. »

137 *Il faut prendre un parti* (*OCV*, t. 74B, p. 39).

138 Voir par exemple D14575 (7 décembre 1767). Voir également D13278 (1er mai 1766) où il évoque les « brames, [s]es bons amis ».

idée précise[139]. Elles nous apprennent néanmoins que Voltaire affrétait des bateaux afin de vendre en Europe des marchandises achetées dans le sud de la péninsule indienne.

Cette relation à l'Inde ne relève pas seulement du commerce ; elle est aussi d'ordre politique (puisqu'il soutient publiquement l'action de Dupleix) et intellectuel, surtout à partir des années 1760. Voltaire ne sacrifie pas seulement à la mode indienne qui se répand en France. Correspondant avec la plupart des indianistes du temps, et notamment Bailly, il participe en effet grandement à la connaissance de l'Inde, même si les sentiments qu'il éprouve à son égard sont mêlés[140]. Certes, l'Inde a apporté de grandes choses à la pensée humaine, mais la civilisation des « brames » n'est pas plus épargnée que les autres par la superstition[141]. Voltaire est malgré tout convaincu que les fondements de cette civilisation sont sublimes et que ses premiers législateurs, que ses premiers prêtres étaient éclairés. Ces affirmations ne sont pas gratuites, elles sont le fruit des études les plus approfondies qu'il était alors possible de mener sur l'hindouisme.

VOLTAIRE INDIANISTE

Dans les années 1740, Voltaire commence à s'intéresser à l'Inde, à la religion des antiques « brachmanes » et de leurs descendants. Sa documentation est alors fort lacunaire et repose presque uniquement sur les témoignages des Anciens et sur les *Lettres* des Jésuites[142]. Dans ses œuvres, les évocations du pays des brahmanes relèvent ainsi le plus souvent de l'anecdote et sont au service d'un exotisme facile. L'Inde de Voltaire est celle alors de *Bababec et les Fakirs* (1750) ou de l'*Histoire d'un bon bramin* (1759). Comme beaucoup de ses contemporains, il déplore la coutume qui contraint les veuves à se sacrifier et raille les diverses mortifications que s'imposent les renonçants : elles ne seraient que des superstitions ridicules. Il évoque également le respect des Indiens pour leurs vaches et

---

139 Voir notamment D18959 (27 mai 1774) et D19365 (8 mars 1775).
140 Sur la correspondance de Voltaire et de Bailly, voir par exemple D19912 (9 février 1776) ou D20581 (27 février 1777). Voltaire s'entretient également avec Le Gentil de la Galaisière : D20172 (14 juin 1776).
141 Voir D14579 (8 décembre 1767). Outre sa critique du sacrifice des veuves, Voltaire se lamente sur plusieurs superstitions propres à la religion indienne. Voir l'article « Expiation » des *Questions sur l'Encyclopédie* (*OCV*, t. 41, p. 299).
142 Voir Raymond Schwab, *La Renaissance orientale*, Paris, Payot, 1950, p. 164-165.

l'austère régime des brahmanes. Enfin, Voltaire associe leur végétarisme à la foi dans la transmigration des âmes, comme le font la plupart des commentateurs d'alors. Dans *Zadig* (1747), l'abstinence de viande des hindous est ainsi présentée sur un mode parodique et caricatural. À un commensal qui vient de perdre sa tante, et qui s'apprête à manger un poulet, l'Indien que met en scène Voltaire lance ainsi, épouvanté, qu'il pourrait sans le vouloir manger sa parente défunte[143].

À partir de 1760, cette vision du végétarisme indien évolue et surtout se précise[144]. Voltaire se passionne alors pour la civilisation indienne et fait l'acquisition de tous les écrits disponibles en son temps (une soixantaine au total) consacrés, au moins en partie, aux mœurs des « brames[145] ». Il devient ainsi en quelques années l'un des plus éminents spécialistes français de l'Inde ; ses observations sur le brahmanisme sont consignées dans de nombreuses pages de l'*Essai sur les mœurs* ou des *Questions sur l'Encyclopédie*[146].

L'intérêt de Voltaire pour l'Inde est suscité en grande partie par une découverte essentielle qu'il croit avoir faite en octobre 1760. Le chevalier de Maudave, un officier français ayant un temps séjourné aux Indes, apporte au philosophe la traduction française d'un mystérieux ouvrage intitulé « *Ézour Vedam*[147] ». L'*Ézour Vedam* est un Veda controuvé, probablement écrit au début du XVIIIᵉ siècle par un jésuite français. Cette supercherie théologique devait permettre la conversion des hindous en les persuadant que l'antique littérature védique annonçait le christianisme[148]. Voltaire examine le document et conclut imprudemment qu'il tient entre les mains une œuvre d'une valeur inestimable[149]. Il fait bien vite parvenir

143 *Zadig*, XII (*OCV*, t. 30B, p. 171).

144 Voir Antonin Debidour, « L'Indianisme de Voltaire », *Revue de littérature comparée*, Paris, Honoré Champion, 1924, p. 26-40.

145 Voir à cet égard Daniel S. Hawley, « L'Inde de Voltaire », *SVEC*, n° CXX, 1974, p. 140. Hawley dresse la liste de ces ouvrages p. 175-178.

146 Sur le rôle de Voltaire dans le développement des études sur l'Inde en France, voir notamment Christine Maillard (*L'Inde vue d'Europe. Histoire d'une rencontre (1750-1950)*, Paris, Albin Michel, p. 41-45) et Jean Biès (*Littérature française et pensée hindoue*, Paris, Klincksieck, 1973, p. 57-61).

147 Voltaire relate lui-même les circonstances de cette découverte dans plusieurs pièces de sa correspondance. Voir notamment D9289 (8 octobre 1760), D10051 (1ᵉʳ octobre 1761) ou D10131 (4 novembre 1761).

148 Sur l'origine de l'*Ézour Vedam*, voir Rocher, *EzourVedam : A French Veda of the 18ᵗʰ Century*, Amsterdam, Benjamins, 1984, p. 28-52.

149 Voir D14579 (8 décembre 1767).

à la Bibliothèque royale ce qu'il croit être sa précieuse découverte afin que d'autres savants l'examinent à leur tour. Il est convaincu que l'*Ézour Vedam* date de l'époque des Vedas[150]. Ce faisant, il tombe dans le piège que les Jésuites avaient tendu aux Indiens, mais tire des conclusions extrêmement favorables au brahmanisme, c'est-à-dire au rebours de ce pour quoi il avait été écrit. Celui qui composa l'*Ézour Vedam* avait pris soin de taire les aspects les plus terribles de Yahvé et les points les plus étranges de la théologie chrétienne. Voltaire le prend au mot : il voit dans ce manuscrit non dogmatique un texte simple qui prêche la tolérance et promeut une religion proche du déisme. Pour lui, l'antique religion des « brachmanes » est un monothéisme fondé sur la raison, ce que confirmerait d'ailleurs selon lui le témoignage des Anciens[151]. Cette conviction profonde est confortée en 1766 par la lecture des ouvrages des Anglais Alexander Dow et John Holwell[152]. Ce dernier auteur a exercé une influence considérable sur la vision que Voltaire se fait de l'Inde et l'a conforté dans l'idée que cette civilisation est la plus ancienne de toutes[153].

Dans son ouvrage, Holwell avait inséré la traduction du *Shasta*, qui était un petit traité philosophique composé au XVIIIe siècle par un brahmane. Mais pour Holwell, comme pour Voltaire, le *Shasta* est le plus vieux livre du monde : il aurait été composé mille cinq cents ans avant les Vedas[154]. Dans un article consacré à l'indianisme de Voltaire, Antonin Debidour énumère les nombreuses vertus philosophiques que ce petit texte avait aux yeux du philosophe[155]. Entre autres choses fascinantes, il contenait un récit des origines du monde ressemblant

---

150 Voir l'article « Ezourvédam » des *Questions sur l'Encyclopédie* (*OCV*, t. 41, p. 310). Voir également *La Philosophie de l'histoire*, XVII (*OCV*, t. 59, p. 149).

151 Voir l'« Avant-propos », IV, de l'*Essai sur les mœurs*, *op. cit.*, t. 1, p. 237-238.

152 Alexander Dow, *Dissertation sur les mœurs, les usages, le langage, la religion et la philosophie des Hindous*, Paris, Pissot, 1769 ; J. Z. Holwell, *Événemens historiques intéressant, relatifs aux Provinces de Bengale et à l'Empire de l'Indostan*, Amsterdam, Arkstée et Merkus, 1768. Voltaire reçut en 1766 le premier tome des *Interesting historical events relative to the provinces of Bengale and the empire of Hindoustan* (Londres, T. Becket et P. A. de Hondt, 1766-1771). Voltaire annote considérablement l'ouvrage d'Holwell, comme le montre le *Corpus des notes marginales de Voltaire* (*OCV*, t. 139, p. 458-470).

153 Voir Hawley, *op. cit.* p. 153-162.

154 Voir l'*Introduction* à l'*Essai sur les mœurs* (*M*, t. XI, p. 52). Voir également l'article « Ange » des *Questions sur l'Encyclopédie* (*OCV*, t. 38, p. 366).

155 *Op. cit.*, p. 31-32 : « Lui seul donnait l'expression originelle et pure de la religion indienne et par lui on pouvait s'expliquer les traits actuels de celle-ci : la croyance en un Dieu

de manière étonnante au récit biblique[156]. La lecture du *Shasta* et les commentaires qu'en donne Holwell achèvent de convaincre Voltaire que les Indiens sont le plus ancien peuple de la Terre. Les Perses, les Grecs et les Juifs n'auraient été que de pâles imitateurs de leur morale et de leur religion. La Bible, surtout, est une très mauvaise copie de certaines fables indiennes[157]. L'antiquité des brachmanes (bien davantage que celle des Chinois) devient un élément capital pour réfuter historiquement l'originalité du peuple hébreu et toute la chronologie sacrée[158]. Les brachmanes sont ainsi très présents à l'esprit de Voltaire lorsqu'il entreprend, avec ses *Essais sur les mœurs*, de faire pièce à l'*Histoire universelle* de Bossuet. Les prêtres indiens, qu'ignore superbement l'évêque de Meaux, y sont clairement présentés comme les précurseurs de la pensée orientale et même occidentale.

Cette primauté chronologique de l'hindouisme se manifeste aussi par l'examen attentif des concepts métaphysiques dont l'Occident hérita sous une forme mutilée. L'immortalité de l'âme était ainsi l'un des articles de foi des premiers brahmanes bien avant l'époque de la Révélation chrétienne et des religions gréco-latines. Tel était déjà l'avis de Soranus, le médecin de Trajan que fait parler Voltaire :

> Ainsi nous voyons que toute l'ancienne théologie, différemment déguisée en Asie et en Europe, nous vient incontestablement des brachmanes. Nous pourrions le prouver par beaucoup d'autres exemples ; mais [...] c'est bien assez d'avoir pénétré jusqu'à la source de cette idée, adoptée par toutes les nations civilisées, que tous les animaux ont dans leur corps une substance impalpable, inconnue, distincte de leur corps, qui dirige tous leurs appétits et toutes leurs actions. Ce système [...] est visiblement le nôtre[159].

---

suprême chez les doctes brahmanes, le polythéisme de la foule, la doctrine de la métempsycose, le respect des vaches, la superstition même. »

156 Voir *De l'âme, par Soranus* (*OCV*, t. 76, p. 242). Voir également les *Lettres chinoises, indiennes et tartares*, IX (*OCV*, t. 77B, p. 170-176).

157 Voir par exemple les *Dernières remarques les pensées de M. Pascal* : « Ce furent les premiers brachmanes qui inventèrent le roman théologique de la chute de l'homme, ou plutôt des anges et cette cosmogonie, aussi ingénieuse que fabuleuse, a été la source de toutes les fables sacrées qui ont inondé la terre. » (*M*, t. 31, p. 35.) Voltaire reprend cette idée de la primauté des Brahmanes et l'apparition tardive du peuple juif dans de très nombreux endroits de sa correspondance, notamment D19795 (15 décembre 1775), D19870 (19 janvier 1776) ou D19889 (29 janvier 1776).

158 Voir à cet égard Hawley, *op. cit.*, p. 148.

159 *De l'âme, par Soranus*. Pour ce personnage, les Brahmanes ont inventé ce concept de l'âme (*OCV*, t. 76, p. 239-240).

Les travaux que conduit Voltaire sur la religion hindoue l'amènent à considérer sous un jour plus sérieux le végétarisme. Le prestige dont jouissent les « brames » rejaillit en effet sur sa perception de la diète végétale. Elle gagne grâce à eux ses lettres de noblesse. À partir de 1762, le végétarisme des habitants du Gange cesse ainsi d'être moqué dans son œuvre. Il ne s'agit plus, sous sa plume, d'une pratique marginale ou risible, mais d'une coutume primordiale et infiniment respectable qui fut la règle suivie par les premiers philosophes du monde. Aussi est-il primordial d'en comprendre l'origine et les fondements. C'est précisément ce à quoi Voltaire s'attelle. Quels motifs poussèrent les premiers prêtres de l'Inde, demande-t-il, et poussent ceux d'aujourd'hui à s'abstenir de la chair des bêtes ?

ENQUÊTE SUR L'ORIGINE DU VÉGÉTARISME INDIEN

À l'époque où paraît *Zadig*, il semble aller de soi pour Voltaire que la foi dans la métempsycose est l'unique raison qui pousse les hindous à adopter le végétarisme. Mais il existe sans doute d'autres explications, comprend-il à la lecture des voyageurs et des historiens de l'Inde. Il y aurait en réalité trois grands types de raisons : religieuses (métempsycose, tabou concernant la chair morte), climatiques (pourrissement de la viande, fécondité de la végétation) et psychologiques (douceur intrinsèque de la population). Voltaire souscrit à chacune d'elles, même si la manière dont il les interprète et les articule varie souvent.

L'intérêt que porte d'abord Voltaire au dogme indien de la métempsycose semble très lié à ses réflexions sur l'âme[160]. Les brachmanes forgèrent les premiers ce concept, soutient-il. Pour eux, les êtres humains n'avaient nullement le monopole de l'âme, attendu que tous les animaux sont doués de mouvement. Les prêtres de l'Inde en inféraient naturellement l'existence, en chaque être animé, d'une substance capable de mouvoir les corps. Mais lorsque nous mourons, où va donc l'âme ? Pour les brachmanes, juge Voltaire, il fallait bien que l'âme logeât à nouveau quelque part : l'âme d'un être humain pouvait alors habiter le corps

---

160 *Philosophie de l'histoire*, XVII : « Ce qui me frappe le plus dans l'Inde, c'est cette ancienne opinion de la transmigration des âmes, qui s'étendit avec le temps jusqu'à la Chine et dans l'Europe. » (*OCV*, t. 59, p. 147.) Voir également l'article « Enfer » des *Questions sur l'Encyclopédie* dans lequel Voltaire évoque les brachmanes « qui avaient inventé le dogme ingénieux de la métempsycose. » (*OCV*, t. 41, p. 108.)

d'un animal et vice-versa. Le dogme de la métempsycose naissait de cette simple réflexion[161]. Sa conséquence éthique était naturellement le végétarisme[162]. Voltaire comprend aussi que cette croyance dans la transmigration des âmes a un grand avantage pour le maintien de la paix sociale. Les théologiens hindous auraient saisi qu'une telle foi dissuaderait les croyants de commettre des crimes. La crainte de connaître des incarnations douloureuses ou infamantes jouerait donc pour la société indienne le rôle de garde-fou que le Dieu rémunérateur et vengeur des chrétiens joue en Europe[163].

Au fil des années, les analyses de Voltaire sur les origines de la métempsycose et ses liens avec le végétarisme évoluent et se nuancent. Sa position devient moins caricaturale, moins systématique, mais aussi moins claire. Dans les *Lettres chinoises, indiennes et tartares*, par exemple, Voltaire fait explicitement siennes certaines analyses d'Holwell, en particulier son commentaire du *Shasta*. Selon ce texte, Dieu aurait créé des esprits, les Debtahs, qui se seraient révoltés contre lui et qu'il aurait punis en les faisant s'incarner dans le corps de vaches puis d'êtres humains. C'est en souvenir de cette première incarnation que les Indiens ne mangeraient pas la chair des bovins[164].

Cette nouvelle hypothèse cosmologique sur l'origine du végétarisme indien voisine avec d'autres plus inédites encore. Dans les foisonnantes *Questions sur l'Encyclopédie*, il pense avoir définitivement saisi les véritables intentions des brachmanes : trop sensibles à la souffrance des animaux pour vouloir se nourrir de leurs chairs, les prêtres auraient imposé leur mode de vie à l'ensemble de la population indienne ; ils auraient fait de l'abstinence de viande une pratique religieuse obligatoire. Le végétarisme aurait en somme été ritualisé dans un souci éthique par l'élite politico-religieuse : « La doctrine de la métempsycose vient d'une ancienne loi de se nourrir de lait de vache ainsi que de légumes, de fruits et de riz. Il parut horrible aux brachmanes de tuer et de manger sa nourrice : on

---

161 Voir l'article « Âme » des *Questions sur l'Encyclopédie* (*OCV*, t. 38, p. 359).

162 « Comme ils croyaient que les âmes passaient et repassaient des corps humains dans ceux des bêtes, ils ne voulaient point manger leurs parents. » Voir l'article « Viande » des *Questions sur l'Encyclopédie* (*OCV*, t. 43, p. 471).

163 Voir *La Philosophie de l'histoire*, XVII (*OCV*, t. 59, p. 147).

164 Voir *Lettres chinoises, indiennes et tartares* (*OCV*, t. 77B, p. 179). Voilà ce qui expliquerait, note ailleurs Voltaire, le respect que les Indiens portent aux vaches. Voir *De l'âme par Soranus*, III (*OCV*, t. 76, p. 243).

eut bientôt le même respect pour les chèvres, les brebis, et pour tous les autres animaux[165].» La métempsycose ne serait plus la cause, mais la conséquence de l'abstinence de viande. Cette position audacieuse ne se rencontre chez aucun savant de son temps, pas même chez Holwell. Distinguer le dogme religieux de la commisération permet à Voltaire d'infléchir le végétarisme vers une sorte de conduite morale, d'inspiration déiste. Les premiers législateurs indiens auraient même eu en tête de civiliser les mœurs de la société en imposant le régime végétarien sous le prétexte de la métempsycose : « Peut-être leur meilleure raison était la crainte d'accoutumer les hommes au carnage, hasarde-t-il, et de leur inspirer des mœurs féroces[166]. » Dans ses plaidoyers en faveur des animaux, l'hypothèse d'une origine politique ou sociale du végétarisme semble en effet se confirmer. Il s'agit surtout pour Voltaire de laver le végétarisme des soupçons d'extravagance et de superstition dans lesquels il versait encore lui-même quelques années auparavant.

En parallèle de ses réflexions sur la métempsycose, Voltaire étudie l'influence du climat sur les restrictions alimentaires des hindous. Cette influence serait importante et multiple, ainsi que le faisaient remarquer depuis longtemps déjà un grand nombre de voyageurs européens. Le climat aurait des effets sur l'hygiène et la gastronomie, tout d'abord, parce que la chaleur qui règne sur la péninsule indienne rend la viande (de vache notamment) impropre à la consommation[167]. Voltaire, qui s'intéresse de si près à l'agronomie, se plaît également à croire que la terre indienne produit en abondance des nourritures végétales savoureuses. Il aime évoquer les fruits dont jouissent seuls les Indiens, « ces beaux palmiers, [...] ces pommes d'or de tant d'espèces différentes, qui fournissent un aliment si léger et une boisson si rafraîchissante[168] ». À quoi bon tuer des animaux alors que la nature offre tant de fruits délicieux[169] ?

---

165 Article « Brachmanes » des *Questions sur l'Encyclopédie* (*OCV*, t. 39, p. 470).

166 Voir l'article « Viande » des *Questions sur l'Encyclopédie* (*OCV*, t. 43, p. 471).

167 *La Philosophie de l'histoire*, XVII : « Il faut surtout considérer que l'abstinence de la chair des animaux est une suite de la nature du climat. L'extrême chaleur et l'humidité y pourrissent bientôt la viande ; elle y est une très mauvaise nourriture. » (*OCV*, t. 59, p. 148.)

168 *Dialogues d'Évhémère*, XII (*OCV*, t. 80C, p. 257). Christiane Mervaud fait à juste titre remarquer que Voltaire ignore tout du travail épuisant des rizières et ne connaît que celui des moissons. » (*Voltaire à table, op. cit.*, p. 185.)

169 Voir l'article « Climat » des *Questions sur l'Encyclopédie* (*OCV*, t. 40, p. 134).

Dans l'*Esprit des lois*, Montesquieu s'émerveillait lui aussi des conditions exceptionnellement favorables dont bénéficiait, croyait-il, la péninsule indienne. Ignorant tout de la mousson ou de la sécheresse des hauts plateaux, Montesquieu vantait cet « heureux climat qui fait naître la candeur des mœurs et produit la douceur des lois[170] ! » La théorie qu'il défend dans l'*Esprit des lois* est en faveur tout au long du XVIIIe siècle. Pourtant prompt à critiquer le chef-d'œuvre de Montesquieu, Voltaire lui-même doit bien admettre que l'environnement exerce une influence décisive sur la psychologie des peuples[171]. Le climat qui règne en Inde expliquerait le caractère exceptionnellement paisible de ses habitants et leur inclination au végétarisme[172]. Cela serait plus vrai encore dans une région du nord de l'Inde – le « Vishnapor ».

LE CAS DU VISHNAPOR

Aux yeux de Voltaire, une région de l'Inde semble réunir chacun des éléments favorables à l'adoption du végétarisme. Il s'agit du Bisnapore (que Voltaire préfère orthographier « Vishnapor »), une contrée située non loin du Bengale[173]. Voltaire s'inspire une fois encore d'Holwell et de Dow qui la décrivent comme une région bénéficiant d'un climat très doux et d'une fertilité exceptionnelle, plus remarquable encore que les autres parties de l'Inde[174]. Ce lieu, constate-t-il à partir des données fournies par les savants anglais, ressemble fort aux descriptions du paradis terrestre[175]. L'idée que la région du Gange soit liée au jardin d'Éden est en réalité bien plus ancienne puisque, à la faveur de leurs exégèses, plusieurs Pères de l'Église y souscrivaient déjà, assimilant le Gange au fleuve Phison mentionné dans la Genèse. Voltaire, qui ne

---

170 *De l'Esprit des lois*, XIV, 15, *Œuvres Complètes*, Gallimard, 1951, p. 489.

171 Dans *La Philosophie de l'histoire*, XVII, Voltaire avance que la métempsycose n'eut pas les mêmes conséquences « alimentaires » en Inde et en Europe, précisément en raison du climat (*OCV*, t. 59, p. 149).

172 Voir notamment *La Philosophie de l'histoire*, XVII : « Leur religion et la température de leur climat rendirent ces peuples entièrement semblables à ces animaux paisibles que nous élevons dans nos bergeries et dans nos colombiers pour les égorger à notre plaisir. » (*OCV*, t. 59, p. 148.)

173 *Fragments historiques sur l'Inde*, XXXV (*OCV*, t. 75B, p. 255). Sur le Bisnapore, voir également Colas Duflo, *Diderot. Du matérialisme à la politique*, Paris, CNRS, 2013, p. 139-141.

174 Voir par exemple les *Dialogues d'Évhémère*, XII (*OCV*, t. 80C, p. 256). Voir également *De l'âme par Soranus*, *OCV*, t. 76, p. 240.

175 Voir les *Lettres chinoises, indiennes et tartares*, X (*OCV*, t. 77B, p. 184).

croit nullement à l'autorité de l'Ancien Testament, se désole que cette région d'une si grande fécondité n'ait pas excité davantage la curiosité du public en général et des savants en particulier[176]. Cela n'entame en rien son enthousiasme. Lui qui soupçonne les Jésuites d'avoir noirci le tableau qu'ils faisaient du pays des « brames » croit sur parole Holwell quand celui-ci dépeint le « paradis terrestre de l'Inde ». Le philosophe, pourtant, assure éviter de tomber dans le piège de la pensée mythique, notamment parce qu'il reconnaît que les brachmanes ne sont pas exempts de superstitions[177]. Il ne considère pas que la fertilité des bords du Gange et la ressemblance avec les descriptions de l'Éden (fécondité végétale, proximité de fleuves, etc.) puissent prouver absolument qu'il s'agisse là du berceau de l'humanité. Voltaire récuse même fermement cette idée inspirée trop manifestement des anthropogonies bibliques ou poétiques, bien qu'elle soit examinée sérieusement à l'Académie des Sciences[178]. C'est qu'une telle hypothèse est surtout incompatible avec sa doctrine polygéniste. L'eldorado bengali ne peut pas être le berceau unique de l'espèce humaine, puisqu'il existe une pluralité d'espèces humaines et donc une pluralité de foyers d'humanités[179].

Les preuves qu'il s'agit là du lieu de naissance de l'humanité sont pourtant nombreuses : douceur du climat, la fécondité de la terre ou encore la nudité des habitants. Voltaire assure toutefois que « cela prouve seulement que les Indiens sont indigènes, et ne prouve point du tout que les autres espèces d'hommes viennent de ces contrées ». Les conditions géoclimatiques ne doivent pas être associées a priori à la genèse du genre humain, mais envisagées plutôt comme la cause de l'établissement et du développement de certaines communautés. Cette antique civilisation s'épanouit d'autant mieux dans cette région du monde, que rien ne contredisait les tendances végétariennes de l'espèce humaine. Sur les bords du Gange, les êtres humains trouvèrent en abondance les nourritures dont ils avaient naturellement besoin. Ils pouvaient suivre ainsi sans effort leur inclination.

---

176 *Ibid.*, p. 187.

177 Certaines superstitions subsistant uniquement en ce lieu garantissent son antiquité : « L'espèce de culte qu'ils rendent à la vache, affaibli dans le reste de l'Inde, s'est conservé chez cette nation isolée dans toute la simplicité crédule des premiers temps. » (*Fragments historiques sur l'Inde*, XXXV, M, t. 29, p. 207.)

178 Tel est l'avis par exemple de Pierre Sonnerat (*op. cit.*, p. 2). Voltaire présente cette hypothèse dans son *Essai sur les mœurs* (*op. cit.*, t. 1, p. 232).

179 *Ibid.*, p. 233.

S'il est permis de former des conjectures, les Indiens, vers le Gange, sont peut-être les hommes le plus anciennement rassemblés en corps de peuple. Il est certain que le terrain où les animaux trouvent la pâture la plus facile est bientôt couvert de l'espèce qu'il peut nourrir. Or il n'y a pas de contrée au monde où l'espèce humaine ait sous sa main des aliments plus sains, plus agréables et en plus grande abondance que vers le Gange. Le riz y croît sans culture ; le coco, la datte, le figuier présentent de tous côtés des mets délicieux ; l'oranger, le citronnier fournissent à la fois des boissons rafraîchissantes avec quelque nourriture ; les cannes de sucre sont sous la main. [...] Jamais on ne fut obligé, dans ce pays, de risquer sa vie en attaquant les animaux, pour la soutenir en attaquant les animaux et en se nourrissant de leurs membres déchirés, comme on a fait presque partout ailleurs[180].

Le Vishnapor a enfin la particularité d'avoir été épargné par les conquérants et les envahisseurs[181]. Les Vishnaporiens descendent en ligne droite des brachmanes ; ils sont une race pure, sans mélange puisque depuis leur installation aucun peuple n'eut de commerce avec eux. Ainsi, leur doctrine a pu être conservée intacte pendant des millénaires. Le Vishnapor a aussi beaucoup des traits que l'on prête traditionnellement à l'utopie : lieu clos, imperméable au monde extérieur et inconnu de lui, nature prodigue, printemps perpétuel, population vertueuse. Il est une réalité qui rejoint les fictions utopiques de Desfontaines ou Morelly. Il présente surtout un intérêt anthropologique et philosophique incomparable : il donne à voir ce que fut une humanité primordiale, dont les aspirations naturelles n'ont été contrariées ni par un environnement hostile ni par l'histoire, qui l'auraient tous deux nécessairement pervertie[182]. Aussi est-ce sur les bords fertiles du Gange que l'on peut rencontrer le véritable bon sauvage, plus encore qu'aux Amériques dont on dit pourtant les habitants à peine sortis des mains de la nature. Alors que l'Inde offrait jusque-là l'image d'une culture plurimillénaire, les bords du Gange abriteraient paradoxalement, le peuple le plus proche de l'état naturel de l'humanité, assure Voltaire. Les mœurs des Vishnaporiens permettent de comprendre notre nature même ; elles offrent un témoignage vivant de ce que nous étions lorsque ni le froid, ni l'insécurité, ni le manque de nourriture ne contrariait nos penchants spontanés

---

180 *Ibid.*, p. 146.
181 *Fragments historiques sur l'Inde*, XXXV (*OCV*, t. 75B, p. 256-257).
182 *Ibid.*, p. 208.

à la douceur[183]. Voltaire ne se contente pas d'admirer, songeur, ces Indiens bienheureux : les Vishnaporiens lui servent aussi à mettre en évidence la férocité du dieu des juifs et des chrétiens. L'agréable est parfois utile.

DOUCEUR BRAHMANIQUE ET FÉROCITÉ CHRÉTIENNE

Dans *La Philosophie de l'histoire*, Voltaire assure que les Indiens se font « un crime d'égorger un animal[184] ». « Leur police et leur religion, explique-t-il ailleurs, se réunirent toujours à ne verser jamais de sang, pas même celui des moindres animaux[185] ». Voltaire sait que les prêtres missionnaires qui prêchent l'évangile aux brahmanes (et consomment de la viande) passent à leurs yeux pour des hommes sacrilèges et impurs, mais veut croire que ce n'est pas seulement les différences culturelles ou religieuses qui causent le dégoût des brahmanes. L'indignation qu'ils ressentent est celle qu'éprouve spontanément tout homme vertueux devant la méchanceté ou la brutalité. Cette volonté de séculariser le végétarisme hindou, de l'expurger au moins en partie de ses racines religieuses et dogmatiques est très nette dans les *Lettres d'Amabed*. Le héros éponyme du roman écrit par exemple au « grand brame » de Maduras, le vénérable Shastidas, pour lui peindre le crime d'un jésuite italien, le Père Fa Tutto :

> [Il] a égorgé deux petits poulets ; il les a fait cuire dans une chaudière, et il les a mangés impitoyablement. Cette action barbare lui a attiré la haine de tout le voisinage, que nous n'avons apaisé qu'avec peine. Dieu me pardonne ! je crois que cet étranger aurait mangé nos vaches sacrées, qui nous donnent du lait, si on l'avait laissé faire. Il a bien promis qu'il ne commettrait plus de meurtres envers les poulets, et qu'il se contenterait d'œufs frais, de laitage, de riz, de nos excellents légumes, de pistaches, de dattes, de cocos, gâteaux, d'amandes, de biscuits, d'ananas, d'oranges, et de tout ce que produit notre climat béni de l'Éternel[186].

Voltaire ne cesse jamais de décrier l'entreprise des Jésuites en Inde ; toujours, il leur oppose l'esprit et les travaux de Scrafton ou d'Holwell[187].

---

183 Voir *La Philosophie de l'histoire*, XVII (*OCV*, t. 59, p. 146) : « On n'a pas besoin, dans ce climat, d'écorcher des troupeaux pour défendre ses enfants des rigueurs des saisons ; on les y élève encore aujourd'hui tout nus jusqu'à la puberté. »

184 *La Philosophie de l'histoire* (*OCV*, t. 59, p. 147).

185 Voir l'article « Armes, armées » des *Questions sur l'Encyclopédie* (*OCV*, t. 39, p. 18).

186 *Lettres d'Amabed* (*RC*, p. 482).

187 Voir notamment le *Commentaire sur l'esprit des lois* (*M*, t. 30, p. 442).

Dans *Les Lettres d'Amabed*, le jésuite qu'il met en scène, et qu'il veut emblématique de son ordre, ne suscite pas la colère des hindous en raison d'un hypothétique acte d'anthropophagie, d'une méconnaissance grossière des mœurs indiennes ou de la violation d'un principe religieux. C'est sa «barbarie» surtout qui lui vaut l'inimitié de ceux qu'il a l'impudence de prêcher. Sous un climat si généreux, seules la gourmandise et l'insensibilité peuvent expliquer une action si atroce. À l'égard de Fa Tutto, le vénérable brahmane auquel écrit Amabed fait preuve de la même méfiance que le patriarche de Ferney. Il n'invoque nullement la cosmologie du Shasta ou la transmigration des âmes, mais condamne pour elle-même la violence du missionnaire[188].

La douceur des Indiens à l'égard des animaux met plus généralement à mal les fondements de la religion d'amour, bien au-delà des agissements de ses prêtres. Il n'est guère surprenant que la comparaison des théologies des chrétiens et des hindous se fasse toujours au bénéfice des seconds. «Leurs annales, écrit Voltaire, ne font mention d'aucune guerre entreprise par eux en aucun temps. Les mots d'*armes*, de *tuer*, de *mutiler* ne se trouvent ni dans les fragments du *Shasta*, que nous avons, ni dans l'*Ezourveidam*, ni dans le *Cormoveidam*[189].» Dans la Bible, à l'inverse, Yahvé est clairement un dieu colérique et jaloux; les anciens juifs, un peuple belliqueux et fanatique. «On voit un singulier contraste, conclut Voltaire, entre les livres sacrés des Hébreux et ceux des Indiens. Les livres indiens n'annoncent que la paix et la douceur; ils défendent de tuer les animaux : les livres hébreux ne parlent que de tuer, de massacrer hommes et bêtes; on y égorge tout au nom du Seigneur; c'est tout un autre ordre de choses[190].»

VOLTAIRE PYTHAGORICIEN

Pour compenser la confidentialité et l'anonymat du régime végétarien, Voltaire use parfois de périphrases signalant le prestige de ses antiques apôtres. À la manière de son personnage Amazan vantant ce système

---

188 Voir les *Lettres d'Amabed* (RC, p. 482).
189 Article «Brachmanes, brames» des *Questions sur l'Encyclopédie* (OCV, t. 39, p. 466).
190 *Ibid.*, p. 467.

qui « fut, après tant de siècles, celui de Pythagore, de Porphyre, de Jamblique », il fait l'éloge de cette diète prônée jadis par Plotin et bien d'autres[191]. Voltaire connaît très bien la longue tradition végétarienne de l'Antiquité : il s'y réfère souvent et reprend à son compte plusieurs des arguments employés par ces premiers apologistes du genre animal. De tous les philosophes végétariens de l'Antiquité, c'est à Porphyre que Voltaire accorde sa préférence. L'illustre disciple de Plotin a aussi les faveurs – on le comprend – de l'un des personnages du *Chapon et la poularde* : « Ô le grand homme ! le divin homme que ce Porphyre[192] ! », s'exclame-t-il avec reconnaissance et admiration.

PORPHYRE, HÉROS VOLTAIRIEN

L'abbé de Burigny traduit le traité de Porphyre en 1747 et envoie un exemplaire de son texte en 1761 à Voltaire[193]. Celui-ci lit attentivement l'ouvrage, ainsi qu'en témoignent ses notes laissées sur l'ouvrage. Avant 1762, Porphyre n'est jamais mentionné par Voltaire ; après 1762, il apparaît en revanche régulièrement dans son œuvre philosophique, tout particulièrement dans les *Questions sur l'Encyclopédie* où il est systématiquement cité comme une autorité importante[194]. Voltaire goûte d'autant mieux l'œuvre de Porphyre que ce dernier fut l'auteur du pamphlet *Contre les chrétiens*. Dans une lettre à Helvétius, Voltaire compte Porphyre au nombre des plus illustres ennemis du christianisme[195] ; ailleurs, il le défend contre les Pères de l'Église ou le range parmi les « partisans de la raison humaine », aux côtés de Celse et de Julien[196].

Porphyre défend le végétarisme parce qu'il rejette, entre autres choses, les violences faites à des créatures qui nous sont apparentées parce

---

191 *La Princesse de Babylone*, VIII (*OCV*, t. 66, p. 155).
192 *Le Chapon et la poularde* (*Mél.*, p. 682). Michèle Mat-Hasquin fait remarquer que Porphyre est le seul des philosophes grecs « pour lequel Voltaire n'a que louanges », alors qu'il se montre en général réservé, voire critique, à leur égard (*Voltaire et l'Antiquité grecque*, Oxford, *SVEC*, n° 197, 1981, p. 253).
193 Voltaire remercie Burigny de son envoi dans une lettre datée du 12 septembre 1761 (D10003).
194 Voir par exemple les articles « Esséniens » (*OCV*, t. 41, p. 261), « Nombre » (*OCV*, t. 42B, p. 293) ou « Verge » (*OCV*, t. 43, p. 438).
195 Voir D11383 (25 août 1763).
196 Voir l'article « Miracles » des *Questions sur l'Encyclopédie* (*OCV*, t. 42B, p. 240) et sa réfutation d'Eusèbe dans l'article « Oracles » des *Questions sur l'Encyclopédie* (*M*, t. 20, p. 142). Ce dernier passage n'est pas présent dans le texte de l'édition Besterman.

qu'elles sentent, souffrent, raisonnent et parfois même communiquent avec les êtres humains. Le patriarche de Ferney reprend à son compte cette position et utilise le prestige de cet Ancien, qui semble préfigurer les conceptions empiriques ou sensualistes, contre la modernité cartésienne. Voltaire brosse par ailleurs de l'auteur du *Traité de l'abstinence* un portrait tout à fait partial et prend soin de passer sous silence ses arguments les plus datés et les plus bizarres. Jamais il ne mentionne, par exemple, les longues pages que Porphyre consacre à la démonologie[197]. La grande sagesse dont il témoignait, d'après Voltaire, tranchait avec l'attitude des premiers chrétiens, ses contemporains : « Les sages ne tuent point les animaux, affirme un personnage tressant des couronnes à Porphyre ; il n'y a que les barbares et les prêtres qui les tuent et les mangent[198]. » Voltaire veut même voir dans le végétarisme une des raisons de la controverse qui opposa Porphyre et les chrétiens. Cet intérêt pour les animaux, cette douceur que prônait l'auteur du *Traité de l'abstinence* n'aurait nullement atténué la haine que les Pères de l'Église manifestaient à l'égard de ceux qui ne partageaient pas leur foi. La vertu de ce païen aurait au contraire exacerbé le ressentiment des chrétiens, aveuglés par leur fanatisme[199]. Si la philosophie de Porphyre a été terrassée par le christianisme, c'est précisément en raison de la bassesse de leurs principes moraux et du peu de cas qu'ils faisaient de la tempérance. Voltaire aime à croire en effet que leurs fausses valeurs séduisirent Firmus, ce philosophe auquel Porphyre destina le *Traité de l'abstinence*, et l'amenèrent à renoncer au végétarisme. Alors que la conversion de Firmus au christianisme n'est qu'une hypothèse invérifiable, Voltaire ne doute pas, ou feint de ne pas douter. Porphyre, écrit-il dans *Le Chapon et la poularde*, « fit cet admirable livre [le *Traité de l'abstinence*] pour convertir un de ses disciples qui s'était fait chrétien par gourmandise[200] ». Quelques années plus tôt, le philosophe se contentait

---

197 Voir l'article « Viande » des *Questions sur l'Encyclopédie* (*OCV*, t. 43, p. 472-473). « Porphyre, écrit Voltaire, ne parle point de métempsycose, mais il regarde les animaux comme nos frères, parce qu'ils sont animés comme nous, qu'ils ont les mêmes principes de vie, qu'ils ont ainsi que nous des idées, du sentiment, de la mémoire, de l'industrie. »

198 *Le Chapon et la poularde* (*Mél.*, p. 682).

199 *Ibid.*, p. 682.

200 *Ibid.*, p. 682. Voir également l'article « Viande » des *Questions sur l'Encyclopédie* : « L'écrit de Porphyre est adressé à un de ses anciens disciples nommé Firmus, qui se fit, dit-on, chrétien pour avoir la liberté de manger de la viande » (*OCV*, t. 43, p. 472.)

d'expliquer que Porphyre « reproch[ait] à son disciple de n'avoir quitté sa secte que pour se livrer à son appétit barbare[201] ».

Voltaire fait avec Porphyre ce qu'il avait fait avec les brahmanes. En héroïsant ces figures végétariennes, il veut humilier les défenseurs du catholicisme. Mais Voltaire n'a guère besoin de forcer le trait pour faire part du mépris de Porphyre pour l'anthropocentrisme et la téléologie carnivore[202]. À l'instar de son antique devancier et citant son exemple, Voltaire conteste les prérogatives que l'humanité s'arroge au nom de la religion. Il soutient avec lui que la confiscation du *logos* et de l'âme au seul bénéfice de l'être humain est un aveuglement ou un entêtement, c'est-à-dire « la vaine excuse de la barbarie[203] ». À quinze siècles de distance, le procès que les deux philosophes font à l'humanité carnivore repose sur les bases d'un gigantesque procès d'intention : la légitimation morale de la chasse et de la boucherie serait une opération intellectuelle visant à légitimer le plaisir de manger de la viande. C'est par gloutonnerie que les êtres humains refusent la raison aux animaux[204].

L'auteur du *Traité de l'abstinence* n'est pas le seul, avant Voltaire, à avoir adopté en Occident de telles vues. Mais sa somme en faveur du végétarisme est parvenue presque intégralement jusqu'à nous, ce qui constitue une remarquable exception. Elle offre l'occasion au patriarche de Ferney de prendre la mesure des débats qui opposèrent jadis les sectes philosophiques au sujet du célèbre régime de Pythagore. Les motivations de ce glorieux penseur végétarien de l'Antiquité l'emportent en noblesse, assure Voltaire, sur les misérables spéculations des chrétiens.

RÉGIME DE PYTHAGORE ET CARÊME DES CHRÉTIENS

La traduction française du *Vitto pitagorico* de Cocchi paraît en 1762, près de vingt ans après la parution du texte original. Elle vient rappeler à tous que Pythagore est le plus illustre et l'un des plus anciens adeptes du végétarisme. Féru de régimes, Voltaire lit l'ouvrage la même année, tout comme le cardinal de Bernis, avec qui il entretient une

---

201 *Traité sur la tolérance*, XII, note b (*OCV*, t. 56C, p. 193).
202 Pour la présentation et la réfutation des arguments stoïciens par Porphyre, voir *De l'abstinence*, Paris, Belles Lettres, 1977-1979, t. 1 (livre I, 4) p. 44-45 ou t. 2 (livre II, 18, 36 – 24, 6), p. 172-185.
203 *Le Chapon et la poularde* (*Mél.*, p. 682).
204 Voir Porphyre, *op. cit.*, t. 1 (livre III, 16, 1), p. 170 : « C'est donc par gloutonnerie que les hommes refusent la raison aux animaux. »

correspondance régulière. Ce dernier, qui est victime d'un embonpoint excessif, est tout à fait convaincu par les démonstrations de Cocchi ; au début de l'été 1762, il confie à Voltaire son désir de recouvrer la santé en adoptant le végétarisme[205]. Ce régime semble lui convenir parfaitement. « Depuis que j'ai pris le cuisinier de Pythagore, écrit-il à Voltaire, ma santé se rétablit et ce visage rond dont vous parlez reprend son coloris naturel[206]. »

Voltaire, lui aussi, s'enthousiasme pour Pythagore et lui consacre même un conte : *Aventure indienne*. Dans ce bref récit, il imagine la conversion de Pythagore au végétarisme en s'inspirant de plusieurs anecdotes transmises par les Anciens. Voltaire emprunte ainsi à Jamblique l'idée selon laquelle il aurait été initié par les « Gymnosophistes », ces sages indiens qui lui auraient transmis le don de parler aux bêtes. C'est d'ailleurs une huître, plaidant la cause de son espèce contre la gourmandise des hommes, qui convainc le Pythagore de Voltaire de « l'énormité du crime qu'il allait commettre » en s'apprêtant à la dévorer. Bouleversé, il repose l'huître sur son rocher, adopte le végétarisme et retourne en Grèce avant de gagner le sud de l'Italie[207]. L'école qu'il fonda à Crotone connut un succès relatif, croit savoir Voltaire[208]. Mais ses disciples les plus fidèles auraient observé ses prescriptions alimentaires de manière stricte[209]. Depuis la fin de l'Antiquité, la pratique du végétarisme semble avoir été totalement abandonnée. Le triomphe du christianisme aurait en effet balayé en Occident les derniers scrupules carnivores[210]. Voltaire sait fort bien que le régime maigre qu'ont

---

205 D10576 (10 juillet 1762) : « Je plante beaucoup d'arbres ; j'arrose mes prairies ; je soigne beaucoup mes potagers, qui sont devenus mes nourrices, depuis que je ne mange plus de viande. » C'est à cette nouvelle que Voltaire répond : « je ne savais point que vous fussiez frugivore. » (D10594, 19 juillet 1762.)

206 D10608 (26 juillet 1762).

207 La consommation des huîtres, crues, est une question qui préoccupe Voltaire, ainsi qu'en témoigne sa correspondance. Voir notamment cette lettre du 21 décembre 1767 (D14607) qu'il écrit à Chabanon : « Mme Denis mangera demain vos huîtres ; je pourrai bien en manger aussi, pourvu qu'on les grille. Je trouve qu'il y a je ne sais quoi de barbare à manger un aussi joli petit animal tout cru. Si messieurs de Sorbonne mangent des huîtres, je les tiens anthropophages. »

208 Voir *Lettres chinoises, indiennes et tartares* (*OCV*, t. 77B, p. 179).

209 Voir *Traité sur la tolérance*, XII, note b (*OCV*, t. 56C, p. 193) : « Toute la secte de Pythagore, en Italie et en Grèce, s'abstint constamment de manger de la chair. »

210 Voir *Il faut prendre un parti*, XV (*OCV*, t. 74B, p. 39) : « Il faut remonter jusqu'au pieux Porphyre, et aux compatissants pythagoriciens, pour trouver quelqu'un qui nous fasse

instauré les chrétiens n'a rien à voir avec la diète de Pythagore. Il est certes « utile » que le « carnage » cesse périodiquement afin que le cheptel puisse se renouveler, mais l'autorisation de manger des poissons rend le principe même du carême absurde[211]. « Pourquoi dans les jours d'abstinence l'Église romaine regarde-t-elle comme un crime de manger des animaux terrestres et comme une bonne œuvre de se faire servir des soles et des saumons[212] ? » La tolérance à l'égard du poisson pervertit l'esprit de pénitence propre aux jours maigres et prive les pauvres d'une ressource qui leur serait pourtant nécessaire[213]. La question du carême ne doit pas être envisagée seulement du point de vue théologique, mais aussi économique et social. Voltaire rappelle, s'il en était besoin, que la chair des animaux de boucherie est en France une denrée rare et donc chère[214]. Parce qu'il lui est en outre interdit de chasser, « le malheureux cultivateur ne mange presque jamais de viande, et n'a pas non plus de quoi acheter du poisson[215] ». L'Église impose parfois, dans certaines régions, de se priver aussi de beurre, de crème, de fromage et d'œufs. Quand les récoltes ont été mauvaises, les plus nécessiteux se voient privés de nourritures substantielles[216]. Voltaire expose ses vues sur le carême en 1769 dans sa *Requête à tous les magistrats du Royaume*. Il rappelle que les paysans sont réduits à se nourrir essentiellement de légumes à une époque de l'année où ces derniers sont encore rares alors que les personnes riches, à l'inverse, peuvent les faire cultiver dans leurs serres et élever des poissons dans leurs viviers. Pour l'élite économique, le carême ne correspond nullement à une période de mortification. Dans les faits, la

---

honte de notre sanglante gloutonnerie. »

211 Article « Carême » des *Questions sur l'Encyclopédie* (*OCV*, t. 39, p. 504). Voir également l'article « Guerre » du *Dictionnaire philosophique* : « Un homme qui fait servir sur sa table pour deux cents écus de marée un jour de carême, fait immanquablement son salut, et qu'un pauvre homme qui mange pour deux sous et demi de mouton va pour jamais à tous les diables. » (*OCV*, t. 36, p. 191-192.)

212 Article « Carême » du *Dictionnaire philosophique* (*OCV*, t. 35, p. 436).

213 Article « Carême » des *Questions sur l'Encyclopédie* (*OCV*, t. 39, p. 506).

214 Voir *Les Singularités de la nature* (*OCV*, t. 65B, p. 327) : « Notre Europe est si peuplée qu'il est impossible que chacun ait du pain blanc et mange quatre livres de viande par mois. Voilà où nous en sommes. » Voir également la *Requête à tous les magistrats du Royaume* (*OCV*, t. 71C, p. 283).

215 *Dictionnaire philosophique*, article « Carême » (*OCV*, t. 35, p. 437).

216 Article « Carême » des *Questions sur l'Encyclopédie* (*OCV*, t. 39, p. 506) : « Il y a des Églises où l'on a pris l'habitude de leur défendre les œufs et le laitage. Que leur resterait-il à manger ? rien. »

distinction opérée par l'Église entre périodes maigres et périodes grasses ne fait donc qu'affamer les pauvres : elle n'est pas seulement absurde, mais aussi injuste et presque criminelle.

Nous sommes donc bien loin, insiste Voltaire, des sages prescriptions pythagoriciennes. Qu'en est-il toutefois de cette abstinence pratiquée délibérément et tout au long de l'année par les moines et les moniales ? Ne serait-elle pas comparable à la diète que s'imposaient jadis les disciples de Pythagore ? Pour le patriarche de Ferney, qui comprend que le refus de la viande peut découler de conceptions très différentes, l'ascétisme des Chartreux ou des Clarisses ne correspond en rien aux exigences morales des végétariens de l'Antiquité. L'Église des premiers siècles avait distingué les mortifications très chrétiennes du respect superstitieux que les manichéens et d'autres avaient pour les animaux. Voltaire opère une distinction semblable, mais celle-ci tourne largement au désavantage de l'Église. L'ascèse de membres du clergé serait une chose dérisoire, une vile et absurde tentative de gagner la faveur de l'Être suprême :

> Les moines de la Trappe ne dévorent aucun être vivant ; mais ce n'est ni par un sentiment de compassion, ni pour avoir une âme plus douce, ni pour s'accoutumer à la tempérance. [...] Tels étaient les motifs des philosophes disciples de Pythagore. Nos pauvres trappistes ne font mauvaise chère que pour se faire une niche, ce qu'ils croient très propre à divertir l'Être des êtres[217].

CONCLUSION

À part ces « pauvres trappistes », qui aujourd'hui adopterait le régime de Pythagore ? Qui refuserait de participer au cycle infernal de l'entredévoration ? Bien peu de monde, hélas ; Voltaire le sait bien. Aussi plusieurs de ses prêches en faveur de l'abstinence de viande ressemblent-ils fort à de moroses méditations sur la place et le sens de la souffrance dans l'ordre du monde. L'être humain est le plus cruel de tous les animaux, mais il n'est pas le seul à se repaître de chair. La nature tout entière est le théâtre d'un abominable carnage. Sous la

---

217 Note c d'*Il faut prendre un parti* (*OCV*, t. 74B, p. 39).

plume de Voltaire, la Terre a même des allures de gigantesque et perpétuel désastre de Lisbonne[218]. Une chose – le croira-t-on ? – est plus
désespérante encore : les tourments, la mort et la dévoration de millions
d'animaux chaque jour ne sont pas des accidents, mais des lois de la
nature. Au moment où il examine le végétarisme, le patriarche de Ferney
affirme ne pas douter de la bonté du Créateur. Dans *Il faut prendre un
parti* toutefois, les plaintes des athées attentifs aux « cris éternels de la
nature toujours souffrante » se font mieux entendre que les réponses
embarrassées du déiste[219]. Voltaire a alors l'intuition que la pérennité du
monde ne repose que sur la souffrance des êtres qui l'habitent. « Ce qui
est encore de plus cruel, écrit-il, c'est que, dans cette horrible scène de
meurtres toujours renouvelés, on voit évidemment un dessein formé de
perpétuer toutes les espèces par les cadavres sanglants de leurs ennemis
mutuels. Ces victimes n'expirent qu'après que la nature a soigneusement
pourvu à en fournir de nouvelles. Tout renaît pour le meurtre[220]. » Si
la douleur d'une mouche dévorée par une araignée ou le martyre d'une
poularde égorgée par un cuisinier permettent à Voltaire de contester
l'infinie bonté du Dieu des chrétiens, le malheur des bêtes menace tout
aussi bien le Dieu des philosophes. Comment comprendre en effet que
l'Être suprême n'entende pas les plaintes de ces créatures innocentes ?
Pourquoi un nombre si prodigieux d'individus, créés par lui, souffrent-ils
sans raison ? À ces questions, le patriarche de Ferney donne une réponse
dont il semble lui-même peu convaincu. Dieu, explique-t-il, est « un
père qui n'a pu faire le bien de tous ses enfants[221]. »

---

218 Voir *Les Lettres de Memmius à Cicéron* (*OCV*, t. 72, p. 234) : « La terre, d'un pôle à l'autre,
      est un champ de carnage, et la nature sanglante est assise entre la naissance et la mort. »
219 *Ibid.*, p. 235.
220 *Il faut prendre un parti* (*OCV*, t. 74B, p. 39).
221 *Lettres de Memmius à Cicéron* (*OCV*, t. 72, p. 236).

LE VÉGÉTARISME THÉORIQUE
ET SENTIMENTAL
DE JEAN-JACQUES ROUSSEAU

À la fin du second livre de l'*Émile* (1762), Rousseau cite un long extrait du plaidoyer de Plutarque en faveur du végétarisme, le *De Esu carnium*[1]. Rousseau assure que ce superbe morceau est « étranger à [s]on sujet ». Il n'a pu cependant « résister à la tentation de le transcrire[2] » et croit que « peu de lecteurs [lui] en sauront mauvais gré ». Il ne se trompe pas ; la présence de cet extrait marque même profondément ses contemporains. Passant en revue les plus beaux plaidoyers en faveur du végétarisme, l'un des auteurs de *L'Année littéraire* place ainsi au-dessus d'eux tous « le morceau très singulier de l'*Émile*, où J. J. Rousseau a fondu l'énergie de Plutarque, la naïveté gauloise d'Amyot, avec la hardiesse et la chaleur de son propre style[3] ». Rousseau ne se contente pas de moderniser, ou même d'améliorer, la traduction d'Amyot. Dans une certaine mesure, il la récrit et mêle des allusions bibliques aux arguments anatomiques de Plutarque[4]. L'évocation de la présence de l'âme des bêtes dans leur sang n'apparaît pas en effet chez Plutarque ni par conséquent dans le

---

1   *Émile, ou de l'éducation*, *Œuvres complètes*, Paris, Gallimard, 1969, t. 4 (dorénavant *Émile*), p. 414 : « Ô meurtrier contre nature ! Si tu t'obstines à soutenir qu'elle [la nature] t'a fait pour dévorer tes semblables, des êtres de chair et d'os, sensibles et vivants comme toi, étouffe donc l'horreur qu'elle t'inspire pour ces affreux repas ; tue les animaux toi-même, je dis de tes propres mains, sans ferrements, sans coutelas ; déchire-les avec tes ongles, comme font les lions et les ours : mords ce bœuf et le mets en pièces ; enfonce tes griffes dans sa peau ; mange cet agneau tout vif, dévore ses chairs toutes chaudes, bois son âme avec son sang. »

2   *Ibid.*, p. 414.

3   *L'Année littéraire*, 1783, t. 2, lettre XIX p. 237.

4   Rousseau emploie également l'argument physiologique de Plutarque dans l'*Essai sur l'origine des langues*, *Œuvres complètes*, Paris, Gallimard, 1995, t. 5 (dorénavant *Essai*), p. 403 : « L'estomac ni les intestins de l'homme ne sont faits pour digérer la chair crue ; en général son goût ne la supporte pas. À l'exception peut-être des seuls Esquimaux dont je viens de parler, les sauvages mêmes grillent leurs viandes. »

texte d'Amyot. Cette audacieuse métaphore inspirée d'un verset de la Genèse suggère que la consommation de viande est non seulement barbare, mais encore contraire aux lois religieuses primordiales[5].

Rousseau est en revanche plus fidèle à la lettre et à l'esprit du texte de Plutarque lorsqu'il évoque la dénaturation physique et morale qu'implique le fait de mettre à mort un animal et de consommer ses chairs. Pour le philosophe de Chéronée comme pour celui de Genève, les premiers hommes qui eurent l'idée de manger de la viande durent surmonter un immense dégoût et étouffer la voix de leur conscience. Ce n'est qu'après avoir « éteint l'horreur du meurtre » par divers procédés culinaires – c'est-à-dire par des artifices – qu'ils purent se faire carnivores. L'homme qui mange de la viande est un animal dépravé, lui aussi.

Ce n'est pas la première fois que Rousseau aborde la question végétarienne. Dès 1755 et le *Discours sur l'inégalité*, il accorde une place très importante au végétarisme, ou plus exactement au frugivorisme. C'est ce régime que suit l'homme de la nature. Ce dernier ne *peut* pas, en effet, être un carnassier. S'il devait tuer des animaux pour survivre, s'il était un prédateur comme le sont les tigres ou les renards ; il serait impitoyable, il serait fondamentalement méchant[6]. Tout l'édifice anthropologique et moral de Rousseau s'écroulerait irrémédiablement. Le végétarisme originel de l'espèce humaine, aussi surprenant que cela puisse paraître, est la clé de voûte du système rousseauiste.

LE VÉGÉTARISME EN SYSTÈME

« Pour savoir quel régime est le plus utile à la vie et à la santé, écrit Rousseau dans l'*Émile*, il ne faut que savoir quel régime observent les peuples qui se portent le mieux, sont les plus robustes, et vivent le plus

---

5   *Lévitique*, XVII, 14 : « Car l'âme de toute chair, c'est son sang, qui est en elle. C'est pourquoi j'ai dit aux enfants d'Israël : Vous ne mangerez le sang d'aucune chair ; car l'âme de toute chair, c'est son sang : quiconque en mangera sera retranché. » (Bible de Sacy.)

6   Tel est précisément ce que développe Bernardin de Saint-Pierre dans ses notes de *L'Arcadie* : « La nature a fait l'homme bon. Si elle l'avait fait méchant, elle, qui est si conséquente dans ses ouvrages, lui aurait donné des griffes, une gueule, du venin, quelque arme offensive, ainsi qu'elle en a donné aux bêtes dont caractère est d'être féroce. » (*L'Arcadie*, Paris-Genève, Slatkine, 1980, note de la page 144.)

longtemps[7]. » Il est curieux qu'aucune enquête ne soit menée à ce sujet dans son traité d'éducation. Rousseau invite néanmoins son lecteur à méditer l'exemple de Patrice O'neil, un Anglais de cent treize ans, qui vient de se marier pour la septième fois au moment de la rédaction de l'*Émile*. O'neil, précise-t-il, se lève tôt le matin et ne reste pas oisif un seul instant ; il s'est surtout « toujours nourri de végétaux, et n'a mangé de la viande que dans quelques repas qu'il donnait à sa famille[8] ». Si le régime (quasi) végétarien est le meilleur, c'est avant tout parce qu'il est le plus adapté à notre physiologie.

DANS LA CLASSE DES FRUGIVORES

L'une des ambitions affichées de Rousseau dans le second *Discours* est de « tirer l'homme de la classe des animaux carnassiers et de le ranger parmi les espèces frugivores[9] ». Lorsqu'il entreprend sa démonstration en faveur du végétarisme, cet « important sujet », il prend soin de ne pas citer Philippe Hecquet dont le nom est définitivement entaché de ridicule. Il s'appuie en revanche volontiers sur les démonstrations d'Antonio Cocchi, qui est plus en faveur, et sur celles de son adversaire, Giovanni Bianchi[10]. Rousseau reprend aussi, tout comme Pierre Tarin dans l'*Encyclopédie*, l'argument classique de la conformation des dents et des intestins. Dans la note V du second *Discours*, il explique que « les animaux qui ne vivent que de végétaux ont tous les dents plates, comme le cheval, le bœuf, le mouton, le lièvre, mais les voraces les ont pointues, comme le chat, le chien, le loup, le renard » ainsi que l'avait montré Gassendi[11]. Il emprunte également à Wallis l'idée selon laquelle les carnassiers ont les intestins courts et n'ont pas de côlon[12]. Enfin, nous l'avons dit, Rousseau s'appuie sur Buffon qui assure dans l'un de ses textes que l'être humain pourrait très bien vivre en ne consommant que des plantes[13].

---

7   *Émile*, p. 271.
8   *Ibid.*, p. 272.
9   Second *Discours*, note VIII, p. 202.
10 Voir *Émile*, note de la p. 276. Giovanni Bianchi était l'auteur de *Se il vitto pittagorico di soli vegetabili sia giovevole*, Venise, Pasquali, 1752.
11 *Ibid.*, note V, p. 198-199.
12 *Ibid.*, note V, p. 199 : « Et quant aux intestins, les frugivores en ont quelques-uns, tels que le côlon, qui ne se trouvent pas dans les animaux voraces. »
13 *Histoire naturelle*, Paris, Imprimerie royale, t. 4, 1753, p. 440. Voir *supra*. Sur l'influence de Buffon sur Rousseau, voir par exemple Jean Starobinski, *La Transparence et l'obstacle*,

« Il semble donc, conclut Rousseau, que l'homme, ayant les dents et les intestins comme les ont les animaux frugivores, devrait naturellement être rangé dans cette classe[14]. » Dans cette même note, le philosophe évoque également le souvenir de l'âge d'or. Pour Victor Goldschmidt, Rousseau n'accorde aucun crédit à cet argument ; il s'en démarquerait même en le reléguant dans les notes, « subsidiairement », et non dans le corps du texte. Rousseau aurait en effet une « ambition scientifique » incompatible avec la foi en une félicité originelle[15]. Il semble pourtant que s'il considérait que l'argument de l'âge d'or discréditait la scientificité de son discours, il ne l'aurait tout simplement pas mentionné ou aurait souligné qu'il lui accordait peu de valeur. Nous croyons au contraire que les descriptions de l'Âge d'or par les Anciens sont interprétées au milieu du XVIIIe siècle comme un souvenir des périodes primitives et non seulement comme des fables. Il s'agit d'ailleurs d'un argument que Rousseau emploie en plusieurs endroits de son œuvre[16]. Dans le cas du second *Discours*, il paraît ajouter tellement foi à la réalité de cette période primordiale qu'il la place sur le même plan argumentatif que la forme des dents et du côlon. Il entend même donner davantage de poids à cette preuve « historique » en se plaçant en quelque sorte sous l'autorité de saint Jérôme et en prévenant ainsi les critiques d'éventuels détracteurs[17]. Le crédit de ce père de l'Église renforce celui des historiens païens et rend l'argument difficilement contestable. Dans la note VIII,

---

Paris, Gallimard, 1971, p. 380-392.

14 *Ibid.*, note V, p. 199.

15 Victor Goldschmidt, *Anthropologie et politique. Les principes du système de Rousseau*, Paris, Vrin, 1983, p. 247. Rousseau emploie ailleurs le même argument, et dans le corps de son texte. Voir par exemple l'*Essai*, p. 396 : « Ces temps de barbarie étaient le siècle d'or, non parce que les hommes étaient unis, mais parce qu'ils étaient séparés. Chacun, dit-on, s'estimait le maître de tout ; cela peut être : mais nul ne connaissait et ne désirait que ce qui était sous sa main. »

16 Dans l'*Émile*, Rousseau évoque la nourriture des premiers hommes et renvoie son lecteur à « l'Arcadie de Pausanias » (p. 402). Dans l'*Essai*, Rousseau concilie l'état de nature avec le récit de la Genèse, même si par exemple l'intelligence d'Adam semble à première vue incompatible avec la bêtise des premiers âges. En fait, les hommes de la nature seraient les descendants des fils de Noé, dispersés sur la terre et tombés dans la stupidité. Ainsi, « il est aisé de concilier l'autorité de l'Écriture avec les monuments antiques, et l'on n'est pas réduit à traiter de fables des traditions aussi anciennes que les peuples qui nous les ont transmises. » (p. 399.)

17 Second *Discours*, note V, p. 199 : « Non seulement les observations anatomiques confirment cette opinion, mais les monuments de l'Antiquité y sont encore très favorables. "Dicéarque, dit saint Jérôme, rapporte dans ses Livres des antiquités grecques que sous le règne de

Rousseau avance une autre preuve, beaucoup plus originale, en faveur du « frugivorisme » de notre espèce. Il existerait d'après lui une différence fondamentale entre les animaux carnivores et ceux qui ne le sont pas.

> Cette différence consiste dans le nombre des petits, qui n'excède jamais deux à chaque portée, pour les espèces qui ne vivent que de végétaux et qui va ordinairement au-delà de ce nombre pour les animaux voraces. Il est aisé de connaître à cet égard la destination de la nature par le nombre des mamelles, qui n'est que de deux dans chaque femelle de la première espèce, comme la jument, la vache, la chèvre, la biche, la brebis, etc., et qui est toujours de six ou de huit dans les autres femelles comme la chienne, la chatte, la louve, la tigresse, etc.[18]

Rousseau fait également remarquer que les femelles des espèces frugivores consacrent chaque jour beaucoup plus d'heures à se nourrir elles-mêmes que les louves ou les tigresses. Elles n'auraient donc pas le temps d'allaiter une progéniture nombreuse « au lieu que les voraces faisant leur repas presque en un instant peuvent plus aisément et plus souvent retourner à leurs petits[19] ». Cela explique donc que dans l'état de nature, les femmes aient besoin du secours des hommes pour nourrir leurs enfants, tout comme les femelles herbivores du mâle[20]. Rousseau range également dans la classe des frugivores les pongos, dont la pâture « demande plus de temps que s'ils mangeaient de la chair[21] ». Il assure en effet que ces anthropoïdes ont seulement comme aliments « des fruits ou des noix sauvages[22] ». C'est là une indication précieuse de ce que devrait être notre alimentation. Puisque ces animaux sont si proches des humains – et sont peut-être même des hommes et des

Saturne, où la terre était encore fertile par elle-même, nul homme ne mangeait de chair, mais que tous vivaient des fruits et des légumes qui croissaient naturellement." »

18 Second *Discours*, note VIII, p. 201.

19 *Ibid.*, note VIII, p. 201.

20 De ce point de vue, Rousseau s'oppose à Locke. (*Ibid.*, note XII, p. 216.)

21 *Ibid.*, note X, p. 210. L'appellation « pongo » désigne de façon indifférenciée les grands singes anthropomorphes que sont les chimpanzés, les gorilles et les orangs-outans. Au XVIIIᵉ siècle, ils ne sont regardés comme une seule et même espèce vivant soit en Afrique (chimpanzés, gorilles), soit en Indonésie (orangs-outans). Buffon non plus ne les différencie pas et semble même ignorer totalement le gorille, qui ne sera reconnu comme espèce à part entière qu'au milieu du XIXᵉ siècle. Linné, dans le *Systema naturae*, et La Mettrie, dans *L'Histoire de l'âme* et *L'Homme-machine*, considèrent les pongos comme des membres de l'espèce humaine.

22 *Ibid.*, note X, p. 209. Rousseau s'appuie ici sur l'*Histoire générale des voyages* (Paris, Didot, 1748, t. 5, p. 87) dont l'auteur s'appuie lui-même sur le récit d'Andrew Battel.

femmes vivant encore dans l'état de nature comme incline à le penser
Rousseau –, ils fournissent aux observateurs une très nette indication
de ce que fut originellement notre régime. Le goût spontané des enfants
pour les fruits et les nourritures sucrées est une dernière raison qui
devrait achever de nous convaincre de notre végétarisme naturel. Outre
que « notre premier aliment est le lait », nous ne manifestons en effet
dans nos premières années aucun véritable appétit pour les nourritures
carnées, assure Rousseau[23].

Malgré cette accumulation de preuves, le végétarisme originel de
l'humanité est seulement présenté par Rousseau comme une « conjecture »,
ainsi que le fait remarquer Victor Goldschmidt[24]. Cette réserve s'explique
en partie par le fait que l'homme de la nature, d'après Rousseau lui-même,
« se nourrit également de la plupart des aliments divers que les autres
animaux se partagent » et donc éventuellement de certains cadavres[25].
Il serait surtout ce que les paléoanthropologues appellent aujourd'hui
un charognard opportuniste. Cette consommation occasionnelle de
viande n'est pas contradictoire avec l'idée selon laquelle nous sommes
pourvus d'une physiologie végétarienne : l'homme a le corps d'un animal
frugivore sans en avoir l'instinct, puisqu'il « n'en [a] peut-être aucun
qui lui appartienne[26] ». Faisant usage de sa liberté et n'étant pas attiré
invinciblement par un seul type de nourriture, il peut l'être par tous.
De cette indétermination fondamentale naît la perfectibilité, faculté
dont l'être humain serait l'unique dépositaire au sein du règne animal.
À la différence du chat, par exemple, qui se laisserait mourir sur un tas
de fruits ou encore du pigeon qui languirait près d'un bassin rempli
des meilleures viandes, l'être humain est le seul à pouvoir se nourrir de
ce que la nature ne lui destine pas[27]. La perfectibilité nous permet de
surmonter ce dégoût pour la viande partagé par les autres frugivores ;

---

23   *Émile*, p. 411 : « Une des preuves que le goût de la viande n'est pas naturel à l'homme,
     est l'indifférence que les enfants ont pour ce mets-là, et la préférence qu'ils donnent tous
     à des nourritures végétales, telles que le laitage, la pâtisserie, les fruits, etc. »
24   C'est ce qui explique selon lui que Rousseau l'ait placé en note et non pas dans le corps
     du texte. Voir *Anthropologie et politique. Les principes du système de Rousseau*, Paris, Vrin,
     1983, p. 246.
25   Second *Discours*, p. 135.
26   *Ibid.*, p. 135.
27   *Ibid.*, p. 141 : « La nature seule fait tout dans les opérations de la bête, au lieu que l'homme
     concourt aux siennes, en qualité d'agent libre. L'un choisit ou rejette par instinct, et
     l'autre par un acte de liberté. »

elle nous rend également aptes à fabriquer les outils et recourir à des artifices rendant possible et même agréable la consommation de chairs animales[28].

Quelques mois plus tard, dans une controverse qui l'oppose à Leroy, Rousseau semble toutefois radicaliser sa thèse et faire de l'homme de la nature un strict frugivore. Le lieutenant des chasses avait en effet affirmé, en réaction au second *Discours*, que « l'homme s'il était frugivore et errant, mourrait de faim pendant cinq ou six mois de l'année ». Il ajoutait que les sangliers « sont contraints au printemps de dévorer de jeunes animaux, lapins, etc. Il faut convenir que nous ressemblons aux sangliers à beaucoup d'égards ». Le philosophe réfute les objections de Leroy en expliquant par exemple que « sur plus de la moitié de la terre, il n'y a presque point d'hiver, que les arbres ne se dépouillent point et qu'il y a des fruits toute l'année[29] ». Il affirme ne pas comprendre pourquoi « l'homme faute de fruits ne brouterait pas l'herbe, les bourgeons ». Plus tard cependant, dans un fragment d'une œuvre consacrée à l'influence des climats sur l'histoire, Rousseau infléchit sa position et semble même donner entièrement raison à Leroy. Il maintient que les êtres humains sont frugivores sous certains climats particulièrement heureux, grâce à l'abondance naturelle de la terre. Mais ailleurs, et surtout dans les pays froids, la terre ne fournit pas assez de fruits pour subvenir aux besoins des hommes[30].

Dans l'*Essai sur l'origine des langues* (1781), Rousseau évoque à nouveau le problème de la subsistance des êtres humains au cours des périodes primitives (c'est-à-dire « postérieures » à l'état de nature). Il adopte alors une perspective historique et non plus philosophique et abandonne l'expérience de pensée pour l'enquête. Les résultats auxquels il parvient dans l'*Essai* n'invalident ainsi en rien ceux du second *Discours*. Rousseau soutient d'abord qu'il est probable que l'homme ait très tôt commencé à manger de la viande et ait même adopté le pastoralisme

---

28 Paradoxalement, la perfectibilité permet aussi aux hommes de consommer des nourritures qui leur sont néfastes. (*Ibid.*, p. 141.)

29 Voir les « observations » de Leroy sur le second *Discours* (appendice 172 du t. 4, p. 423-426) et les réponses que Rousseau fait à ses objections.

30 [*Considérations sur l'influence relativement à la civilisation*], *Œuvres complètes*, Paris-Genève, Champion-Slatkine, 2012, t. 2, p. 644-645 : « des arbres sans fruits […] ne peuvent nous fournir des aliments que par des voies intermédiaires, en nourrissant des animaux qui nous servent de nourriture. »

qui correspondait si bien à sa tendance à l'isolement, à son goût de la liberté et à son caractère paresseux[31]. Cette vie d'éleveur serait antérieure même au déplacement de l'axe de rotation de la terre, lequel a provoqué un bouleversement climatique et donné lieu à l'alternance des saisons. Après cette catastrophe géologique, les hommes se seraient répartis en trois groupes qui formèrent bientôt trois états. Certains demeurèrent pasteurs, d'autres se firent chasseurs, d'autres, enfin, se tournèrent vers l'agriculture. Aucun d'eux n'aurait pu se nourrir exclusivement de nourritures végétales en raison de la moindre fertilité de la terre et du retour périodique des saisons froides[32]. Historiquement, l'humanité a donc toujours été omnivore, assure Rousseau. Aux nourritures végétales qui avaient leur préférence, nos ancêtres adjoignaient « quelques viandes grillées, sans assaisonnement et sans sel » lors de leurs festins[33].

Les écarts entre ces données historiques – la consommation de viande des premiers hommes – et les observations physiologiques sur le corps humain constituent une très bonne illustration de notre capacité à nous affranchir du déterminisme naturel pour notre bien parfois, mais le plus souvent – hélas – pour notre malheur. Le régime carnivore des êtres humains ne constitue pas seulement un dévoiement de leur nature physiologique ; il contrarie aussi la pitié, une autre de leurs inclinations.

---

31 Voir l'*Essai*, p. 401 : « Supposez un printemps perpétuel sur la terre ; supposez partout de l'eau, du bétail, des pâturages ; supposez les hommes, sortant des mains de la nature, une fois dispersés parmi tout cela : je n'imagine pas comment ils auraient jamais renoncé à leur liberté primitive et quitté la vie isolée *et pastorale*, si convenable à leur indolence naturelle, pour s'imposer sans nécessité l'esclavage, les travaux, les misères inséparables de l'état social. » (Mis en italiques par nous.) Ces hommes, qui vivaient avant le changement de l'axe de rotation de la Terre, ne sont pas les hommes de la nature décrits dans le second *Discours* même si la vie qu'ils menaient alors ressemblait fort à la leur.

32 Triptolème, l'inventeur mythique de l'agriculture fut aussi celui du végétarisme (voir par exemple Porphyre, *De l'abstinence*, IV, 22). Selon Rousseau, cette fable grecque témoigne que les hommes étaient carnivores avant que d'être agriculteurs : « Généralement, chez tous les peuples dont l'origine nous est connue, on trouve les premiers barbares voraces et carnassiers, plutôt qu'agriculteurs et granivores. Les Grecs nomment le premier qui leur apprit à labourer la terre, et il paraît qu'ils ne connurent cet art que fort tard. Mais quand ils ajoutent qu'avant Triptolème ils ne vivaient que de gland, ils disent une chose sans vraisemblance et que leur propre histoire dément : car ils mangeaient de la chair avant Triptolème, puisqu'il leur défendit d'en manger. On ne voit pas au reste qu'ils aient tenu grand compte de cette défense. » (*Essai*, p. 400.)

33 *Émile*, p. 408.

LE PRINCIPE DE PITIÉ ET LA LOI NATURELLE

Tandis que les cruautés exercées contre les bêtes font l'objet d'une condamnation presque unanime parmi les philosophes, l'éventuelle inclusion de ces dernières dans le cercle de la justice donne en revanche lieu, comme on le sait, à de vifs débats. La question complexe des animaux permet aussi de renouveler les discussions portant sur les fondements du droit naturel dont il est parfois si difficile de se faire une idée claire et distincte. Dans le second *Discours*, Rousseau tranche en quelques phrases ces problèmes ardus qui depuis longtemps occupaient les jusnaturalistes. Il proclame que le fondement de la loi naturelle est un sentiment universel, la pitié, cette « répugnance naturelle à voir périr ou souffrir tout être sensible » :

> Tant qu[e l'homme] ne résistera point à l'impulsion intérieure de la commisération, il ne fera jamais du mal à un autre homme ni même à aucun être sensible. [...] Par ce moyen, on termine aussi les anciennes disputes sur la participation des animaux à la loi naturelle. Car il est clair que, dépourvus de lumières et de liberté, ils ne peuvent reconnaître cette loi ; mais tenant en quelque chose à notre nature par la sensibilité dont ils sont doués, on jugera qu'ils doivent aussi participer au droit naturel, et que l'homme est assujetti envers eux à quelque espèce de devoirs. Il semble, en effet, que si je suis obligé de ne faire aucun mal à mon semblable, c'est moins parce qu'il est un être raisonnable que parce qu'il est un être sensible ; qualité qui, étant commune à la bête et à l'homme, doit au moins donner à l'une le droit de n'être point maltraitée inutilement par l'autre[34].

La pitié serait ainsi un sentiment inné qui s'éprouve à l'endroit de tous les animaux sensibles, mais s'émousse dans l'état de société, à mesure que se fortifie l'amour propre[35]. Quelques années plus tard, Rousseau propose une autre définition de la pitié sensiblement différente. Dans l'*Essai sur l'origine des langues* et dans l'*Émile*, il assure en effet que la pitié ne se manifeste pas indépendamment de certaines facultés intellectuelles, en particulier l'imagination, se développant avec l'âge[36]. Nombre de commentateurs soulignent à juste titre l'écart existant entre ces deux

---

34 Second *Discours*, p. 126.

35 *Ibid.*, p. 156 : « c'est [la raison] qui replie l'homme sur lui-même ; c'est elle qui le sépare de tout ce qui le gêne et l'afflige : c'est la philosophie qui l'isole ; c'est par elle qu'il dit en secret, à l'aspect d'un homme souffrant : péris si tu veux, je suis en sûreté. »

36 *Essai*, p. 395-396 : « La pitié bien que naturelle au cœur de l'homme resterait éternellement inactive sans l'imagination qui la met en jeu. [...] Comment imaginerai-je des

formulations et confessent même leur embarras[37]. Que la raison joue
un rôle ou non dans le processus d'identification empathique ne change
cependant rien au fait que les animaux participent à la loi naturelle.
C'est là une rupture considérable avec les théories de la justice les plus
dominantes et les plus compatibles avec la doctrine de l'Église.

Cette inclusion des animaux met en effet clairement en évidence
ce qui sépare la compassion de la charité chrétienne. Alors que la première permet d'embrasser l'ensemble des créatures, la seconde ne peut
concerner que les membres de l'espèce humaine, ainsi que le Christ l'a
fort bien montré par sa vie et son enseignement. La pitié est « naturelle »
et, soutenue ou non par l'imagination, doit se comprendre comme un
« transport » de la sensibilité, une émotion qui ne se commande pas[38] ;
la charité est au contraire un devoir spirituel qui implique que l'on sur-
monte le cas échéant les sentiments de haine et de colère que suscitent
en nous nos ennemis[39]. La définition de la pitié donnée dans le second
Discours appelle une autre remarque concernant le sens à donner à ce
« droit de n'être point maltraité[s] inutilement » que Rousseau accorde
aux animaux. Quels sont ces cas où il est utile, et donc légitime, de
les tourmenter ? La boucherie, par exemple, est-elle *utile* ? Ne devrait-
on pas considérer la consommation de viande comme une violation de
la loi naturelle ? À cet endroit, Rousseau se dérobe et ne se prononce
pas sur les éventuels devoirs juridiques et moraux des hommes envers
des animaux. Cela est d'autant plus étrange que les notes du *Discours*
tendent à montrer que la viande n'est pas seulement une nourriture
inutile, mais encore nuisible. Rien, chez Rousseau lui-même, ne permet

---

maux dont je n'ai nulle idée ? Comment souffrirai-je en voyant souffrir un autre si je
ne sais même pas qu'il souffre, si j'ignore ce qu'il y a de commun entre lui et moi ? »

37   Voir par exemple Paul Audi, *Rousseau. Éthique et passion*, Paris, Puf, 1997, p. 137. Sur
cette question de la pitié chez Rousseau, voir Jacques Derrida, *De la grammatologie*, Paris,
Minuit, 1967, p. 243-272 ou Victor Goldschmidt, *op. cit.*, p. 331-356.

38   Il serait à souhaiter, toutefois, que la raison contribue à surmonter chez nous les obstacles
qui entravent la pitié dans l'état de société.

39   Kant oppose ainsi la compassion et l'amour du prochain enseigné par l'Église : « Ainsi
doivent être sans aucun doute compris les passages de l'Écriture où il est ordonné
d'aimer son prochain, même son ennemi. Car l'amour comme inclination ne peut pas se
commander ; mais faire précisément le bien par devoir, alors qu'il n'y a pas d'inclination
pour nous y pousser, et même qu'une aversion naturelle et invincible s'y oppose, c'est là
un amour *pratique* et non *pathologique*, qui réside dans la volonté et non dans le penchant
de la sensibilité. » (*Fondements de la métaphysique des mœurs*, Paris, Gallimard, 1985, p. 258.)
Voir Matthieu, v, 43-45.

donc de justifier la mise à mort des animaux que l'on consomme. Le végétarisme, qui apparaît ici comme un moyen de justifier la bonté de l'être humain dans l'état de nature, n'est pas présenté toutefois comme un impératif moral dans l'état de société. Cet éventuel devoir à l'égard des animaux est passé sous silence. Certes, quelques années plus tard, la plaidoirie de Plutarque insérée dans l'*Émile* associe clairement le régime de Pythagore avec la pitié, et donc avec le fondement du droit. Mais on fera remarquer que l'*Émile* (dans le passage en question, tout du moins) n'est pas un traité de philosophie comme peut l'être le second *Discours*, qu'il a été écrit après ce dernier, que ce qui pourrait relever du fondement du droit n'est pas le droit, et que Plutarque enfin n'est pas Rousseau. Au sein du second *Discours*, la position du philosophe peut se résumer ainsi : la viande n'est pas destinée naturellement à l'être humain, elle implique la violation du principe de pitié et de la loi naturelle, mais elle fut jadis nécessaire lorsque la faim, le froid, l'impossibilité de se nourrir de fruits le contraignirent en effet à tuer des bêtes et donc à étouffer sa commisération[40]. Ce premier écart avec ses inclinations naturelles et la loi morale n'a fait que se creuser lorsque l'être humain s'est fait une habitude de consommer régulièrement des nourritures carnées. Manger de la viande nous porte à la férocité, insiste en effet Rousseau[41]. À l'inverse, les nourritures végétales et les laitages ont une influence salutaire sur l'âme et la rendent plus douce.

Cette morale sensitive qu'expose notamment Saint-Preux dans *La Nouvelle Héloïse* explique que la douce et compatissante Julie de Wolmar soit presque « pythagoricienne[42] ». Son goût pour les nourritures végétales est une claire manifestation de sa douceur.

---

40 Second *Discours*, p. 165.
41 *Émile*, p. 411 : « Il est certain que les grands mangeurs de viande sont en général cruels et féroces plus que les autres hommes ; cette observation est de tous les lieux et de tous les temps. La barbarie anglaise est connue ; les Gaures, au contraire, sont les plus doux des hommes. Tous les sauvages sont cruels ; et leurs mœurs ne les portent point à l'être : cette cruauté vient de leurs aliments. » (*Ibid.*, p. 411.)
42 L'influence des nourritures sur le caractère est surtout développée dans *La Nouvelle Héloïse* (*Œuvres complètes*, Paris, Gallimard, 1964, t. 2, (dorénavant *Nouvelle Héloïse*), p. 452-453. Sur la morale sensitive de Rousseau, voir par exemple Timothy O'Hagan, « La morale sensitive de Jean-Jacques Rousseau », *Revue de théologie et de philosophie*, Lausanne n° 125, Lausanne, 1993, p. 343-357. Voir surtout Marco di Palma, *Rousseau's Enlightenment Ethics : the Synthesis of Materialism and Morals*, Oxford, SVEC, 2000, p. 73-227.

LE PYTHAGORISME DE JULIE

Mandeville voit dans le végétarisme une « folie » sociale à laquelle ne sauraient se livrer les personnes sensées. La « tyrannie que la coutume nous impose », assure-t-il, a en effet trop contrarié notre tendance à la commisération envers les bêtes[43]. Seuls seraient en mesure de secouer le joug des habitudes des êtres extraordinairement compatissants. Julie est de ceux-là. Dès les premières lignes de *La Nouvelle Héloïse* (1761), la jeune fille est louée pour son extrême sollicitude. Saint-Preux dit adorer en elle « cette pitié si tendre à tous les maux d'autrui[44] ». Claire, quant à elle, voit dans sa cousine le modèle de « toutes les âmes d'une certaine trempe » qui « transforment pour ainsi dire les autres en elles-mêmes[45] ». Julie ne partage pas seulement les souffrances des membres de sa famille et de ses amis ; elle compatit aussi à la peine de ses domestiques (même lorsque ceux-ci l'ont volée) et aux malheurs des paysans des alentours[46]. Julie est même si délicate qu'elle ressent et partage la souffrance des animaux. L'idée que des poissons soient maintenus dans des bassins ou des oiseaux dans des cages lui est en effet intolérable[47]. Lorsque Saint-Preux part à la chasse aux besolets, ces oiseaux qui ne sont pas bons à manger, Julie lui reproche amèrement de tuer des êtres « pour le seul plaisir de faire du mal[48] ».

La compassion de Julie pour les animaux explique qu'« elle n'aime ni la viande, ni les ragoûts » et que son régime tende au végétarisme :

---

43 Bernard Mandeville, *La Fable des abeilles*, Paris, Vrin, 1998, p. 137 : « J'ai souvent pensé que, sans cette tyrannie que la coutume nous impose, on ne verrait jamais des hommes qui ne sont pourtant pas méchants accepter de tuer pour leur nourriture quotidienne un si grand nombre d'animaux alors que la terre généreuse leur fournit avec abondance des aliments agréables et variés. »

44 *Nouvelle Héloïse*, p. 32.

45 *Ibid.*, p. 204.

46 *Ibid.*, p. 532 : « Elle n'a point cette pitié barbare qui se contente de détourner les yeux des maux qu'elle pourrait soulager. [...] Elle s'informe des besoins de son voisinage avec la chaleur qu'on met à son propre intérêt. »

47 Julie veut partager avec les oiseaux le jardin de Clarens ; il ne s'agit donc pas de « prisonniers » retenus dans une « volière » ainsi que se l'imaginait dans un premier temps Saint-Preux (*ibid.*, p. 475) : « Je vois, lui dit Saint-Preux, que vous voulez des hôtes et non pas des prisonniers. » Les seuls animaux que Julie tient captifs à Clarens sont ces poissons qui étaient destinés à un repas mais dont Fanchon eut pitié : « Il y a quelque temps que Fanchon vola dans la cuisine des perchettes qu'elle apporta ici à mon insu. Je les y laisse, de peur de les mortifier si je les renvoyais au lac ; car il vaut encore mieux loger du poisson un peu à l'étroit que de fâcher une honnête personne. » (*Ibid.*, p. 478.)

48 *Ibid.*, p. 514. Le besolet « n'est pas bon à manger » explique en effet Rousseau en note.

« d'excellents légumes, les œufs, la crème, les fruits, voilà sa nourriture ordinaire ; et, sans le poisson qu'elle aime aussi beaucoup, elle serait une véritable pythagoricienne[49]. » Cette étrange exception pour la chair des poissons, que ne justifie ni Julie ni aucun autre personnage de *La Nouvelle Héloïse*, a été bien mise en évidence par Jacques Berchtold[50]. L'explication réside dans le fait que la jeune femme est tiraillée, comme chaque être humain, entre deux tendances contradictoires : la gourmandise (cet « appétit de la nature, tenant immédiatement au sens », selon la formule de l'*Émile*) et la pitié (qui la rend si sensible à la souffrance de toutes les créatures animées). Un épisode de *La Nouvelle Héloïse*, inspiré de *Pamela* de Richardson, illustre parfaitement cette oscillation[51]. La scène est rapportée par Saint-Preux dans la quatrième partie du roman : Julie et lui partent pêcher à bord d'une petite embarcation sur le lac de Genève afin de tromper l'ennui qu'a fait naître l'absence de Wolmar. Ils sont accompagnés de trois bateliers et d'un domestique : « Nous passâmes une heure ou deux à pêcher à cinq cents pas du rivage, écrit Saint-Preux. La pêche fut bonne ; mais, à l'exception d'une truite qui avait reçu un coup d'aviron, Julie fit tout rejeter à l'eau. "ce sont, dit-elle, des animaux qui souffrent ; délivrons-les : jouissons du plaisir qu'ils auront d'être échappés au péril[52]." »

L'homme civil, à la sensibilité émoussée, n'aurait pas eu ce mouvement[53]. La sensibilité de Julie et son inconséquence rappellent fortement celles de l'« homme sauvage » du second *Discours* qu'on « voit toujours se livrer étourdiment au premier sentiment de l'humanité[54] ». L'absurdité et le ridicule de la situation n'entravent nullement les élans compassionnels de la jeune fille[55]. Quelques heures plus tard, après avoir regagné les bords du lac, Julie, en compagnie de Saint-Preux et des bateliers, goûte pourtant volontiers la chair de la truite qui avait été prise. Le fait que ce

---

49 *Nouvelle Héloïse*, p. 453.
50 Voir « Julie et l'âme des poissons du Léman dans *La Nouvelle Héloïse* de Rousseau », dans Jean-Luc Guichet (dir.), *De l'animal-machine à l'âme des machines. Querelles biomécaniques de l'âme (XVIIᵉ-XIXᵉ siècle)*, Publications de la Sorbonne, 2010, p. 96.
51 Voir *Pamela, ou la vertu récompensée*, Londres, Woodward, 1741, p. 201-202.
52 *Nouvelle Héloïse*, p. 515.
53 Second *Discours*, p. 155-156.
54 Julie, en effet, n'est pas « une grande raisonneuse », explique Rousseau (*Nouvelle Héloïse*, p. 46).
55 *Ibid.*, p. 155 : « Désirer que quelqu'un ne souffre point, est-ce autre chose que désirer qu'il soit heureux ? »

poisson ait déjà été tué, fortuitement et par d'autres, atténue le malaise qu'aurait dû faire naître son empathie. Une fois que la truite est morte, une fois surtout que sa chair est apprêtée, elle cesse d'être un animal pour devenir de la nourriture. La pitié originelle, primitive, s'efface alors au profit d'une autre – la pitié éduquée – qui implique l'usage de la raison et le développement de l'imagination. Cette seconde pitié ne rend pas impossible la consommation de certains animaux morts : s'il est horrible de tuer des poissons pour se nourrir alors que tant d'autres nourritures sont à notre disposition, à quoi servirait en revanche de ne pas goûter la chair d'une bête morte par accident ?

UNE DIÉTÉTIQUE POUR LES FEMMES ET LES ENFANTS

Puisque le végétarisme est le régime le plus naturel et le plus sain, il devrait être celui que les parents font adopter à leurs enfants. Comme Locke et plusieurs autres pédagogues, Rousseau recommande ainsi pour eux « des fruits, du laitage, quelque pièce de four un peu plus délicate que le pain ordinaire ». Ce régime convient à la fois à leur corps et à leur esprit. « Il importe surtout de ne pas dénaturer ce goût primitif, insiste-t-il, et de ne point rendre les enfants carnassiers, si ce n'est pour leur santé, c'est pour leur caractère[56]. » La diète pythagoricienne convient aussi aux femmes, qui leur ressembleraient à bien des égards, explique Rousseau. Ne sont-elles pas en effet moins enclines que les hommes à aimer les nourritures carnées ? C'est le cas de Julie, bien sûr, mais aussi de Sophie, sa jeune élève dans l'*Émile*, qui a « conservé le goût propre de son sexe ; elle aime le laitage et les sucreries ; elle aime la pâtisserie et les entremets, mais fort peu la viande[57] » Ce régime-là explique en partie que Julie et Sophie fassent preuve d'une très grande douceur – cette vertu féminine par excellence, selon Rousseau[58]. Il est remarquable que ces trois notions (féminité, douceur, nourritures végétariennes) soient associées presque systématiquement dans l'œuvre autobiographique et romanesque de Rousseau. Fanchon, en compagnie

---

56 *Émile*, p. 411.

57 *Ibid.*, p. 749. « J'ai dit que Sophie était gourmande. Elle l'était naturellement ; mais elle est devenue sobre par habitude, et maintenant elle l'est par vertu. »

58 *Ibid.*, p. 710 : « La première et la plus importante qualité d'une femme est la douceur. » Dans *La Nouvelle Héloïse* (p. 452), Rousseau affirme qu'au contraire de la viande qui échauffe le sang et l'esprit, « le laitage et le sucre sont un des goûts naturels du sexe, et comme le symbole de l'innocence et de la douceur qui font son plus aimable ornement ».

de Julie, fait par exemple goûter à Saint-Preux de délicieux fromages produits aux alentours de Genève[59]. À Turin, c'est chez une fromagère qu'il fait l'un des meilleurs repas de sa vie ; près de la barrière d'Enfer, la mère du petit boiteux à qui il fait l'aumône vend enfin « des fruits, de la tisane, et des petits pains[60] ».

Sa défense de l'allaitement des enfants par leur mère n'est pas étrangère non plus à cette trinité. Peut-on imaginer acte plus naturel, doux, féminin et qui impliquerait de la nourriture ? Rousseau a bien conscience cependant que cette sage habitude ne risque guère d'être adoptée par les mondaines. Il s'agit donc de trouver le moyen de faire bénéficier aux enfants du moins mauvais des succédanés au lait de leur mère. Il faut absolument, insiste Rousseau, que la nourrice ait accouché au même moment que la mère, étant donné que les qualités nutritionnelles du lait évoluent en fonction de l'âge du nourrisson et de ses besoins[61]. Rousseau recommande également que la nourrice ne soit ni intempérante ni vicieuse afin de ne pas communiquer ses défauts au nouveau-né[62]. Il faut en outre veiller avec soin à ce qu'elle mange, car les aliments qu'elle ingère entrent pour une part dans la constitution du lait qu'elle produit. La chair des animaux est à proscrire ; les nourrissons allaités par les grandes mangeuses de viande, note Rousseau, sont en effet « plus sujets à la colique et aux vers que les autres[63] ». Fort heureusement, les nourrices, qui sont des femmes du peuple, ont rarement l'occasion d'en consommer[64] :

> Les paysannes mangent moins de viande et plus de légumes que les femmes de la ville ; et ce régime végétal paraît plus favorable que contraire à elles et à leurs enfants. Quand elles ont des nourrissons bourgeois, on leur donne

---

59 *Nouvelle Héloïse*, p. 452 : « Je fis un goûter délicieux. Est-il quelques mets au monde comparables aux laitages de ce pays ? Pensez ce que doivent être ceux d'une laiterie où Julie préside, et mangés à côté d'elle. La Fanchon me servit des grus, de la céracée, des gaufres, des écrelets. Tout disparaissait à l'instant. Julie riait de mon appétit. »

60 *Confessions*, *Œuvres complètes*, Paris, Gallimard, 1959, t. 1 (dorénavant *Confessions*), p. 71 ; *Rêveries*, *Œuvres complètes*, Paris, Gallimard, 1959, t. 1, p. 1050.

61 *Émile*, p. 273.

62 *Ibid.*, p. 273 : « Un bon caractère est aussi essentiel qu'un bon tempérament. Si l'on prend une femme vicieuse, je ne dis pas que son nourrisson contractera ses vices, mais je dis qu'il en pâtira. »

63 *Ibid.*, p. 275.

64 *Ibid.*, p. 274 : « Puisque son régime ordinaire l'a laissée ou rendue saine et bien constituée, à quoi bon lui en faire changer ? »

des pot-au-feu, persuadé que le potage et le bouillon de viande leur font un meilleur chyle et fournissent plus de lait. Je ne suis point du tout de ce sentiment. [...] Se pourrait-il que le régime végétal étant reconnu le meilleur pour l'enfant, le régime animal fût le meilleur pour la nourrice ? Il y a de la contradiction à cela[65].

Il est donc requis que les nourrices ne changent pas de régime au moment d'allaiter les enfants dont elles s'occupent ; on devra seulement faire attention à ce qu'il soit un peu plus abondant et se garder surtout des assaisonnements qu'il faudrait d'ailleurs toujours proscrire. Pourquoi le régime végétarien favorise-t-il à ce point la lactation des femmes ? Rousseau fournit une explication audacieuse : « le lait, bien qu'élaboré dans le corps de l'animal, est une substance végétale ; son analyse le démontre, il tourne facilement à l'acide ; et, loin de donner aucun vestige d'alcali volatil, comme font les substances animales, il donne, comme les plantes, un sel neutre essentiel. » Cette remarque est d'importance, et semble propre à Rousseau. Elle conditionne une grande partie de sa théorie diététique[66]. Le philosophe naturaliste invite à comparer le degré d'acidité (on dit aujourd'hui potentiel hydrogène ou pH) de la

---

65 *Ibid.*, p. 275.
66 Pierre Burgelin affirme dans ses notes, p. 1321, que « les théories de Rousseau sur le lait sont assez banales » et qu'il se serait inspiré de John Arbuthnot qui aurait lui-même affirmé que le lait est une substance végétale (*Essai sur la nature et le choix des aliments*, Paris, Cavelier, 1755). Ce n'est pas exact. Burgelin affirme qu'Arbuthnot considère que le lait est une substance végétale puisqu'il aurait démontré qu'il est, comme les végétaux, une substance acide. Si Arbuthnot affirme en effet (p. 195-200) que la chair est souvent alcaline et le végétal acide, il ne dit rien de l'acidité du lait, parce que précisément, selon lui, le lait n'a pas d'acidité : il aurait un pH neutre : « le lait n'est ni acide ni alcalin » (p. 66), tout comme le lait écrémé et la crème (p. 67). Arbuthnot a tort ; c'est Rousseau qui a raison : le lait, écrémé ou caillé, est très acide. Par ailleurs, Rousseau dit précisément le contraire de ce qu'affirme Arbuthnot à propos du végétarisme des nourrices. Arbuthnot affirme qu'un tel régime produit un lait nocif pour les nouveau-nés : le lait « des pauvres femmes qui vivent de végétaux, étant disposé à s'aigrir [*i. e.* à s'acidifier] occasionne à leurs enfants les maladies qui dépendent d'acidité dans les boyaux, comme la colique, etc. » (p. 69). Rousseau affirme à l'inverse que la colique provient du lait des nourrices carnivores et que l'acidité est bénéfique (*Émile*, p. 275). Le principal point d'accord entre Rousseau et Arbuthnot concerne le fait que la consommation de viande fournit peu de lait aux femelles (p. 206) et qu'il est préférable que la nourrice au moment d'allaiter ne change pas du jour au lendemain sa nourriture ordinaire. La position de Rousseau est en revanche plus proche de celle de Cocchi (qui contredit également Arbuthnot sur la question de l'acidité du lait) : le médecin italien assure que le lait n'a pas perdu « les qualités des végétaux ». Il retient surtout la disposition salutaire qu'il a de devenir acide. » (*Op. cit.*, p. 52.) Rousseau va en revanche beaucoup plus loin parce qu'il assimile, lui, totalement le lait aux végétaux.

viande, du lait et des végétaux en phase de décomposition. Il rappelle que le pH de la viande qui se putréfie tend à devenir basique (autrement dit « alcalin »). Au contraire, le lait et les végétaux deviennent acides lorsqu'ils se décomposent et fermentent : le compost, par exemple, est acide ; le lait caillé est acide[67]. Le philosophe en déduit que les laitages et les végétaux sont des substances semblables puisqu'elles se décomposent en suivant ce même processus d'acidification. Puisque les fromages et les fruits pourrissent de manière comparable, ils seraient en quelque sorte une seule et même matière. Cette hypothèse permet à Rousseau d'unifier le régime végétarien, dont les deux principales composantes sont les végétaux et les laitages. Cela permet aussi de comprendre pourquoi les femelles des animaux, y compris les femelles des espèces carnivores, mangent spontanément des végétaux : « Les femmes mangent du pain, des légumes, du laitage : les femelles des chiens et des chats en mangent aussi ; les louves même paissent. Voilà des sucs végétaux pour leur lait. Reste à examiner celui des espèces qui ne peuvent absolument se nourrir que de chair, s'il y en a de telles : de quoi je doute[68]. » Si les femmes inclinent à consommer des végétaux, c'est donc que la nature les destine à produire du lait pour leur progéniture. Et si les enfants montrent un goût vif pour les fruits et les légumes, c'est parce que ces nourritures leur rappellent le lait qu'ils tétaient naguère. Tout se tient. Pour les femmes et les enfants, la consommation de viande ne peut être qu'une dénaturation dont s'ensuivent toujours des désordres fâcheux. Dans le domaine de Clarens, Julie prend soin d'éviter la viande, tout particulièrement lors des goûters ordinaires du dimanche après-midi qui ont lieu dans le « gynécée ». Les hommes sont exclus de cette cérémonie ludique et diététique. La collation servie est composée « de quelques laitages, de gaufres, d'échaudés, de merveilles[69], ou d'autres mets du goût des enfants et des femmes[70] ». Saint-Preux, qui est le seul homme

---

67   En effet, le lait fermenté (ou caillé c'est comme le cas du yaourt ou de la « giuncà » italienne) tourne à l'acidité. Rousseau rappelle fort justement que le lait fermente (ou « se caille ») dans l'estomac et qu'il est donc absurde de rejeter le lait caillé : « On a beau couper le lait de mille manières, user de mille absorbants, quiconque mange du lait digère du fromage ; cela est sans exception. L'estomac est si bien fait pour cailler le lait, que c'est avec l'estomac de veau que se fait la présure. » (*Émile*, p. 275-276.)

68   *Ibid.*, p. 275.

69   Sorte de gâteaux du pays. (Note de Rousseau.)

70   *Nouvelle Héloïse*, p. 451.

à y prendre part, est enchanté de ce « goûter délicieux ». Il fait naître chez lui la nostalgie des repas des époques primitives[71]. Cette nostalgie est propre aussi à Rousseau lui-même, qui associe le végétarisme à la simplicité, à l'honnêteté, à l'abondance et à l'égalité.

D'INNOCENTES GOURMANDISES

« Mes poires, écrit Rousseau dans *Les Confessions*, ma giuncà, mon fromage, mes grisses et quelques verres d'un gros vin de Montferrat à couper par tranches me rendaient le plus heureux des gourmands[72]. » Les repas végétariens font partie des souvenirs les plus chers de son séjour en Italie alors qu'il était encore tout jeune homme. Ce goût affiché pour les nourritures végétales est bien paradoxal, car elles sont réputées les moins goûteuses. Mais il est tout à fait cohérent parce qu'il constitue un témoignage de son inclination pour tout ce qui relève de la nature et donc comme un signe de son excellence morale.

À l'inverse, la viande, surtout lorsqu'elle est servie somptueusement, est mise au ban de son système des repas. Elle est une absurdité diététique et implique que l'on renonce à l'innocence et à la simplicité. Elle résulte de la mise à mort d'une bête, elle est dangereuse pour la santé, elle symbolise le luxe ou du moins la dépense inutile, elle est nécessairement assaisonnée donc artificielle, elle est en outre consommée en compagnie de convives riches, c'est-à-dire le plus souvent vicieux[73]. Le rejet des nourritures carnées au profit des nourritures végétales et

---

71 *Ibid.*, p. 452 : « Il régnait dans cette petite assemblée un certain air d'antique simplicité qui me touchait le cœur. »

72 *Confessions*, p. 72.

73 La bonne chère qu'il fit dans le cabaret du pont de Lunel constitue une exception : Rousseau mentionne les poissons recherchés et les gibiers assaisonnés qu'on lui servit ; il affirme avoir rarement aussi bien mangé, mais précise aussitôt que ce repas était très peu cher : « C'était réellement une chose curieuse de trouver, dans une maison seule et isolée au milieu de la campagne, une table fournie en poisson de mer et d'eau douce, en gibier excellent, en vins fins, servie avec ces attentions et ces soins qu'on ne trouve que chez les grands et les riches, et tout cela pour vos trente-cinq sous. » Ici, la rusticité et le prix modique compense le raffinement néfaste. Ce cabaret constitue une sorte d'hapax dans son œuvre, une exception qui n'était pas destinée à durer : « Mais le pont de Lunel

des laitages par Rousseau est aussi une façon pour lui de prendre parti en faveur des plus modestes. Manger des plats végétariens, c'est-à-dire manger comme les pauvres, permet de témoigner de son attachement aux petites gens et de son rejet de tout ce qui signale l'inégalité des conditions.

DES FESTINS RÉPUBLICAINS

Les grands sont animés par le désir de se distinguer des gens du peuple, explique Rousseau. Ce souci de distinction concerne tous les aspects de la vie sociale : « il faut s'habiller autrement que le peuple, marcher, boire, manger autrement que le peuple[74]. » Et que mangent les gens du peuple, précisément ? Des légumes communs, des laitages qu'ils produisent eux-mêmes ou que l'on produit dans leur village ou dans les villages voisins. Les riches sentent le besoin de se procurer des poissons rares, des viandes coûteuses, des « charognes lointaines[75] ». Comment les paysans prennent-ils leur repas ? Ils s'assoient sans cérémonie autour de nourritures partagées équitablement et n'obéissent à aucun ordre contraignant. Les Grands veulent en conséquence voir à leur table des laquais qui les servent autant qu'ils les importunent, des mines contrefaites, des protocoles embarrassants. Tout est faux à la table des riches : l'acte le plus simple, le plus banal de la vie est même détourné de sa finalité. Les nourritures des riches ne soutiennent pas leur santé, elles la ruinent.

Le gaspillage qu'entraîne la consommation de viandes recherchées implique aussi une exploitation scandaleuse de la misère des paysans. C'est dans l'*Émile* que cette critique se fait le mieux entendre. Grâce aux discrètes leçons données par son précepteur, Émile comprend qu'à la table des princes « toutes les régions du monde ont été mises à contribution, que vingt millions de mains, peut-être, ont longtemps travaillé, qu'il en a coûté la vie peut-être à des milliers d'hommes, et tout cela pour lui présenter en pompe à midi ce qu'il va déposer le soir dans sa garde-robe[76] ». Les nourritures produites, transformées et vendues là où on les

---

ne resta pas longtemps sur ce pied, et à force d'user sa réputation, il la perdit enfin tout à fait. » (*Ibid.*, p. 256-257.)

74   *Fragments politiques, Œuvres complètes*, Paris, Gallimard, 1964, t. 3, p. 557.
75   *Émile*, p. 679.
76   *Émile*, p. 463.

consomme devraient au contraire être privilégiées[77]. Émile préfère ainsi aux viandes savamment assaisonnées ces nourritures végétariennes qui lui conviennent si bien[78]. Puisque la viande est ce qui distingue le plus nettement les grands des « bonnes gens » en raison de son prix, son abandon permet un heureux nivellement des conditions sociales. C'est précisément ce que recherche Wolmar à Clarens et ce qui se produit lorsque Julie et lui participent aux vendanges au milieu des paysans. Saint-Preux, émerveillé, décrit ainsi la scène à milord Édouard :

> Vous ne sauriez concevoir avec quel zèle, avec quelle gaieté tout cela se fait. On chante, on rit toute la journée, et le travail n'en va que mieux. Tout vit dans la plus grande familiarité ; tout le monde est égal, et personne ne s'oublie. [...] On dîne avec les paysans et à leur heure, aussi bien qu'on travaille avec eux. On mange avec appétit leur soupe un peu grossière, mais bonne, saine, et chargée d'excellents légumes. On ne ricane point orgueilleusement de leur air gauche et de leurs compliments rustauds ; pour les mettre à leur aise, on s'y prête sans affectation[79].

Le soir, Wolmar loge et nourrit chez lui toute l'assemblée des vendangeurs. Lors de ces soupers, on renonce aux plats de viande, du moins aux plats luxueux, afin de ménager l'égalité entre tous et n'humilier personne. Il règne à la table du baron un esprit républicain parce qu'on y mange ce que l'on trouverait dans la plupart des chaumières des alentours[80]. Ces menus du temps des vendanges sont loin de constituer une exception à Clarens, car les Wolmar privilégient tout au long de l'année une « sensualité sans raffinement[81] ».

---

77 *Ibid.*, p. 464 : « Voyez la différence : ce pain bis, que vous trouvez si bon, vient du blé recueilli par ce paysan ; son vin noir et grossier, mais désaltérant et sain, est du cru de sa vigne ; le linge vient de son chanvre, filé l'hiver par sa femme, par ses filles, par sa servante ; nulles autres mains que celles de sa famille n'ont fait les apprêts de sa table ; le moulin le plus proche et le marché voisin sont les bornes de l'univers pour lui. En quoi donc avez-vous réellement joui de tout ce qu'ont fourni de plus la terre éloignée et la main des hommes sur l'autre table ? Si tout cela ne vous a pas fait faire un meilleur repas, qu'avez-vous gagné à cette abondance ? »

78 *Ibid.*, p. 465 : « Tous [les] ragoûts fins ne lui plaisent point : mais il est toujours prêt à courir en campagne, et il aime fort les bons fruits, les bons légumes, la bonne crème, et les bonnes gens. »

79 *Nouvelle Héloïse*, p. 607. Voir également p. 455.

80 *Ibid.*, p. 608 : « Pour prévenir l'envie et les regrets, on tâche de ne rien étaler aux yeux de ces bonnes gens qu'ils ne puissent retrouver chez eux. »

81 *Ibid.*, p. 543 : « Que croiriez-vous que sont ces mets si sobrement ménagés ? Du gibier rare ? Du poisson de mer ? Des productions étrangères ? Mieux que tout cela ; quelque

LE TEMPS DES CERISES

La joie pure et simple de ces repas partagés à Clarens rappelle la concorde qui régnait lors des époques primitives. Jamais alors la nourriture n'était l'occasion de vexations ou de disputes. « L'homme sauvage, quand il a dîné, est en paix avec toute la nature, et l'ami de tous ses semblables », affirme Rousseau dans le second *Discours*[82]. *Dans l'Essai sur l'origine des langues*, il assure même que « le premier gâteau qui fut mangé fut la communion du genre humain[83] ».

Le végétarisme n'est pas seulement le régime des premiers hommes, il est aussi celui que Rousseau associe aux Charmettes. Comme ceux de Clarens, les repas que fait servir madame de Warens sont d'une grande simplicité et ne comportent point de viande[84]. Quand il rend compte des repas pris en compagnie de la maîtresse des lieux, seules les nourritures végétariennes semblent avoir existé. Des plats de mouton, de porc, de volaille ou de bœuf, jamais il n'est fait mention. Jean-Jacques ne semble se souvenir que du café au lait qu'il prenait le matin avec elle ou « des dîners faits sur l'herbe à Montagnole, des soupers sous le berceau, la récolte des fruits, les vendanges, les veillées à teiller avec nos gens[85]. » Madame de Warens ne fait en outre aucune distinction entre ses invités. Tous, et notamment les pauvres, déjeunent en sa compagnie et rejouent avec elle la scène de l'antique commensalité[86].

Aux Charmettes, les nourritures végétariennes, ou du moins présentées comme telles sont aussi l'expression de l'affection profonde qui unit le jeune Jean-Jacques à madame de Warens. Les Charmettes sont en effet le lieu de son « allaitement » symbolique. C'est là en effet qu'il se rend avec « maman » pour suivre une cure de lait dont elle a eu l'idée pour le

---

excellent légume du pays, quelqu'un des savoureux herbages qui croissent dans nos jardins, certains poissons du lac apprêtés d'une certaine manière, certains laitages de nos montagnes, quelque pâtisserie à l'allemande, à quoi l'on joint quelque pièce de la chasse des gens de la maison : voilà tout l'extraordinaire qu'on y remarque. »

82 Second *Discours*, note IX, p. 203. Dans la note V (p. 199), Rousseau assure également que « les frugivores viv[ent] entre eux dans une paix continuelle », tandis que les proies sont « presque l'unique sujet de combat entre les animaux carnassiers ».

83 *Essai*, p. 398.

84 *Confessions*, p. 105. « Elle avait peu de vaisselle d'argent, point de porcelaine, point de gibier dans sa cuisine. »

85 *Ibid.*, p. 237.

86 *Ibid.*, p. 105.

soigner[87]. Jean-Claude Bonnet a analysé le mécanisme à l'œuvre dans ces pages des *Confessions*, un mécanisme qui permet une sorte de régression jusqu'au stade du nourrisson. « Malgré son âge, écrit Bonnet, parce qu'il a risqué la mort et qu'il renaît, Jean-Jacques peut remettre en scène son fantasme d'allaitement. [...] Faire manger, se laisser nourrir constituent toujours le fond de la relation et la structurent[88]. » L'une des toutes premières paroles que lui adresse madame de Warens lors de leur rencontre à Annecy – « dites qu'on vous donne à déjeuner » – annoncerait en outre « le rapport maternel-alimentaire qui s'accomplit aux Charmettes[89] ».

Il est assez notable que les laitages et les végétaux, en particulier les fruits, constituent chez Rousseau des éléments importants de son imaginaire érotique. Ces nourritures porteraient en quelque sorte le témoignage d'amours douces et insouciantes, franches, généreuses et spontanées. Tout jeune homme, Jean-Jacques se représentait la douce vie qu'il pourrait mener à Turin au milieu d'une abondance de nourritures végétariennes. « Sur les arbres, des fruits délicieux, s'imaginait-il ; sous leur ombre, de voluptueux tête-à-tête ; sur les montagnes, des cuves de lait et de crème, une oisiveté charmante[90]. » Cette rêverie avait en partie pris corps après le déjeuner de Thônes en compagnie de mademoiselle de Galley et de mademoiselle de Graffenried, lorsque tous trois folâtrent au milieu des cerisiers. Jean-Jacques revit beaucoup plus tard d'autres joies érotico-végétariennes en compagnie de Thérèse[91]. Lorsqu'il songe aux moments de joyeuse intimité qu'il partageait avec Julie, Saint-Preux lui aussi associe amour et productions végétales. Il se remémore ainsi ces « quelques arbres fruitiers sauvages » qui penchaient leurs branches vers la jeune fille et lui : « En comparant, écrit-il, un si doux séjour aux objets qui l'environnaient, il semblait que ce lieu dût être l'asile de deux amants échappés seuls au bouleversement de la nature[92]. »

---

87 *Confessions*, p. 223 : « Maman m'avait ordonné le lait et voulait que j'allasse le prendre à la campagne. J'y consentis pourvu qu'elle y vint avec moi. »

88 « Le Système de la cuisine et des repas chez Rousseau », *Poétique*, n° 22, 1975, p. 247.

89 *Confessions*, p. 49. Jean-Claude Bonnet, *op. cit.*, p. 247.

90 *Confessions*, p. 58.

91 *Confessions*, p. 354 : « Dans cette situation, la fenêtre nous servait de table, nous respirions l'air, nous pouvions voir les environs, les passants ; et, quoique au quatrième étage, plonger dans la rue tout en mangeant. Qui décrira, qui sentira les charmes de ces repas, composés, pour tout mets, d'un quartier de gros pain, de quelques cerises, d'un petit morceau de fromage et d'un demi-setier de vin que nous buvions à nous deux. »

92 *Nouvelle Héloïse*, p. 518.

AUTOPORTRAIT DE JEAN-JACQUES EN VÉGÉTARIEN

Proche, souvent, de la description que Rousseau fait de l'homme de la nature, fidèle aussi aux préceptes diététiques qu'il prône dans l'*Émile*, Jean-Jacques se représente volontiers dans ses autobiographies sous les traits d'un végétarien. La commisération dont il dit faire preuve envers les bêtes n'est pas étrangère à cette posture. Il rappelle souvent en effet qu'il entretient avec elles des relations d'amitié : « Toujours il prodigua son temps et ses soins à les attirer, et à les caresser[93]. » Jamais il ne les a tourmentées, sauf lorsqu'il fallait prendre la défense de l'une d'elles : « je me suis souvent mis en nage à poursuivre à la course ou à coups de pierre un coq, une vache, un chien, un animal que je voyais en maltraiter un autre, uniquement parce qu'il se sentait le plus fort[94]. » Il évoque à plusieurs reprises son chien Duc « [s]on compagnon, [s]on ami », sa chatte qui forme avec Duc un « cortège » dont il dit ne jamais se lasser[95]. Il se peint aussi en dompteur bienveillant et ressuscite en communiant avec les bêtes l'antique concorde de l'âge d'or. Les pigeons sont ainsi devenus ses « amis ». Aux Charmettes, Jean-Jacques les apprivoise si bien, malgré la grande timidité qu'il leur prête, que ceux-ci le suivent partout et se laissent prendre par lui[96]. Mais Jean-Jacques s'intéresse aussi grandement aux abeilles, cette « petite famille » qu'il aime à observer avec madame de Warens. Bien qu'elles le piquent les premières fois qu'il s'en approche, les abeilles lui témoignent rapidement une grande confiance[97]. Jacques

---

93   Voir *Dialogues, Œuvres complètes*, Paris, Gallimard, t. 1, p. 873 : « Sa passion la plus vive et la plus vaine était d'être aimé ; il croyait se sentir fait pour l'être. Il satisfait du moins cette fantaisie avec les animaux. » À ce sujet, voir Jean-Luc Guichet, « Pratique et idéal de l'apprivoisement », *Annales de la Société Jean-Jacques Rousseau*, 2005, n° 46, Genève, Droz, p. 124-125 ; voir également Jacques Berchtold, « Aimer son chien au siècle des Lumières. Jean-Jacques Rousseau dans l'héritage de ses modèles », *Chiens et chats littéraires*, Genève, Zoé, 2001, p. 175-198.

94   *Confessions*, p. 20.

95   *Ibid.*, p. 556 et 521.

96   *Ibid.*, p. 233-234 : « Je m'y affectionnais si fort que j'y passais souvent plusieurs heures de suite sans m'ennuyer un moment. Le pigeon est fort timide, et difficile à apprivoiser ; cependant je vins à bout d'inspirer aux miens tant de confiance, qu'ils me suivaient partout et se laissaient prendre quand je voulais. »

97   *Ibid.*, p. 240 : « J'en étais quelquefois entouré, j'en avais sur les mains, sur le visage, sans qu'aucune me piquât jamais. » Sur ces amitiés animales, voir également les *Dialogues*, p. 874 : « Il apprivoisait les oiseaux, les poissons avec une patience incroyable, et il est parvenu à Monquin à faire nicher des hirondelles dans sa chambre avec tant de confiance, qu'elles s'y laissaient même enfermer sans s'effaroucher. »

Berchtold cite plusieurs témoignages montrant que Rousseau passait également du temps à nourrir, voire à apprivoiser les poissons[98]. Cette bienveillance pour les bêtes est toujours pour lui une façon de signaler son humanité et sa profonde sensibilité. Il lui aurait été par contraste impossible d'être naturaliste, et donc d'« empaler de pauvres insectes », de « disséquer des souris », ou même de tenir des oiseaux enfermés dans des volières, des ménageries, des viviers. Tout comme Pythagore qui délivrait les oiseaux de leurs cages, Jean-Jacques n'a « pas le goût [...] de les tenir en captivité ». Il répugne également à « fouiller à loisir dans leurs entrailles palpitantes ». Quelle horreur qu'un cabinet d'anatomiste avec ses « cadavres puants, de baveuses et liquides chairs, du sang, des intestins dégoûtants, des squelettes affreux[99] » !

S'il prête éloquemment sa voix à Plutarque dans l'*Émile*, s'il fait de Julie une jeune femme si tendre qu'elle commande d'épargner des poissons, Rousseau n'associe guère le végétarisme à la pitié pour les bêtes dans ses œuvres autobiographiques. C'est qu'il mange de la viande, même s'il ne l'avoue que du bout des lèvres et qu'il mette en place un dispositif complexe pour se peindre effectivement sous les traits d'un végétarien. Comment ce dispositif fonctionne-t-il ? Rousseau évoque tout d'abord très peu les nourritures carnées dans son œuvre autobiographique, ainsi que le fait remarquer Jean-Claude Bonnet[100]. Le mot « viande » n'est ainsi pas employé une seule fois dans les *Confessions*, les *Rêveries* et les *Dialogues*. Cet oubli ou cette dissimulation méritent d'être relevés, surtout si on les compare à l'évocation si précise des fruits et des laitages consommés, en compagnie de madame de Warens ou de Thérèse, par exemple. Ce n'est pas que la viande ait été absente des repas qu'il prenait (puisqu'il en a toujours beaucoup mangé ainsi que le rapportent ses visiteurs) ; seulement, elle disparaît sous sa plume[101]. Lorsqu'il choisit d'évoquer sa

---

98 « Julie et l'âme des poissons du Léman dans *La Nouvelle Héloïse* de Rousseau », *op. cit.*, p. 108.

99 *Rêveries*, p. 1068.

100 *Op. cit.*, p. 250-251.

101 Citons par exemple ce témoignage de Bernardin de Saint-Pierre, qu'il reçut un jour et auquel il servit à côté d'« un pot pourri de lard de mouton, de légumes et de châtaigne » des « tranches de bœuf en salade ». (*La Vie de Jean-Jacques Rousseau, Œuvres Complètes*, Paris, Seuil, t. 1, p. 25-29.) Jean-Luc Guichet rapporte le témoignage du comte d'Escherny louant les talents de cuisinière de Thérèse Levasseur : « c'était de succulents légumes, des gigots de mouton [...] d'un fumet admirable et parfaitement rôti. La Reuse, petite rivière qui coulait non loin de son habitation, nous fournissaient des truites saumonées

cure végétarienne à Montpellier, il explique que la viande lui manque, mais au moyen de circonlocutions et d'euphémismes[102]. Quand il s'agit de rendre compte de repas omnivores, les descriptions précises des plats consommés commencent généralement au moment du dessert, surtout quand celui-ci est composé de fruits. C'est le cas du déjeuner célèbre qu'il partage avec mademoiselle Galley et de mademoiselle de Graffenried :

> Nous dînâmes dans la cuisine de la grangère, les deux amies assises sur des bancs aux deux côtés de la longue table, et leur hôte entre elles deux sur une escabelle à trois pieds. Quel dîner ! quel souvenir plein de charmes ! [...] Après le dîner nous fîmes une économie : au lieu de prendre le café qui nous restait du déjeuner, nous le gardâmes pour le goûter avec de la crème et des gâteaux qu'elles avaient apportés[103].

Au petit-déjeuner, le matin, Jean-Jacques aime généralement boire du café au lait ; c'est même une habitude qu'il mentionne souvent[104]. Les nourritures qui lui font le plus envie sont les fruits, ainsi que le remarque Jean-Claude Bonnet. Le prix modique des nourritures végétariennes est une autre raison qu'a Jean-Jacques de les préférer[105]. Peut-être parce qu'il les associe presque toujours à l'allaitement et à l'état de nature, Rousseau tend à présenter les laitages et les fruits dont il se nourrit comme des présents qu'on lui offre. Un pauvre paysan des alentours de Lyon, par exemple, le nourrit, mais refuse son argent. « Il *m'offrit* du lait écrémé et du gros pain d'orge, écrit Rousseau dans *Les Confessions*, en me disant que c'était tout ce qu'il avait. Je buvais ce lait avec délices et je mangeais ce pain[106]. » La bonne chère végétarienne qu'il fait chez la fromagère du Piémont s'assimile elle aussi clairement à un don parce qu'il ne lui en a coûté que « cinq ou six sous[107] ». Enfin, en racontant son séjour en Italie alors qu'il était tout jeune homme, Rousseau se loue de posséder

---

dont elle abonde, et dans la saison, je n'ai mangé à aucune table de Paris des cailles et des bécasses comparables à celles qu'on nous apportait ; c'était des pelotons de graisse ». (D'Escherny, *Mélanges*, t. 3, « De Rousseau et des philosophes du XVIIIᵉ siècle », Paris, Bossange et Masson-Schoell, 1811, p. 14). Voir également les lettres 2457 (28 janvier 1763) ou 5197 (10 mai 1766).

102 *Confessions*, p. 257.
103 *Confessions*, p. 137. On assiste plus loin (p. 155) à une ellipse identique.
104 *Ibid.*, p. 191, p. 237 ou p. 521.
105 Rousseau, on le sait, n'éprouve guère de sympathie pour l'argent. Voir *Confessions*, p. 36-37.
106 *Ibid.*, p. 163 (mis en italiques par nous).
107 *Ibid.*, p. 71.

déjà ce caractère économe qui ne l'a pas quitté depuis. Le faible prix que coûtent les repas rustiques indique une fois encore leur excellence[108].

Toutefois, lorsque madame Dupin ou madame d'Épinay le reçoivent et donc lui *offrent* de la nourriture, Jean-Jacques s'abstient de décrire le menu fastueux des repas auxquels il prend part. Il ne s'attarde guère davantage sur les soupers qu'il prend chez le maréchal de Luxembourg, mais prend soin de préciser que tous ces festins l'importunent. S'il consent à y assister, c'est uniquement parce qu'il ne veut pas vexer ses hôtes[109]. Lorsqu'il séjourne à la campagne chez des amis fortunés et que ces derniers l'empêchent involontairement de goûter, à cause de leurs « grands soupers », aux « plaisirs rustiques » des tables des paysans, Rousseau ne peut s'empêcher de s'évader en imagination et de humer « en traversant un hameau, la vapeur d'une bonne omelette au cerfeuil[110] ».

C'est en effet parmi le peuple qu'il aime prendre ses repas ; c'est parmi les laboureurs qu'il goûte ses « plaisirs simples », ses « tranquilles jouissances[111] ». Même s'il était riche, imagine-t-il dans l'*Émile*, il « aurait le gazon pour table et pour chaise ; les bords de la fontaine serviraient de buffet, et le dessert pendrait aux arbres[112] ». Ces visions relèvent du fantasme et de la rêverie, ce qu'il admet volontiers. Rousseau aime également à se représenter en cueilleur parcourant la campagne. Beaucoup plus tard, en compagnie de Thérèse, il est surpris en train de récolter des fruits, perché sur la branche d'un arbre[113]. Cette scène qui mêle réminiscence des périodes primitives, joies de la vie paysanne et abondance végétale est rapportée à la fois dans les *Confessions* et dans les *Rêveries*.

Si les cueilleurs et les cultivateurs sont exaltés (et, à travers eux, Rousseau lui-même), les chasseurs font l'objet de vives critiques. À une

---

108 « Je ne connaissais pas, et je ne connais pas encore, de meilleure chère que celle d'un repas rustique. Avec du laitage, des œufs, des herbes, du fromage, du pain bis et du vin passable, on est toujours sûr de me bien régaler. » *Ibid.*, p. 72.

109 *Ibid.*, p. 559.

110 *Ibid.*, p. 412-413. Rousseau assure par ailleurs préférer prendre ses repas avec des ouvriers qu'avec la maréchale de Luxembourg : « Thérèse avait fait amitié avec la fille d'un maçon mon voisin nommé Pilleu : je la fis de même avec le père, et après avoir dîné au château, non sans gêne, mais pour complaire à Mme la Maréchale, avec quel empressement je revenais le soir souper avec le bon homme Pilleu et sa famille. » (*Ibid.*, p. 527-528.)

111 *Ibid.*, p. 244.

112 *Émile*, p. 687.

113 *Rêveries*, p. 1043 : « Souvent des Bernois qui me venaient voir m'ont trouvé juché sur de grands arbres, ceint d'un sac que je remplissais de fruits, et que je dévalais ensuite à terre avec une corde. » Voir également les *Confessions*, p. 644.

notable exception cependant, puisqu'il inclut la chasse dans les activités qu'il recommande, dans l'*Émile*, pour les adolescents : il s'agirait là d'un exercice utile pour leur corps et leur esprit et même d'une sorte de remède à la mollesse qui les guette dans l'état de société[114]. Lorsqu'il critique la chasse dans ses œuvres autobiographiques, Rousseau le fait pour contester l'inégalité des conditions sociales. De toutes les viandes, le gibier est le plus puissant signe de distinction et même un des symboles du mode de vie aristocratique. Ce privilège de la noblesse contraint un grand nombre de paysans à assister impuissants à la destruction des céréales et des fruits des vergers par les sangliers ou les chevreuils. Ils ne sont pas autorisés, en effet, à tuer eux-mêmes ces animaux et à priver ainsi les aristocrates du plaisir de le faire eux-mêmes. Rousseau avait « fait une sortie contre cette cruauté » dans l'*Émile*[115].

Aussi, lorsque le prince de Conti lui offre le gibier qu'il a lui-même tiré, Rousseau se trouve-t-il dans une situation fort embarrassante : refuser un tel présent serait une insulte, l'accepter reviendrait à accepter tacitement cette inégalité sociale qu'il réprouve dans ses œuvres[116]. Soucieux de son indépendance, il fait savoir au prince, par l'entremise de madame de Boufflers, qu'il ne souhaite plus recevoir désormais ce genre de cadeau[117]. Il n'aime d'ailleurs pas le gibier ; il « hait les mets fins et la chère trop recherchée. Il entre bien rarement chez lui du gibier, et il n'y entrerait jamais s'il y était mieux le maître[118]. »

---

114 Rousseau préconise l'exercice de la chasse à Émile « au moment dangereux, commente Jean-Luc Guichet, où l'amour pourrait le troubler » (*Rousseau, l'animal et l'homme, op. cit.*, p. 332).

115 Voir *Émile*, IV p. 688-690. Voir également *Mon Portrait* (*Œuvres complètes*, Gallimard, 1959, t. 1, p. 1129) ou *Les Confessions*, p. 574-575.

116 *Ibid.*, p. 543.

117 Rousseau s'accuse au moment de l'écriture d'avoir alors fait preuve de « rusticité » et dit le regretter. Mais outre le fait que la « rusticité » est toujours connotée positivement sous sa plume, et qu'elle est systématiquement valorisée au détriment des artifices aristocratiques ou bourgeois, Rousseau n'avait guère la possibilité d'agir autrement s'il voulait respecter ses principes. Cette « sottise » dont il assure « rougir » met surtout en valeur son indépendance politique et son courage à l'égard d'un si grand aristocrate.

118 *Dialogues*, p. 809.

CONCLUSION

Jean-Jacques Rousseau est de tous les penseurs du siècle celui qui examine avec la plus grande attention le végétarisme. Grâce à lui, ce régime suscite l'intérêt d'une partie non négligeable désormais de la population, et non plus seulement celui des philosophes et des naturalistes. À travers Julie de Wolmar et Émile, Rousseau a considérablement *popularisé* le végétarisme. Mais il lui a donné aussi une assise morale, juridique et anthropologique. L'extrait de Plutarque qu'il récrit et qui semble tant marquer l'esprit de ses contemporains donne une image quelque peu réductrice de la profondeur de ses réflexions sur le régime de Pythagore. Une lecture plus attentive de *La Nouvelle Héloïse*, du second *Discours* et un rapprochement avec les autres écrits de Rousseau prouvent que le végétarisme est un élément essentiel de son éthique. La mise à mort des animaux est immorale et même contraire à la loi naturelle ; la viande qui en procède est une nourriture néfaste pour le corps parce qu'elle ne lui est pas destinée. En tout état de cause, la consommation de viande signale une perversion de notre nature.

Ce thème va inspirer dans les années 1770 et 1780 un grand nombre d'écrivains, ses disciples. Gaspard Guillard de Beaurieu, par exemple, prend au mot la plaidoirie végétarienne de l'*Émile* et fait vivre à son personnage, Ariste, l'expérience de consommer crues les chairs pantelantes d'un animal à peine mort. L'épreuve, bouleversante, donne raison à Plutarque et à Rousseau. Plus jamais Ariste ne mangera de viande[119]. Quelques années plus tard, Bernardin de Saint-Pierre fait de Paul et de Virginie, qui vivent innocemment sous un heureux climat, de paisibles

---

119 *L'Élève de la nature*, Amsterdam, J.-B. Henry, 1771, t. 1, p. 202 : « J'eus d'abord à combattre une certaine horreur que ma curiosité vainquit bientôt… Le sang ruissela de mes lèvres sur mon estomac et sur mes mains : j'allais me laver à la fontaine voisine : je me mirai dans son cristal (Je n'y pense jamais sans frémir.) mes lèvres jusque-là si fraîches, si vermeilles, étaient couvertes d'un sang noirâtre d'où s'exhalaient en fumée les restes d'une vie qui n'était pas encore éteinte. Je ressemblais à un loup qui vient de dévorer un agneau. Je m'abandonnai à la douleur… mes larmes effacèrent une partie des marques de ma cruauté. Alors seulement je fus content de moi : je promis bien de n'être plus un tigre ; et quand je verrais un lapin ou un autre animal, de lui dire avec amitié, je ne souillerai pas mes lèvres de ton sang, le cri de ton âme ne s'élèvera pas du fond de mes entrailles. »

végétariens[120]. À ce végétarisme théorique ou littéraire, il faut en ajouter un autre, plus rare, mais bien réel. Philippe de Sainte-Aldegonde, convaincu par les écrits du grand homme, ne se nourrit que de fruits, de légumes, de céréales, de fromages et condamne la consommation des « charognes lointaines » comme le glorieux citoyen de Genève. Il est reçu quelques semaines à Ferney, chez Voltaire, qui se moque de lui[121].

120 Voir *Paul et Virginie*, Paris, Garnier, 1989, p. 119-120.
121 Voir D21001 (lette du 23 janvier 1778) : « Nous avions il y a quelque temps dans notre château un M. le comte de Sainte-Aldegonde qui aurait cru faire un grand crime s'il avait touché à une perdrix venue d'Angoulême au lac de Genève. Je crois que c'est le seul pythagoricien qui reste dans les Gaules. » À ce propos, voir Émile Couard, « Visite du comte de Noircarmes de Sainte-Aldegonde à Paris, Ferney et Baden chez Rousseau, Voltaire et Gessner, en 1774 », *Bulletin historique et philologique du comité des travaux historiques et scientifiques*, Paris, Leroux, 1893 (2), p. 226-235.

CONCLUSION

Le végétarisme à l'âge révolutionnaire

Le succès prodigieux du rousseauisme et en particulier des théories pédagogiques de l'*Émile* explique qu'un certain nombre de parents, à la fin du XVIIIᵉ siècle, choisissent de ne pas nourrir leurs enfants de viande ou de poisson. Alix de Lamartine est de ceux-là. Inspirée également des médecins et des philosophes qui ont prôné cette diète tout au long du siècle, elle choisit d'élever en végétarien son fils Alphonse, qui naît en 1790. Le témoignage que livre le futur poète de cette éducation dans *Les Confidences* — et que le lecteur voudra peut-être nous pardonner de citer longuement — constitue une synthèse, sensible et belle, des discours qui pouvaient se tenir alors sur le végétarisme.

Mon éducation était une éducation philosophique de seconde main, une éducation philosophique corrigée et attendrie par la maternité. Physiquement, cette éducation découlait beaucoup de Pythagore et de l'*Émile*. Ainsi, la plus grande simplicité de vêtement et la plus rigoureuse frugalité dans les aliments en faisaient la base. Ma mère était convaincue, et j'ai comme elle cette conviction, que tuer les animaux pour se nourrir de leur chair et de leur sang est une des infirmités de la condition humaine ; que c'est une de ces malédictions jetées sur l'homme soit par sa chute, soit par l'endurcissement de sa propre perversité. Elle croyait, et je le crois comme elle, que ces habitudes d'endurcissement de cœur à l'égard des animaux les plus doux, nos compagnons, nos auxiliaires, nos frères en travail et même en affection ici-bas ; que ces immolations, ces appétits de sang, cette vue des chairs palpitantes sont faits pour brutaliser et pour endurcir les instincts du cœur. Elle croyait, et je le crois aussi, que cette nourriture, bien plus succulente et bien plus énergique en apparence, contient en soi des principes irritants et putrides qui aigrissent le sang et abrègent les jours de l'homme. Elle citait, à l'appui de ces idées d'abstinence, les populations innombrables, douces, pieuses de l'Inde, qui s'interdisent tout ce qui a eu vie, et les races fortes et saines des peuples pasteurs, et même des populations laborieuses de nos campagnes qui travaillent le plus, qui vivent le plus innocemment et les plus longs jours, et qui ne mangent pas de viande dix fois dans leur vie. Elle ne m'en laissa jamais manger avant l'âge où je fus jeté dans la vie pêle-mêle des collèges. Pour m'en ôter le désir, si je l'avais eu, elle n'employa pas de raisonnements ; mais elle se servit de l'instinct qui raisonne mieux en nous que la logique. J'avais un agneau qu'un paysan de Milly m'avait donné, et que j'avais élevé à me suivre partout comme le chien le plus tendre et le plus fidèle. Nous nous aimions avec cette première passion que les enfants et les jeunes animaux ont naturellement les uns pour les autres. Un jour, la cuisinière dit à ma mère, en ma présence : « Madame, l'agneau est gras ; voilà le boucher qui vient le demander : faut-il le lui donner ? » Je me récriai, je me précipitai sur l'agneau, je demandai ce que le boucher voulait en faire et ce que c'était qu'un boucher. La cuisinière me répondit que c'était un homme qui tuait les agneaux, les moutons, les petits veaux et les belles vaches pour de l'argent. Je ne pouvais pas le croire. Je priai ma mère. J'obtins facilement la grâce de mon ami. Quelques jours après, ma mère allant à la ville me mena avec elle et me fit passer, comme par hasard, dans la cour d'une boucherie. Je vis des hommes, les bras nus et sanglants, qui assommaient un bœuf ; d'autres qui égorgeaient des veaux et des moutons, et qui dépeçaient leurs membres encore pantelants. Des ruisseaux de sang fumaient çà et là sur le pavé. Une profonde pitié mêlée d'horreur me saisit. Je demandai à passer vite. L'idée de ces scènes horribles et dégoûtantes, préliminaires obligés d'un de ces plats de viande que je voyais servis sur la table, me fit prendre la nourriture animale en dégoût et les bouchers en horreur. Bien que la nécessité de se conformer aux conditions de la société où l'on vit m'ait fait depuis manger tout ce que le monde mange, j'ai conservé une répugnance raisonnée pour la chair cuite, et il m'a toujours été difficile de ne pas voir dans l'état de boucher quelque chose de l'état de bourreau. Je ne vécus donc, jusqu'à douze ans, que de pain, de laitage, de légumes et de fruits. Ma santé n'en fut pas moins forte, mon développement moins rapide, et peut-être est-ce à ce régime que je dus cette pureté de traits, cette sensibilité exquise d'impressions et cette douceur sereine d'humeur et de caractère que je conservai jusqu'à cette époque[1].

La volonté d'Alix de Lamartine de préserver son humanité et celle de son fils grâce au végétarisme a été partagée par plusieurs acteurs, politiques ou intellectuels, de la Révolution française et de la Première République. En 1802, l'année même où Alphonse de Lamartine entre au collège, la classe des sciences morales et politiques de l'Institut lance ainsi un concours dont le sujet est : « Jusqu'à quel point les traitements barbares exercés sur les animaux intéressent-ils la morale publique ? Et conviendrait-il de faire des lois à cet égard ? » Il y a vingt-huit réponses (bien davantage que pour les autres questions posées

---

1   *Les Confidences*, Paris, Michel Lévy, 1857, p. 75-78.

par l'Institut). Pour l'ensemble des candidats, explique Pierre Serna, il apparaît nécessaire de « réinventer un nouveau rapport à l'animal, fondé sur la connaissance et la reconnaissance de sa sensibilité ». L'un d'eux assure que l'homme gagnerait son humanité à se montrer doux et bienveillant envers les animaux ; selon lui, ce peuple sans voix devrait même jouir de droits et voir ses intérêts défendus par des avocats humains. Il est permis à l'homme, affirme-t-il, d'user de violence contre les bêtes féroces, d'utiliser des bœufs pour labourer la terre ou des moutons pour se vêtir de leur laine. En revanche, « chaque fois qu'il tue un animal sans être mu par une de ces raisons, il empiète sur le droit des animaux, il commet une injustice, un meurtre dans toute la forme du terme[2] ». Plusieurs de ces précieuses dissertations, onze au total, abordent de front la question végétarienne. Un candidat, Jacques Delanoüe, assure à ce propos qu'il faudrait faire en France une révolution en faveur des animaux !

La présence du thème végétarien dans les réponses à la question de l'Institut, souligne à juste titre Serna, est « un plan des plus méconnus de la civilisation révolutionnaire[3] ». Le végétarisme, diététique et surtout moral, correspond pourtant fort bien au désir de régénérer l'être humain et d'œuvrer à une refondation complète de la société. Cette tendance à vouloir accorder des droits aux animaux a toutefois été définitivement contrariée par la promulgation, en 1804, du Code civil, lequel fait d'eux des biens meubles (et immeubles, dans certains cas[4]).

La Révolution française n'a donc pas été végétarienne – il y avait fort peu de chances qu'elle le fût, bien sûr. Plusieurs végétariens ont néanmoins participé activement aux événements révolutionnaires et ont tâché de graver dans le marbre le droit fondamental des animaux à n'être pas tués et mangés par les hommes. François Boissel est l'un des plus importants d'entre eux. Ce jacobin rédige en 1793 un projet de Constitution dont le préambule accorde une place centrale aux animaux et à l'équilibre écologique dont ils participent au premier chef. Boissel soutient en particulier que la mise à mort d'une bête en vue de la consommation de sa chair « choque le principe fondamental et

---

2   *L'Animal en République*, Toulouse, Anacharsis, 2016, p. 156.
3   *Comme des bêtes, op. cit.*, p. 307.
4   Voir les articles 522 et 528 du Code Napoléon.

le but de la constitution[5] ». Le projet de Boissel est jugé suffisamment
sérieux et important pour être examiné par la Convention nationale.
Au même moment, Saint-Just propose dans ses *Institutions républicaines*
que « les enfants ne mangeront pas de chair avant 16 ans accomplis »
pour fortifier leur corps et adoucir leur esprit. Saint-Just imagine aussi
que tous les citoyens adoptent une diète végétarienne « le 3e, le 6e, le
9e jour des décades », c'est-à-dire 108 jours par an[6]. Ce n'était pas suffisant pour un groupe d'intellectuels révolutionnaires gravitant autour
de Bernardin de Saint-Pierre et de Jacques-Pierre Brissot : le marquis
de Valady, Robert Pigott, John Oswald et quelques autres rêvent d'une
société entièrement végétarienne[7]. Si elle n'est pas possible dans le vieux
monde, alors il faudrait partir en Amérique et y fonder là-bas une colonie
dont les membres suivrait les mœurs pythagoriciennes[8].

Le nom de Pythagore, que nous avons beaucoup évoqué dans ce petit
livre, est ainsi sur bien des lèvres au moment de la Révolution. N'est-il
pas le modèle du philosophe vertueux et tempérant ? N'a-t-il pas prôné
la douceur envers les hommes et les animaux ? N'a-t-il pas instauré,
le premier, une forme de communisme au sein de son école ? Sylvain
Maréchal, ardent promoteur de l'égalitarisme, le comprend mieux que
quiconque et rédige, sur le modèle célèbre alors des *Voyages d'Anarchasis*,
une autobiographie fictive du sage de Samos. Son long roman paraît en
1798 et fait une place centrale au végétarisme. Il s'achève par un recueil
des préceptes moraux pythagoriciens. Puisque les animaux sont nos

---

5   *Entretiens du Père Gérard sur la constitution politique et le gouvernement révolutionnaire du peuple
     français* (chap. I, titre IV, art. III, 1, 7) : « Sur ce que la sensibilité étant le fondement
     de la morale naturelle et politique chez les hommes, il faudrait aussi en admettre chez
     les bêtes et frémir à chaque instant qu'on les voit s'entre-égorger et qu'on les égorge
     chez les hommes, pour se nourrir, ce qui choque le principe fondamental et le but de la
     constitution. » Le texte de Boissel est consigné dans les *Archives parlementaires de 1787 à
     1860* (Paris, Dupont, 1904, t. 66, p. 630).

6   Saint-Just, *Institutions républicaines*, *Œuvres complètes*, Paris, Gallimard, « Folio », 2004,
     p. 1118. Voir également p. 1099 : « Les hommes sont nourris en commun jusqu'à 16 ans
     et ne vivent que de racines, de fruits, de laitages, de pain et d'eau. »

7   Voir à ce propos Tristram Stuart, *The Bloodless Revolution*, New York – Londres, Norton,
     2006, p. 313-322.

8   Voir par exemple le témoignage de Bernardin de Saint-Pierre (*Vœux d'un solitaire*, Paris,
     Didot-Méquignon, 1799, p. 212-213) : « [M. Pigot] avait formé le projet d'employer une
     partie de sa fortune, qui était considérable, à établir dans l'Amérique anglaise une société
     de pythagoriciens occupés à élever, sous le même régime [végétarien], les enfants des
     colons américains, dans tous les arts qui intéressent l'agriculture. Puisse réussir cette
     éducation, digne des plus beaux jours de l'Antiquité ! »

prochains nous avons le devoir de les traiter comme tels, aurait soutenu Pythagore : « Homme, déclare en son nom Maréchal, ne fais pas aux animaux ce que tu ne voudrais pas qu'ils te fissent[9]. » Voilà sans doute une belle maxime. Gageons qu'elle sera mieux suivie demain que dans ce XIXᵉ siècle qui venait de naître.

---

9   *Les Voyages de Pythagore*, Paris, Déterville, 1798, t. 6, p. 30. Voir également p. 358 : « Ne fais point de mal à l'homme, ton semblable, ni aux autres animaux ; ils sont aussi tes semblables. » Ou encore p. 28 : « ne sois le despote de personne, pas même de ton chien. »

LISTE DES OUVRAGES CITÉS

SOURCES

DICTIONNAIRES

BAYLE, Pierre, *Dictionnaire historique et critique*, Rotterdam, Leers, 1697.

DE FELICE, Fortunato Bartolomeo (dir.), *Encyclopédie ou Dictionnaire universel raisonné des connaissances humaines*, Yverdon, s. n., 1770-1780.

DIDEROT, Denis et D'ALEMBERT, Jean le Rond (dir.), *Encyclopédie, ou Dictionnaire raisonné des sciences, des arts et des métiers*, 1751-1772.

PANCOUCKE, Charles-Joseph, *Encyclopédie méthodique*, Paris, Pancoucke, 1782-1832.

ROBINET, Jean-Baptiste (dir.), *Dictionnaire universel des sciences morale, économique, politique diplomatique*, Londres, Libraires associés, 1777-1778.

JOURNAUX

L'Année Littéraire, Paris, Pancoucke, 1754-1790.

Correspondance littéraire, philosophique et critique par Grimm, Diderot, Raynal, Meister, etc., Paris, Garnier, 1877.

Journal des savants, Paris, 1665-1792.

Journal économique, ou mémoires, notes et avis sur l'agriculture, les arts, le commerce, Paris, Boudet, 1751-1772.

Journal étranger, Paris, Quillau, 1754-1766.

Mémoires pour l'histoire des sciences et des beaux-arts (Journal de Trévoux), Trévoux, Imprimerie de S. A. S., 1701-1767.

Mercure de France, Paris, 1724-1823.

Philosophical Transactions of the Royal Society, Londres, 1665-2011, 2019.

ESSAIS, RÉCITS ET ROMANS

ANDRY, Nicolas, *Le Régime du carême*, Paris, Coignard, 1710.

ANDRY, Nicolas, *Traité des aliments de carême*, Paris, Coignard, 1713.

ANQUETIL-DUPERRON, Abraham-Hyacinthe, *Description historique et géographique de l'Inde*, Berlin, s. n., 1786-1791.

ANQUETIL-DUPERRON, Abraham-Hyacinthe, *L'Inde en rapport avec l'Europe*, Paris, Lesguilliez, 1798.

L'Anti-Cornaro, ou remarques critiques sur le Traité de la vie sobre, Paris, Borre, 1702.

Apologie du jeûne, Genève, 1787.

ARBUTHNOT, John, *Essai sur la nature et le choix des aliments*, Paris, Cavelier, 1755.

ASTRUC, Jean, *Mémoire sur la cause de la digestion des aliments*, Montpellier, Peck, 1711.

ASTRUC, Jean, *Traité de la cause de la digestion, où l'on réfute le système de la trituration et du broiement*, Paris, Antoine Colomiez, 1714.

AUBERT, François, *Entretiens sur la nature de l'âme des bêtes*, Colmar, s. n., 1756.

AUBERT DE LA CHESNAYE, François-Alexandre, *Dictionnaire des aliments*, Paris, Gisset-Bordelet, 1710.

AUGUSTIN (saint), *Œuvres Complètes*, Paris, Vivès, 1869-1878

BATTEL, Andrew, *Histoire des voyages*, Paris, Didot, 1748.

BERTHELET, Grégoire, *Traité historique et moral de l'abstinence de la viande*, Rouen, Hérault, 1731.

BIANCHI, Giovanni, *Se il vitto pittagorico di soli vegetabili sia giovevole*, Venise, Pasquali, 1752.

BOCHART, Samuel, *Trois sermons préliminaires à l'explication du livre de la Genèse*, Amsterdam, Henry Desbordes, 1705.

BOCHART, Samuel, *Hierozoicon sive de animalibus s. scripturae*, Lyon, Batavorum, Boutesteyn et Luchtmans, 1692.

BOISSEL, François, *Les Entretiens du Père Gérard*, consigné dans les *Archives parlementaires de 1787 à 1860*, Paris, Dupont, 1904, t. 66.

BONNET, Charles, *Œuvres d'histoire naturelle et de philosophie*, Neuchâtel, Fauche, 1781.

BORDEGARAYE, Philippe Bernard de, *Réponse à Monsieur Procope Couteaux dans sa prétendue analyse du système de la trituration*, Paris, François Fournier, 1713.

BOUGEANT, Guillaume-Hyacinthe, *Amusement philosophique sur le langage des bêtes*, Amsterdam, aux dépens de la Compagnie, 1750.

BOULLIER, David-Renaud, *Essai philosophique sur l'âme des bêtes*, Paris, Fayard, 1985 [1728].

BOURGELAT, Claude, *L'Art vétérinaire, ou Médecine des animaux*, Paris, Hérissant, 1767.

BUCHAN, William, *Médecine domestique, ou traité complet des moyens de se conserver en santé*, Paris, Desprez, 1775.

BUFFON, Georges-Louis Leclerc de, *Histoire naturelle*, Paris, Imprimerie Royale, 1749-1804.

CALMET, Augustin, *Commentaire littéral sur tous les livres de l'Ancien et du Nouveau Testament*, Paris, Pierre Emery, 1715.

CAMPANELLA, Tommaso, *La Cité du Soleil*, Paris, Vrin, 1981 [1602].

CELSE, *Contre les chrétiens*, Paris, Copernic, 1977.

CHALLE, Robert, *Journal d'un voyage fait aux Indes orientales*, Rouen, Machuel, 1721.

CHEYNE, George, *Règles sur la santé et sur les moyens de prolonger la vie*, Bruxelles, Léonard, 1727.

CHEYNE, George, *An Essay of the True Nature and Due Method of Treating the Gout*, Londres, Strahan, 1724.

CHEYNE, George, *The English Malady or a Treatise of Nervous Diseases of All Kinds*, Londres, Strahan, 1733.

COCCHI, Antonio, *Dell'Eccessiva grassezza*, *Opere*, Milan, Società tipografica de' classici italiani, 1824.

CHEYNE, George, *Del vitto pitagorico per uso della Medicina*, Florence, Moücke, 1743. (Traduction française de Philippe-Florent Puisieux : *le Régime de Pythagore*, La Haye, Gogué et Dessaint, 1762.)

CŒURDOUX, Gaston-Laurent, *Mœurs et coutumes des Indiens*, Paris, Publication de l'École française d'Extrême Orient, 1987 [1777].

CONDORCET, Jean-Antoine-Nicolas Caritat de, *Correspondance inédite de Condorcet et de Turgot*, Genève, Slatkine reprints, 1970.

CONDORCET, Jean-Antoine-Nicolas Caritat de, *Conseils de Condorcet à sa fille*, *Œuvres*, Stuttgart, Bad-Cannstatt, 1968.

CONDORCET, Jean-Antoine-Nicolas Caritat de, *Esquisse d'un tableau historique des progrès de l'esprit humain*, Hildesheim-New York, Georg Olms Verlag, 1981 [1795].

CORNARO, Luigi, *De la sobriété et de ses avantages, ou le vrai moyen de se conserver dans une santé parfaite jusqu'à l'âge le plus avancé*, Paris, Coignard, 1702.

CORRADO, Vincenzo, *Del cibo pitagorico ovvero erbaceo per uso de' nobili, e de' letterati*, Naples, Raimondi, 1781.

CYRANO DE BERGERAC, Hercule Savinien de, *Les États et empires de la lune et du soleil*, Paris, Champion, 2004 [1657].

DELAMARE, Nicolas, *Traité de la police*, Paris, J. et P. Cot, 1705-1710.

DELILLE, Jacques, *La pitié*, Vienne, Sammer, 1803.

DELISLE DE SALES, Jean-Baptiste-Claude Isoard, *De la philosophie de la nature, Traité de morale pour l'espèce humaine*, Londres, s. n., 1777.

DELISLE DE SALES, Jean-Baptiste-Claude Isoard, *Dictionnaire théorique et pratique de chasse et de pêche*, Paris, Musier fils, 1769.

DELLON, Gabriel, *Nouvelle relation d'un voyage fait aux Indes orientales*, Amsterdam, Marret, 1699.

DÉMEUNIER, Jean-Nicolas, *L'Esprit des usages et des coutumes des différents peuples*, Londres, Pissot, 1776.

D'ÉPINAY, Louise Tardieu d'Esclavelles, *Correspondance littéraire*, Paris, Garnier, 1879.

DESCARTES, René, *Discours de la méthode*, Paris, Vrin, 1989 [1637].

DESCARTES, René, *Correspondance, Œuvres complètes*, Paris, Gallimard, 2013.

D'ESCHERNY, *Mélanges*, Paris, Bossange et Masson-Schoell, 1811.

DESFONTAINES, Pierre-François Guyot, *Le nouveau Gulliver, ou voyage de Jean Gulliver, fils du capitaine Gulliver*, Paris, Clouzier et Lebreton, 1730.

DIDEROT, Denis, *Œuvres complètes*, Paris, Hermann, 1975-2004.

DOLAÜS Johann, *De furia podagrae lacte victa*, Londres, Smith, 1732.

DOW, Alexander, *Dissertation sur les mœurs, les usages, le langage, la religion et la philosophie des hindous*, Paris, Pissot, 1769.

DUGUET, François, *Explication du livre de la Genèse*, Paris, F. Babuty, 1732.

DUPRÉ D'AULNAY, Louis, *Réception du docteur Hecquet aux Enfers*, La Haye, s. n., 1748.

L'Élève de la Raison et de la Religion, ou Traité d'éducation physique, morale et didactique par un Citoyen, Paris, Barbou Libraire, 1774.

FAVELET, Jean-François, *De la Digestion des aliments et des maladies de l'estomac*, Paris, Fournier, 1712.

FAVELET, Jean-François, *Prodromus apologiae fermentationis in animantibus*, Louvain, Petr. Aug. Denique, 1721.

FÉNELON, François Salignac de La Mothe-Fénelon, *Les Aventures de Télémaque*, Paris, Veuve Barbin, 1699.

FOUCHER D'OBSONVILLE, *Essai philosophique sur les mœurs de divers animaux étrangers*, Paris, Couturier, 1783.

FRANÇOIS, Jean, « Dissertation sur l'ancien usage des feux de la Saint-Jean, et d'y brûler les chats à Metz » reproduite dans le *Cahier Élie Fleur*, n° 11, Metz, 1995, p. 49-72.

GALIEN, *Œuvres*, Paris, Les Belles Lettres, 2007.

GASSENDI, Pierre, *Lettres latines*, Turnhout, Brepols, 2004.

GASSENDI, Pierre, *Dissertations en forme de paradoxe contre les Aristotéliciens*, Paris, Vrin, 1959 [1622].

GASTALDY, Jean-Baptiste, *Quaestio medica proposita*, Avignon, Jean Delorme, 1713.

GENTIL, Jean-Baptiste, *Mémoires sur l'Indoustan ou empire mogol*, Paris, Petit, 1822.

GREISEL, Jean Georges, *Tractatus medicus de cura lactis in arthritide*, Vienne, Kürner, 1670.

GROSE, John Henry, *Voyage aux Indes*, Paris, Desaint et Saillant, 1758.

GUILLARD DE BEAURIEU, Gaspard, *L'Élève de la nature*, Amsterdam, I.-B. Henry, 1771.

GUYON, Claude-Marie, *Histoire des Indes orientales anciennes et modernes*, Paris, Veuve Pierres, 1744.

HALLER, Albrecht von, *Éléments de physiologie*, Paris, Guillyn, 1769.

HELVÉTIUS, Claude-Adrien, *De l'esprit*, Paris, Durand, 1758.

HECQUET, Philippe, *Traité des dispenses du carême*, Paris, François Fournier, 1710.

HECQUET, Philippe, *La Digestion des aliments, pour montrer qu'elle ne se fait pas par le moyen d'un levain*, Paris, François Fournier, 1710.

HECQUET, Philippe, *De la digestion et des maladies de l'estomac suivant le système de la trituration et du broiement*, Paris, François Fournier, 1712.

HECQUET, Philippe, *La Médecine, la chirurgie et la pharmacie des pauvres*, Paris, Clousier, 1742.

HIPPOCRATE, *L'Ancienne médecine*, Paris, Les Belles Lettres, 1990.

D'HOLBACH, Paul Henri Tiry, *De la cruauté religieuse*, Londres, s. n., 1769.

D'HOLBACH, Paul Henri Tiry, *Le Bon sens*, Londres, s. n., 1772.

HOLWELL, John, *Événemens historiques intéressans relatifs aux Provinces de Bengale, et à l'empire de l'Indostan*, Amsterdam, Arkstée et Merkus, 1763.

HUME, David, *Enquête sur l'entendement humain*, Paris, Vrin, 2008 [1748].

JAMBLIQUE, *Vie de Pythagore*, Paris, Les Belles Lettres, 1996.

KANT, Emmanuel, *Métaphysiques des mœurs*, Paris, Gallimard, 1986 [1795].

KANT, Emmanuel, *Fondements de la métaphysique des mœurs*, Paris, Gallimard, 1985 [1785].

LA CHAPELLE, Vincent, *Le Cuisinier moderne, qui apprend à donner toutes sortes de repas en gras et en maigre*, La Haye, aux dépens de l'auteur, 1742.

LAFLOTTE, *Essais historiques sur l'Inde*, Paris, Hérissant le fils, 1769.

LA HARPE, Jean-François de, *Les Brames*, Oxford, SVEC, 1968.

LA HARPE, Jean-François de, *Lycée ou cours de littérature ancienne et moderne*, Paris, Didier, 1834.

LEGRAND D'AUSSY, Pierre Jean Baptiste, *Histoire de la vie privée des Français*, Paris, Pierres, 1782.

LAMARTINE, Alphonse de, *Les Confidences*, Paris, Michel Lévy, 1857.

LA METTRIE, Julien Offray de, *L'Homme-machine*, Leyde, Élie Luzac, 1748.

LEBRUN, Pierre, *Histoire critique des pratiques superstitieuses*, Amsterdam, Bernard, 1733.

LEGENDRE, Charles-Gilbert, *Traité de l'opinion, ou mémoires pour servir à l'histoire de l'esprit humain*, Paris, Briasson, 1735.

LEIBNIZ, Gottfried Wilhelm, *Œuvres*, Paris, Aubier, 1972.

LÉMERY, Louis, *Traité des aliments*, Paris, Witte, 1705.

LEMIERRE, Antoine-Marin, *La Veuve du Malabar*, Paris, Duchesne, 1780.

LEROY, Charles-Georges, *Lettres sur les animaux*, Oxford, Voltaire Foundation, 1994 [1768].

Lettres édifiantes et curieuses [des missionnaires jésuites], Paris, Auguste Desrez, 1839.

LÉVESQUE, Pierre-Charles, *L'Homme moral ou l'homme considéré tant dans l'état de pure nature que dans la société*, Amsterdam, s. n., 1775.

LINAND, Barthélémy, *L'Abstinence de la viande rendue aisée*, Paris, Pierre Bienfait, 1700.

LOCKE, John, *Essai sur l'entendement humain*, Paris, Vrin, 2001.

LOCKE, John, *De l'éducation des enfants*, Amsterdam, Vanderkloot, 1743.

LORRY, Anne-Charles, *Essai sur les aliments*, Paris, Vincent, 1757.

LOYENS, Hubert, *Traité des dispenses suivant l'Écriture Sainte*, Cologne, N. Schouten, 1687.

LUILLIER, *Nouveau voyage aux grandes Indes*, Rotterdam, Jean Hofhout, 1726.

LUYNES, Charles-Philippe d'Albert de, *Mémoires du duc de Luynes sur la cour de Louis XV*, Paris, Firmin-Didot Frères, 1860-1865.

LYONET, Pierre, *Traité anatomique de la chenille, qui ronge le bois de saule*, La Haye, De Hondt, 1760.

MACKENZIE, James, *Histoire de la santé, et de l'art de la conserver*, La Haye, Aillaud, 1759.

MACY (abbé), *Traité de l'âme des bêtes*, Paris, Le Mercier, 1737.

MANGET, Jean-Jacques, *Theatrum anatomicum*, Genève, Cramer, 1716-1717.

MARÉCHAL, Sylvain, *De la vertu*, Paris, Collin, 1807.

MARÉCHAL, Sylvain, *Les Voyages de Pythagore*, Paris, Déterville, 1798.

MARIN, François, *Les Dons de Comus*, Paris, Pissot, 1758.

MARIN, François-Louis-Claude, *Recueil d'opuscules concernant les ouvrages et les sentiments de Monsieur Jean-Jacques Rousseau*, La Haye, Staatman, 1765.

MAUPERTUIS, Pierre-Louis Moreau de, *Œuvres*, Lyon, Bruisset, 1768.

MAUPERTUIS, Pierre-Louis Moreau de, *Lettres de Mr de Maupertuis*, Dresde, G. C. Walther, 1752.

MENON, *La Science du maître d'hôtel cuisinier, avec les observations de la connaissance et les propriétés des aliments*, nouvelle édition revue et corrigée, Paris, Paulus-du-Mesnil, 1750.

MENON, *Nouveau traité de la cuisine*, Paris, Michel-Etienne David, 1739.

MENON, *La Cuisinière bourgeoise*, Bruxelles, François Poppens, 1753.

MERCIER, Louis-Sébastien, *Tableau de Paris*, Paris, Mercure de France, 1994.

MERCIER, Louis-Sébastien, *Le Nouveau Paris*, Paris, Mercure de France, 1994.

MERCIER, Louis-Sébastien, *L'An deux mille quatre cent quarante*, Genève, Slatkine, 1979.

MERCIER, Louis-Sébastien, *Parallèle de Paris et de Londres*, Paris, Didier Érudition, 1982.

MESLIER, Jean, *Mémoires des pensées et sentiments*, *Œuvres*, Paris, Anthropos, 1970.

MONGIN, J., *Le Chimiste physicien*, Paris, Houry, 1704.

MONTESQUIEU, Charles-Louis Secondat de, *De l'esprit des lois*, Paris, Gallimard, 1995.

MORE, Thomas, *Utopie*, Genève, Droz, 1998.

MORELLY, Étienne-Gabriel, *Naufrage des îles flottantes, ou Basiliade du célèbre Pilpai, poème héroïque*, Messine, 1753.

MORELLY, Étienne-Gabriel, *Essai sur l'esprit humain, ou principes naturels de l'éducation*, Paris, Delespine, 1743.

MORELLY, Étienne-Gabriel, *Code de la nature*, Abbeville, F. Paillard, 1950.

OBERKIRCH, Henriette Louise (d'), *Mémoires*, Paris, Charpentier, 1869.

ORIGÈNE, *Homélies sur la Genèse*, Paris, Cerf, 1985.

ORIGÈNE, *Traité d'Origène, ou Défense de la religion chrétienne contre les accusations des païens*, Amsterdam, Desbordes, 1700.

OVIDE, *Les Métamorphoses*, Paris, Les Belles Lettres, 2015.

PAGÈS, Pierre-Marie-François de, *Voyages autour du monde et vers les deux pôles par terre et par mer*, Paris, Moutard, 1782.

PARADIS DE MONCRIF, François-Augustin, *Les Chats*, Paris, Quillau, 1727.

PAULINUS DE SAINT-BARTHOLOMÉ, *Voyage aux Indes orientales*, Paris, Tourneisen, 1808.

PERRIN, Jean-Charles, *Voyage dans l'Indostan*, Paris, 1807.

PHILOSTRATE, *Apollonius de Tyane, sa vie, ses voyages, ses prodiges*, Paris, Sand, 1995.

PLUCHE, Noël-Antoine, *Le Spectacle de la nature*, Paris, Estienne, 1755 [1732].

PLUTARQUE, *S'il est loisible de manger chair (De esu carnium)*, *Œuvres morales et philosophiques*, Paris, C. Morel, 1618 (traduction de Jacques Amyot).

POISSON, Pierre, *Commentaire ou remarques sur le Discours de la méthode de M. Descartes*, Vandosme Sébastien Hip, 1670.

POLI, Martino, *Il Trionfo degli acidi vendicati dalle calunnie di molti Moderni*, Rome, Giorgio Placho, 1706.

POPE, Alexander, *The Poems of Alexander Pope*, Londres et New York, Routledge, 1993.

PORPHYRE, *De l'abstinence*, Paris, Les Belles Lettres, 1979.

PORPHYRE, *Traité de Porphyre touchant l'abstinence de la chair des animaux*, Paris, Bure, 1747 (traduction de Jean Lévesque de Burigny).

PORPHYRE, *Vie de Pythagore*, Paris, Les Belles Lettres, 1982.

PRÉVOST D'EXILES, Antoine-François, *Le Philosophe anglais ou histoire de M. Cleveland*, Paris, Desjonquères, 2003 [1739].

PROCOPE-COUTEAUX, Michel, *Analyse du système de la trituration de M. Hecquet*, Paris, Fr. Muguet, 1712.

PUFENDORF, Samuel, *Le Droit de la nature et des gens*, Amsterdam, Coup, 1712.

RAYNAL, Guillaume-Thomas, *Histoire philosophique et politique des établissements et du commerce des Européens dans les deux Indes*, Amsterdam, 1772.

RACINE, Louis, *Œuvres diverses de Mr. Racine le fils*, Amsterdam, B. Lakeman, 1723.

RÉAUMUR, René-Antoine Ferchault de, *Mémoires pour servir à l'histoire des insectes*, Paris, Imprimerie Royale, 1734-1742.

Réflexions sur le projet d'éloigner du milieu de Paris les tueries de bestiaux et les fonderies des suifs, Londres, 1788.

RESTIF DE LA BRETONNE, Nicolas-Edme, *La Découverte australe par un homme-volant, ou le Dédale français*, Leipzig, s. n., 1781.

RICHARDSON, Samuel, *Pamela, ou la vertu récompensée*, Londres, Woodward, 1741.

ROUCHER, Jean-Antoine, *Les Mois*, Paris, Quillau, 1779.

ROUSSEAU, Jean-Jacques, *Œuvres complètes*, Paris, Gallimard, 1959-1995.

ROUSSEAU, Jean-Jacques, *Œuvres complètes*, Paris-Genève, Champion-Slatkine, 2012.

ROUSSEAU, Jean-Jacques, *Correspondance complète*, Genève, Institut et Musée Voltaire, 1965-1995.

RUTLEDGE, James, *Essai sur le caractère et les mœurs des Français comparés à ceux des Anglais*, Londres, s. n., 1776.

La sainte Bible contenant l'Ancien et le Nouveau Testament, Paris, Desprez, 1717 (traduction Lemaistre de Sacy).

SAINT-JUST, Louis-Antoine, *Œuvres complètes*, Paris, Gallimard, 2004.

SAINT-PIERRE, Jacques-Bernardin-Henri de, *Études de la nature*, Saint-Étienne, Publications de l'Université de Saint-Étienne, 2007 [1784].

SAINT-PIERRE, Jacques-Bernardin-Henri de, *L'Arcadie*, Paris-Genève, Slatkine, 1980 [1781].

SAINT-PIERRE, Jacques-Bernardin-Henri de, *Paul et Virginie*, Paris, Garnier, 1989 [1788].

SAINT-PIERRE, Jacques-Bernardin-Henri de, *Vœux d'un solitaire*, Paris, Didot-Méquignon, 1799.

SADE, Donatien-Alphonse-François de, *Œuvres*, Paris, Gallimard, 1990.

SAINT-SIMON, Louis de Rouvroy de, *Mémoires*, Paris, Gallimard, 1985 [1829].

SCHMID, Georg Ludwig, *Essais sur divers sujets intéressants de politique et de morale*, Paris, s. n., 1760.

SCRAFTON, Luke, *Reflections on the government of Indostan*, Londres, G. Kearsley, 1770.

SÉNÈQUE, *Lettres à Lucilius*, Paris, Les Belles Lettres, 2017.

SONNERAT, Pierre, *Voyage aux Indes orientales et à la Chine*, Paris, Froulé-Nyon-Barrois, 1782.

SOTO, Domingo de, *De Justitia et jure*, Madrid, Instituto de estudios políticos, 1968 [1556].

STAËL, Germaine de, *De la littérature*, Paris, Flammarion, 1991 [1800].

STRUYS, Jean, *Les Voyages de Jean Struys*, Rouen, Machuel, 1719.

SWIFT, Jonathan, *Voyages de Gulliver*, Paris, Guérin, 1730 [1727].

TEMPLE, William, *Five Miscellanous Essays*, s. l., Samuel Holt Monk, 1690.

TISSOT, Samuel-Auguste, *De la santé des gens de lettres*, Paris, La Différence, 1991 [1768].

TRUBLET, Nicolas-Charles-Joseph, *Mémoires pour servir à l'histoire et à la vie de M. de Fontenelle*, Paris, s. n., 1759.

TYSON, Edward, *Orang-outang sive homo sylvestris*, Londres, Bennet, 1699.

VEIRAS, Denis, *Histoire des Sévarambes*, Amsterdam, Roger, 1702.

VOLTAIRE, *The Complete Works of Voltaire*, Oxford, Voltaire Foundation, 1955-2017.

VOLTAIRE, *Œuvres complètes de Voltaire*, Paris, Garnier (édition Louis Moland), 1877-1885.

VOLTAIRE, *Bibliothèque de Voltaire, catalogue des livres*, Moscou/Leningrad, Édition de l'Académie des Sciences de l'URSS, 1961.

VOLTAIRE, *Corpus des notes marginales de Voltaire*, Berlin, Akademie-Verlag, 1979.

VOLTAIRE, *Romans et contes*, Paris, Gallimard, 1979.

VOLTAIRE, *Mélanges*, Paris, Gallimard, 1961.

VIEUSSENS, Raymond, « De la nature et des propriétés du levain de l'estomac », *Journal de Trévoux*, janvier 1710.

WOLLOCH, Nathaniel, *Subjugated animals. Animals and Anthropocentrism in Early Modern European Culture*, Amherst, Humanity Books, 2006.

ZIMMERMANN, Georges : *Traité de l'expérience en général et en particulier dans l'art de guérir*, Paris, Vincent, 1774.

ÉTUDES

ABAD, Reynald, « Un indice de déchristianisation ? L'évolution de la consommation de viande à Paris en carême sous l'Ancien Régime », *Revue historique*, n° 610, Paris, avril-juin 1999, p. 237-275.

ABAD, Reynald, « Les tueries à Paris sous l'Ancien Régime ou pourquoi la capitale n'a pas été dotée d'abattoirs aux XVIIe et XVIIIe siècles », *Histoire, économie et société*, 1998 (4), p. 649-676.

AGULHON, Maurice, « Le sang des bêtes. Le problème de la protection des animaux en France au XIXe siècle », *Romantisme*, 1981, n° 31, p. 81-110.

ALBALA, Ken, « Une première argumentation scientifique occidentale en faveur du végétarisme », *Corps*, 2008 (4), p. 17-22.

ALQUIÉ, Ferdinand, *Le Cartésianisme de Malebranche*, Paris, Vrin, 1974.

ANDRÉ, Jacques et FILLIOZAT, Jean, *L'Inde vue de Rome*, Paris, Les Belles Lettres, 1986.

ANQUETIL, Jacques, *Anquetil-Duperron, premier orientaliste français*, Paris, Presses de la Renaissance, 2005.

ASSAYAG, Jackie, *L'Inde fabuleuse*, Paris, Kimé, 1999.

AUBERT, Françoise, *Sylvain Maréchal. Passion et faillite d'un égalitaire*, Pise, Goliardica, 1975.

AUDI, Paul, *Rousseau. Éthique et passion*, Paris, Puf, 1997.

BARATAY, Éric, *L'Église et l'animal*, Paris, Cerf, 1996.

BARATAY, Éric, « La souffrance animale. Face masquée de la protection aux XIXe-XXe siècles », *Revue québécoise de droit international*, Themis Inc., 2011 (1), p. 217-236.

BARBER, William H., *Voltaire et Newton*, Oxford, SVEC, n° 179, 1979, p. 193-202.

BELLEGUIC, Thierry, VAN DER SCHUEREN, Éric et VERVACKE, Sabrina (dir.), *Les Discours de la sympathie. Enquête sur une notion, de l'âge classique à la modernité*, Québec, PUL, 2007.

BENREKASSA, Georges, *Le Concentrique et l'excentrique. Marges des Lumières*, Paris, Payot, 1980.

BERCHTOLD, Jacques, « Julie et l'âme des poissons du Léman dans *La Nouvelle Héloïse* de Rousseau », dans Jean-Luc Guichet (dir.), *De l'animal-machine à l'âme des machines. Querelles biomécaniques de l'âme (XVIIe-XXIe siècle)*, Publications de la Sorbonne, 2010, p. 93-116.

BERCHTOLD, Jacques, « Le Double registre du sanglant dans Gil Blas », *D'une gaîté ingénieuse. L'histoire de Gil Blas, roman de Lesage*, Louvain, Peeters, 2004, p. 200-250.

BERCHTOLD, Jacques, « Le Framboisier nourricier. Rousseau et l'érotisme végétal de la tradition pastorale », *Études Jean-Jacques Rousseau*, n° 14-15, 2003-2004, p. 23-49.

BERCHTOLD, Jacques, « Aimer son chien au siècle des Lumières. Jean-Jacques Rousseau dans l'héritage de ses modèles », *Chiens et chats littéraires*, Genève, Zoé, 2001, p. 175-198.

BIÈS, Jean, *Littérature française et pensée hindoue*, Paris, Klincksieck, 1973.

BONNET, Jean-Claude, « Le Système de la cuisine et des repas chez Rousseau », *Poétique*, n° 22, 1975, p. 244-267.

BONNET, Jean-Claude, « Le Réseau culinaire dans l'*Encyclopédie* », *Annales ESC*, n° 5, Paris, 1976, p. 891-914.

BOCH, Julie, GEVREY, Françoise et HAQUETTE, Jean-Louis (dir.), *Écrire la nature au XVIIIe siècle : autour de l'abbé Pluche*, Paris, PUPS, 2006.

BRÉHANT, Jacques et ROCHE, Raphaël, *L'Envers du roi Voltaire. Quatre-vingts ans de la vie d'un mourant*, Paris, Nizet, 1989.

BREWSTERR, David, *Memoirs of the Life, Writings, and Discoveries of Sir Isaac Newton*, Édimbourg, Thomas Constable, 1855.

BROC, Numa, « Un anti-Bougainville ? Le chevalier de Pagès », Mollat, Michel et Taillemite, Étienne (dir.), *L'Importance de l'exploration maritime au Siècle des Lumières*, Paris, CNRS, 1982.

BROCKLISS, Laurence W. B., « The Medico-religious Universe of an Early Eighteenth-century Parisian Doctor : the Case of Philippe Hecquet », dans French, Roger et Wear, Andrew (dir.), *The Medical Revolution of the Seventeenth Century*, Cambridge, Cambridge University Press, 1989, p. 191-221.

BURGAT, Florence, *L'Humanité carnivore*, Paris, Seuil, 2017.

CASINI, Paolo, « Briarée en miniature », *Voltaire et Newton*, Oxford, SVEC, n° 179, 1979, p. 63-77.

CHARBONNEAU, Frédéric, « Régime et singularité dans les Mémoires de Saint-Simon », *Cahiers Saint-Simon*, n° 37, 2009, p. 81-92.

COLAS, Gérard, « Vie légumineuse et pensée travestie. À propos de l'adaptation des jésuites en Inde aux XIXe et XVIIIe siècles », dans Assayag, J. et Tarabout, G. (dir.), *Altérité et identité. Islam et christianisme en Inde*, Paris, édition de l'EHESS, 1997.

CORBIN, Alain, *Le Miasme et la jonquille. L'odorat et l'imaginaire social*, Paris, Aubier-Montaigne, 1982.

COTTRET, Monique, « La Cuisine janséniste », *Dix-huitième siècle*, n° 15, Paris, 1983, p. 107-114.

COUARD, Émile, « Visite du comte de Noircarmes de Sainte-Aldegonde à Paris, Ferney et Baden chez Rousseau, Voltaire et Gessner, en 1774 », *Bulletin historique et philologique du comité des travaux historiques et scientifiques*, Paris, Leroux, 1893 (2), p. 226-235.

COUDREUSE, Anne, *Le Goût des larmes au XVIIIe siècle*, Paris, Puf, 1999.

CROSSLEY, Ceri, *Consumable Metaphors. Attitudes towards Animals and Vegetarianism in Nineteenth-Century France*, Bern, Peter Lang, 2005.

DARNTON, Robert, *Le Grand massacre des chats. Attitudes et croyances dans l'ancienne France*, Paris, Robert Laffont, 1985.

DEBIDOUR, Antoine, « L'indianisme de Voltaire », *Revue de littérature comparée*, Paris, Librairie ancienne Honoré Champion, 1924, p. 26-40.

DE BAERE, Benoît, *Trois introductions à l'Abbé Pluche : sa vie, son monde, ses livres*, Genève, Droz, 2001.

DE BEER, Gavin et ROUSSEAU, André-Michel, *Voltaire's British Visitors*, Oxford, SVEC, n° 49, 1967.

DEBUS, Allen, *Chemistry and Medical Debate. Van Helmont to Boerhaave*, Canton, Science History Publications, 2001.

DERRIDA, Jacques, *De la grammatologie*, Paris, Minuit, 1967.

DÉTIENNE, Marcel, *La Cuisine du sacrifice en pays grec*, Paris, Gallimard, 1979.

DI PALMA, Marco, *Rousseau's Enlightenment Ethics, The Synthesis of Materialism and Morals*, Oxford, SVEC, 2000, p. 73-227.

DOMMANGET, Maurice, *Le Curé Meslier, athée, communiste et révolutionnaire sous Louis XIV*, Paris, Julliard, 1965.

D'SOUZA, Florence, *Quand la France découvrit l'Inde*, Paris, L'Harmattan, 1995.

DUFLO, Colas, *La Finalité dans la nature de Descartes à Kant*, Paris, Puf, 1996.

DUFLO, Colas, *Diderot. Du matérialisme à la politique*, Paris, CNRS, 2013.

DUMONT, Louis, *Homo hierarchicus*, Paris, Gallimard, 1966.

EHRARD, Jean, *L'Idée de nature en France dans la première moitié du XVIIIe siècle*, Chambéry, Impr. réunies, 1963.

ELIAS, Norbert, *La Société de Cour*, Paris, Flammarion, 1985.

ELIAS, Norbert, *La Civilisation des mœurs*, Paris, Pocket, 2001.

ELIAS, Norbert, *La Dynamique de l'Occident*, Paris, Pocket, 1975.

FARGE, Arlette, *Vivre dans la rue à Paris au XVIIIe siècle*, Paris, Gallimard, 1992.

FLANDRIN, Jean-Louis, « La Distinction par le goût », Ariès, Philippe et Duby, Georges (dir.), *Histoire de la vie privée*, Paris, Seuil, 1986, t. 3, p. 267-309.

FLANDRIN, Jean-Louis, *Chronique de Platine. Pour une gastronomie historique*, Paris, Odile Jacob, 1992.

FLANDRIN, Jean-Louis et MONTANARI, Massimo, *Histoire de l'alimentation*, Paris, Fayard, 1996.

FONTENAY, Élisabeth de, *La Raison du plus fort*, préface à trois textes de Plutarque réunis sous le titre *Trois traités pour les animaux*, Paris, P.O.L., 1992.

FONTENAY, Élisabeth de, *Le Silence des bêtes*, Paris, Fayard, 1998.

FRANKLIN, Alfred, *La Vie privée d'autrefois*, « les animaux », Paris, Plon, 1897.

GALLIANI, Renato, « Voltaire, Porphyre et les animaux », Oxford, SVEC, n°199, 1981, p. 125-138.

GARNIER, Bernard, « Les marchés aux bestiaux. Paris et sa banlieue », *Cahiers d'Histoire*, 1997 (3), p. 575-612.

GIRAUD, Yves, « la Ville du bout du monde (Sade, *Aline et Valcour*) », *Studi di Letteratura francese*, n° 11, 1985, p. 85-100.

GOLDSCHMIDT, Victor, *Anthropologie et politique. Les principes du système de Rousseau*, Paris, Vrin, 1983.

GONTIER, Thierry, *De l'homme à l'animal. Montaigne et Descartes ou les paradoxes de la philosophie moderne sur la nature des animaux*, Paris, Vrin, 1998.

GOULEMOT, Jean-Marie, MAGNAN, André et MASSEAU, Didier, *Inventaire Voltaire*, Paris, Gallimard, 1995.

GRMEK, Mirko D., *La Première révolution biologique*, Paris, Payot, 1990.

GUERRINI, Luigi, *Antonio Cocchi, naturalista e filosofo*, Florence, Polistampa, 2002.

GUICHET, Jean-Luc, *Rousseau, l'animal et l'homme*, Paris, Cerf, 2006.

GUICHET, Jean-Luc, « Pratique et idéal de l'apprivoisement », *Annales de la Société Jean-Jacques Rousseau*, n° 46, Genève, Droz, p. 115-138.

HADOT, Pierre, *Qu'est-ce que la philosophie antique ?*, Paris, Gallimard, 1995.

HASTINGS, Hester, *Man and Beast in French Thought of the Eighteenth Century*, Paris, Les Belles Lettres, 1936.

HAWLEY, Daniel S., « L'Inde de Voltaire », Oxford, SVEC, n° 120, 1974, p. 140-178.

JEANGÈNE VILMER, Jean-Baptiste, « Sade antispéciste », *Les Cahiers antispécistes*, n° 32, Lyon, mars 2010, p. 65-82.

KIRCH, Konrad, *Enchiridion Fontium historiae ecclesiasticae antiquae*, Fribourg, Herder, 1923.

LABARRIÈRE, Jean-Louis, « De la "nature phantastique" des animaux chez les Stoïciens », dans Brunschwig J. et Nussbaum M. C. (dir.), *Passions and Perceptions. Studies in Hellenistic Philosophy of Mind*, Cambridge, Cambridge University Press, 1993, p. 225-249.

LANNI, Dominique, *Roman et philosophie au crépuscule des Lumières. Les Jagas de ben Mâacoro et l'anti-utopie de Butua dans la « lettre trente-cinquième »* d'*Aline et Valcour de Sade*, consultable en ligne sur le site internet d'Africultures.

LE GOFF, Jacques, « Les mentalités. Une histoire ambiguë », dans Le Goff, Jacques et Nora, Pierre, *Faire de l'histoire III. Nouveaux objets*, Paris, Gallimard, 1974.

LE GOFF, Jacques, « Les marginaux dans l'Occident médiéval », *Cahiers Jussieu*, « Les Marginaux et les exclus de l'histoire », n° 5, 1979, p. 19-27.

LE RU, Véronique, *La Nature, miroir de Dieu*, Paris, Vuibert, 2009.

MAILLARD, Christine, *L'Inde vue d'Europe*, Paris, Albin-Michel, 2008.

MALANDAIN, Pierre, *Delisle de Sales, philosophe de la nature (1741-1816)*, Oxford, SVEC, 1982.

MANGIN, Marie-Claire, « Le Sacrifice des chats messins : postface à la conférence de Dom Jean François, O.S.B. (1722-1791) », *Cahier Élie Fleur*, n° 11, Metz, 1995, p. 73-98.

MANNUCCI, Erica, « Lusso gentile : il vegetarianismo di Cocchi e il suo contesto europeo », dans Lippi, D. et Conti, A. A. (dir.), *Antonio Cocchi mugellano (1695-1758). Scienza, deontologia, cultura*, Florence, Tassinari, 2008.

MAT-HASQUIN, Michèle, *Voltaire et l'Antiquité grecque*, n° 197, Oxford, SVEC, 1981.

MAUZI, Robert, *L'Idée du bonheur dans la littérature et la pensée française au XVIIIe siècle*, Genève, Paris, Slatkine, 1979.

MENNELL, Stephen, *Français et Anglais à table du Moyen Âge à nos jours*, Paris, Flammarion, 1987.

MERVAUD, Christiane, *Voltaire à table*, Paris, Desjonquères, 1998.

MERVAUD, Christiane, *Bestiaires de Voltaire*, Oxford, SVEC, 2006.

METZGER, Hélène, *Attraction universelle et religion naturelle chez quelques commentateurs anglais de Newton*, Paris, Hermann, 1938.

MOREL, Jean, « Recherches sur les sources du *Discours de l'inégalité* », *Annales Jean-Jacques Rousseau*, Genève, 1909 (5), p. 119-198.

MORNET, Daniel, *La Pensée française au XVIIIe siècle*, Paris, Colin, 1969.

MORTON, Timothy, *Shelley and the Revolution in Taste*, Cambridge, Cambridge University Press, 1994.

MOUREAU, François (dir.), *Dictionnaire des lettres françaises. Le XVIIIe siècle*, Paris, Fayard, 1995.

MURR, Sylvia, « Les Jésuites et l'Inde du XVIIIe siècle : praxis, utopie et préanthropologie », *Revue de l'université d'Ottawa* 56 (1), 1986.

MURR, Sylvia, *L'Indologie du Père Cœurdoux*, Paris, EFEO, 1987.

MURR, Sylvia, « Les Conditions d'émergence du discours sur l'Inde au Siècle des Lumières », *Purusārtha*, n° 7, Paris, EHESS, 1983.

O'HAGAN, Timothy, « La morale sensitive de Jean-Jacques Rousseau », *Revue de théologie et de philosophie*, n° 125, Lausanne, 1993, p. 343-357.

OUÉDRAOGO, Arouna, « De la Secte religieuse à l'utopie philanthropique. Genèse sociale du végétarisme occidentale », *Annales HSS*, Paris, 2000 (4), p. 825-843.

PELOSSE, Valentin, « Imaginaire social et protection de l'animal. Des amis des bêtes de l'an X au législateur de 1850 », *L'Homme*, n° 21/4, 1981, p. 5-33 et n° 22/1, 1982, p. 33-51.

PERRY, Norma, *Sir Everard Fawkener, friend and correspondent of Voltaire*, Oxford, SVEC, 1975.

POMEAU, René, *Voltaire en son temps*, Paris, Fayard, 1982.

PREECE, Rod, *Sins of Flesh. A History of Ethical Vegetarian Thought*, Vancouver, UBC Press, 2008.

RACAULT, Jean-Michel, *L'Utopie narrative en France et en Angleterre. 1675-1761*, Oxford, SVEC, 1991.

RACAULT, Jean-Michel, *Nulle part et ses environs*, Paris, PUPS, 2003.

RAJAMANICKAM, Savarimuthu, *The First Oriental Scholar*, Tirunelveli, De Nobili Research Institute, 1972.

REVEL, Jean-François, *Un festin en paroles. La sensibilité gastronomique de l'Antiquité à nos jours*, Paris, Suger, 1985.

ROCHE, Daniel, *Le Peuple de Paris. Essai sur la culture populaire au XVIII* siècle, Paris, Fayard, 1998.

ROCHER, Ludo, *EzourVedam : A French Veda of the 18th Century*, Amsterdam, Benjamins, 1984.

RODIS-LEWIS, Geneviève, *L'Œuvre de Descartes*, Paris, Vrin, 1971.

ROGER, Jacques, *Les Sciences de la vie dans la pensée française au 18e siècle*, Paris, A. Michel, 1993.

ROGER, Jules, *Hecquet. Sa vie, ses œuvres*, Paris, Retaux-Bray, 1889.

ROGER, Philippe, « la Trace de Fénelon », dans Camus, Michel et Roger, Philippe (dir.), *Sade. Écrire la crise*, Paris, Belfond, 1983, p. 158-166.

ROUSSEAU, André-Michel, *L'Angleterre et Voltaire*, Oxford, SVEC, 1976.

SAINT-MARC, *Vie de l'auteur* [Philippe Hecquet] contenue dans la réédition de *La Médecine, la chirurgie et la pharmacie des pauvres*, Paris, Boudon, 1742.

SALVADORI, Philippe, *La Chasse sous l'Ancien régime*, Paris, Fayard, 1997.

SCHWAB, Raymond, *La Renaissance orientale*, Paris, Payot, 1950.

SÉBILLOT, Paul, *Légendes et curiosité des métiers*, IX : « Les bouchers », Paris, Flammarion, 1865.

SERNA, Pierre, *L'Animal en République*, Toulouse, Anarchasis, 2016.

SERNA, Pierre, *Comme des bêtes*, Paris, Fayard, 2017.

SETH, Catriona, « Rassembler une ménagerie », Seth, Catriona et Delon, Michel (dir.), *Sade en toutes lettres*, Paris, Desjonquères, 2004.

SORABJI, Richard, *Animal Minds and Human Morals. The Origins of the Western Debate*, Ithaca, Cornell University Press, 1993.

STAROBINSKI, Jean, *La Transparence et l'obstacle*, Paris, Gallimard, 1971.

STAROBINSKI, Jean, « Don fastueux et don pervers », *Annales ESC*, janvier-février 1986, p. 7-26.

STRIVAY, Lucienne, « Manger juste. Les droits de l'animal dans les encyclopédies de 1750 à 1800. De l'éthique au politique », dans Bodson, Liliane, *Le Statut éthique de l'animal : conceptions anciennes et nouvelles*, Liège, Université de Liège, 1995, p. 61-99.

STUART, Tristram, *The Bloodless Revolution*, New York et Londres, Norton, 2006.

THOMAS, Keith, *Dans le jardin de la nature*, Paris, Gallimard, 1985.

TROUSSON, Raymond, *D'Utopie et d'utopistes*, Paris, L'Harmattan, 1998.

TURNOR, Edmund, *Collections for the History of the Town and Soke of Grantham. Containing Authentic Memoirs of Sir Isaac Newton*, Londres, Miller, 1806.

VANTARD, Cécile, « Le végétarisme oriental-occidental de Gustav Struve », dans Cluet, Marc (dir.), *La Fascination de l'Inde en Allemagne. 1800-1933*, Rennes, PUR, 2004.

VESPERINI Pierre, *Droiture et mélancolie. Sur les écrits de Marc Aurèle*, Paris, Verdier, 2016.

VILLER, Marcel (dir.), *Dictionnaire de spiritualité ascétique et mystique*, Paris, Beauchesne, 1932-1995.

WAGNER, Nicolas, *Morelly. Le méconnu des Lumières*, Paris, Klincksieck, 1978.

WATTS, Sydney, « Boucherie et hygiène à Paris au XVIIIᵉ siècle », *Revue d'histoire moderne et contemporaine*, n°51, 2004 (3), p. 79-103.

INDEX

TABLE DES MATIÈRES

DANS LA MÊME COLLECTION

27. Fumie KAWAMURA, *Diderot et la chimie. Science, pensée et écriture*, 2013
28. Charles VINCENT, *Diderot en quête d'éthique (1773-1784)*, 2014
29. Cyril FRANCÈS, *Casanova. La mémoire du désir*, 2014
30. Chiara GAMBACORTI, *Sade : une esthétique de la duplicité. Autour des romans historiques sadiens*, 2014
31. *Philosophie de Rousseau*, sous la direction de Blaise BACHOFEN, Bruno BERNARDI, André CHARRAK et Florent GUÉNARD, 2014
32. Stéphanie GÉHANNE GAVOTY, *L'Affaire clémentine. Une fraude pieuse à l'ère des Lumières*, 2014
33. Jacques GUILHEMBET, *L'Œuvre romanesque de Marivaux. Le parti pris du concret*, 2014
34. Élise PAVY-GUILBERT, *L'Image et la Langue. Diderot à l'épreuve du langage dans les Salons*, 2014
35. Vincenzo DE SANTIS, *Le Théâtre de Louis Lemercier entre Lumières et romantisme*, 2015
36. Martin WÅHLBERG, *La Scène de musique dans le roman du XVIIIᵉ siècle*, 2015
37. Jocelyn HUCHETTE, *La gaieté, caractère français ?. Représenter la nation au siècle des Lumières (1715-1789)*, 2015
38. Sophie LEFAY, *L'Éloquence des pierres. Usages littéraires de l'inscription au XVIIIᵉ siècle*, 2015
39. Rachel DANON, *Les Voix du marronnage dans la littérature française du XVIIIᵉ siècle*, 2015
40. Valentina VESTRONI, *Jardins romanesques au XVIIIᵉ siècle*, 2016
41. Alain SANDRIER, *Les Lumières du miracle*, 2015
42. Łukasz SZKOPIŃSKI, *L'Œuvre romanesque de François Guillaume Ducray-Duminil*, 2015
43. Magali FOURGNAUD, *Le Conte à visée morale et philosophique. De Fénelon à Voltaire*, 2016
44. Érik LEBORGNE, *L'Humour noir des Lumières*, 2018
45. Stéphanie FOURNIER, *Rire au théâtre à Paris à la fin du XVIIIᵉ siècle*, 2016
46. Catherine CESSAC, *La Duchesse du Maine (1676-1753). Entre rêve politique et réalité poétique*, 2016
47. Antonio TRAMPUS, *La Naissance du langage politique moderne. L'héritage des Lumières de Filangieri à Constant*, 2017
48. Olivier RITZ, *Les Métaphores naturelles dans le débat sur la Révolution*, 2016
49. Guillaume SIMIAND, *Casanova dans l'Europe des aventuriers*, 2016
50. Sadek NEAIMI, *La Superstition raisonnable. La mythologie pharaonique au siècle des Lumières*, 2016
51. David DIOP, *Rhétorique nègre au XVIIIᵉ siècle. Des récits de voyage à la littérature abolitionniste*, 2018
52. Jean GOLDZINK et Gérard GENGEMBRE, *Madame de Staël, la femme qui osait penser*, 2017
53. Andrew S. CURRAN, *L'Anatomie de la noirceur. Science et esclavage à l'âge des Lumières*, traduction de Patrick GRAILLE, 2017